儒家文化与近代会党

雷冬文 著

中国社会科学出版社

图书在版编目（CIP）数据

儒家文化与近代会党/雷冬文著.—北京：中国社会科学出版社，2019.9

ISBN 978-7-5203-4965-9

Ⅰ.①儒… Ⅱ.①雷… Ⅲ.①儒家—影响—会党—研究—中国—近代 Ⅳ.①K257.22

中国版本图书馆 CIP 数据核字（2019）第 191585 号

出 版 人	赵剑英
责任编辑	孔继萍
责任校对	杨　林
责任印制	郝美娜

出　　版	中国社会科学出版社
社　　址	北京鼓楼西大街甲 158 号
邮　　编	100720
网　　址	http://www.csspw.cn
发 行 部	010-84083685
门 市 部	010-84029450
经　　销	新华书店及其他书店

印刷装订	环球东方（北京）印务有限公司
版　　次	2019 年 9 月第 1 版
印　　次	2019 年 9 月第 1 次印刷

开　　本	710×1000　1/16
印　　张	17.25
插　　页	2
字　　数	262 千字
定　　价	98.00 元

凡购买中国社会科学出版社图书，如有质量问题请与本社营销中心联系调换
电话：010-84083683
版权所有　侵权必究

序　言

改革开放以来迄今，会党史研究已然成为社会史研究中不可或缺的组成部分，但对于会党与传统文化的关系研究，却显得非常薄弱。雷冬文同志的专著《儒家文化与近代会党》试图在此方面有所贡献，是既具历史价值又有现实意义同时也有一定难度的探索，学科的交叉性明显。作者通过查阅和收集大量的档案文献、地方史志和近代报纸杂志等资料，对从晚清至民国时期会党与儒家文化之间的关系作了深入考察和系统梳理，其学术价值要之体现在如下两个方面：

一是深化了中国近代会党史的研究。目前，学术界对会党组织亚文化的研究很不够，对儒家文化和会党组织亚文化的影响问题更是着力甚少。该著以儒家道德规范对近代会党的影响为视角，深入探析近代会党组织亚文化，从而深化了对近代会党的认识。

二是有助于传统文化核心价值观的研究。该著透过秘密会党这一微观视角，了解和认识到传统文化核心价值观对民间社会及普通民众所具有的强大影响力，并揭示出传统文化核心价值观不仅在民间社会得到了传承，而且在一定的历史条件下还会被民间社会适当地加以利用与改造，以之作为生存与发展的重要手段。

该著共分为五章：第一章探讨了儒家家庭规范伦理与近代会党组织规范之间的关系，主要从四个方面展开讨论：一是儒家兄弟伦理对会党"悌道"规范的影响；二是儒家父子伦理对近代会党"孝道"规范的影响；三是儒家夫妻伦理对会党婚姻生活规范的影响；四是儒家家庭道德规范在会党规范体系中的异化问题。

第二章探讨了儒家义利观对近代会党义气观的影响。该章主要从社会关系的角度，具体探讨近代会党义气观的内涵，来展现儒家重义轻利的道德规范对会党处理义利关系的影响，主要从四个方面进行讨论：一是回溯清前期会党义气观的发展。二是具体分析会党对内部成员的"扶贫济困"之义，具体内容包括：（1）近代会党组织内部有关"扶贫济困"的规范及对规范的践行；（2）从内、外两个层面，探讨近代会党"扶贫济困"义气观的作用。三是论述近代会党对外部民众的"劫富济贫"之义，具体内容包括：（1）详细阐述近代会党根据儒家"以义制利"之原则，在掠取组织外的生存与发展资料时，注意"以义制利"，区分贫富，尽量做到只掠夺富人，而不抢掠穷人财物，并能救济贫民；（2）分析近代会党"以义制利"原则的偏颇之处。四是探讨近代会党"舍生取义"之义，具体内容包括：（1）会党对"舍生取义"原则的贯彻，体现为为组织成员或为会党组织本身而自我牺牲的层面；（2）会党对"舍生取义"原则的贯彻，还突出体现为在民族危难关头，会党能出于民族大义，勇敢地为民族利益而牺牲个人利益和组织利益。

第三章研究会党的忠君观。该章着重探讨儒家忠君观对近代会党忠君观的影响，主要从三个方面进行论述：一是近代会党忠君观产生的社会根源，主要从四个层面展开论述：（1）通俗文艺作品的影响；（2）清廷大力宣扬儒家孝道观和程朱理学；（3）会党对关帝的信仰，以及清廷对关帝信仰的控制；（4）清廷实施忠君教育的其他措施，包括对立有战功的将士予以奖励、建立昭忠祠和贤良祠、为功臣建专祠等。二是阐述近代会党忠君观的践行，主要讨论三个问题：（1）近代会党忠君观的践行；（2）清廷对会党政策的演变，清廷对近代会党忠君行为的奖励；（3）清廷对近代会党招抚的原因。三是探讨近代会党"反清复明"的原因及本质，具体内容包括：（1）先秦儒家的忠君理论对会党"反清复明"宗旨的影响；（2）儒家"华夷之辨"的狭隘民族主义思想对会党"反清复明"宗旨的影响；（3）会党具有"反清复明"的传统。

第四章主要讨论咸同之际的会党在建立政权后如何遵循儒家的民本思想，积极推行所谓的"德治"来赢得民心、巩固政权的问题。具体从四个方面展开论述：一是近代会党政权如何以德安民，具体内容包括：

（1）近代会党政权"以德安民"的具体举措；（2）近代会党政权对"以德安民"举措的贯彻情况。二是近代会党政权如何以德养民，具体内容包括：（1）会党政权对民众粮食问题的解决；（2）会党政权的其他养民举措。三是近代会党政权"德治"效果评价，具体内容包括：（1）论述近代会党政权"德治"效果；（2）探析近代会党政权"德治"的残缺。

第五章探讨了儒家民本思想和"仁爱"规范与近代会党的组织性质之间的关系。该章主要以近代洪门为例，从儒家"仁爱"和"民本"思想出发，从三个方面来探讨儒家道德规范对近代洪门宗旨和组织目标的影响：一是论述近代洪门的组织宗旨，具体内容包括：（1）清前期洪门的组织宗旨；（2）近代洪门的组织宗旨。二是解说近代洪门的互助，具体内容包括：（1）儒家"仁亲以为宝"精神与近代洪门组织对内外交往的规定；（2）儒家"亲属不分财"精神与近代洪门组织对内部交往的规定。三是阐释近代洪门的组织性质何以会受到儒家思想的影响。

该著在继承已有研究成果的基础上，有一定的学术创新：一是学术思想的创新。对于中国传统文化核心价值观的研究，学术界基本是从主流文化的视角来进行探讨，由此得出的结论多反映的是主流社会或上层社会对核心价值观的认知与接受程度。该著主要从会党亚文化的视角，来探讨中国传统文化核心价值观被民间社会认知与接受的程度，从地方的角度来阐述中国传统文化核心价值观的具体内涵及其变化，特别是注重阐述民间社会或地方是如何信守与传承传统文化核心价值观，并使之在新的时代发挥重要的现实作用，表明"儒家文化的不安定层面"其实也有相对稳定的文化传承与精神特质。

二是集史的研究、内涵研究、流派研究于一体，使古代道德规范和近代会党问题的研究更为立体、丰满和系统。扩展了研究时段，将古代道德规范和近代会党问题的研究融为一体。以近代会党问题为切入点，历史地考察了中国古代道德规范对近代会党的影响，以及在当时历史条件下中国道德规范教育的特色。二者的结合，使该著的研究既具强烈的时代气息，又不失史学本质与功能。

三是对学术界持续已久的关于洪门组织性质的争论，跳出了学术界现有的政治斗争的视角和社会生活的视角，而是从儒家文化的视角来分析洪门的性质。

不过，该书也存在一些不足之处：一是有些史料尚需要进一步发掘收集，如近代会党政权的有关资料就比较少，尤其是它们所采取的建政制度与措施等方面的资料。二是某些问题尚需进一步深入研究，如儒家道德规范在近代会党组织中的异化问题，近代会党的组织性质何以会受到儒家思想的影响。三是由于该著每一章都是独立成篇，难免有少数史料前后重复。

期待雷冬文同志不断努力进取，获得更大的学术成就。是为序。

周秋光
2019 年 3 月 5 日于长沙

前　言

儒家文化是我国近代社会主流文化，对社会各阶层均具有极强的影响力。学界对此已多有研究成果，但既有的研究主要集中于儒家文化对主流社会和社会主文化的影响，却忽视了儒家文化对民间社会组织及社会亚文化的影响。在中国近代历史上，秘密会党是民间社会组织的典型代表，其组织亚文化在民间社会具有强大的影响力。这些会党组织在价值观念、组织建设、组织行为等方面深受儒家文化的影响。对儒家文化与近代会党的关系问题，国外学者罕见发表专门性成果。国内有部分学者在相关的研究中对此问题有所涉及，如蔡少卿的《中国近代会党史研究》、谭松林主编的《中国秘密社会》丛书、台湾学者陆宝千的《论晚清两广天地会政权》等，都提及了儒家文化与近代会党的关系问题。上述论著对促使人们关注儒家文化与近代会党的关系问题，以及进行进一步探索，都是非常有益的。

在中国近代历史上，历代统治当局无不将会党组织的存在当作一个严重危及社会系统良性运行的问题。唯其严重，对中国近代秘密会党组织进行深入研究，不但可以使人们对秘密会党的组织行为、组织宗旨、组织文化等有明晰的认知，而且通过探讨儒家文化对会党组织规范、组织运作、政权建设等方面的影响，人们可以从会党组织这样一个中观角度，对儒家文化和近代中国民间社会的影响乃至儒家文化在近代所发生的嬗变以及近代中国社会性质的变化等宏观问题有一个更加全面的认识。

然而，相对于儒家文化与近代会党的关系这样一个重大问题而言，现有的研究又是远远不够的。其一，尚未有专门的论著来集中、深入地探讨儒家文化与近代会党的关系问题。儒家文化对近代社会的影响是全方位的，其中对会党的影响是该种影响的重要组成部分，而学界对此问题没有深入探讨，不能不说是一个巨大的遗憾。其二，相关研究主要集中在清末阶段。其三，宏观探讨多于微观分析，缺乏系统研究。其四，对儒家文化与近代会党关系中的一些重要问题，比如儒家文化与会党的组织性质、儒家文化与会党的价值观等缺乏探讨。

更重要的是，与近代会党组织有着深厚渊源关系的当代黑社会组织，已成为困扰我国经济社会发展的严重问题。因此，通过对儒家文化与近代会党组织关系的研究，能在相当程度上起到以史为鉴的作用，使有关部门能认识到儒家文化对秘密结社类的社会组织有着深刻影响，因而能在打击当代黑社会组织的斗争中，在采取暴力打击手段的同时，也能通过加强精神文明建设，尤其是传统道德规范的建设来从根本上防止黑社会组织的产生与发展。

本书的主要内容包括以下四个方面：

（1）儒家家庭道德规范对近代会党的组织规范的影响。这一部分主要是以天地会、哥老会、青帮等近代有代表性的会党组织为例，从儒家家庭伦理的视角，来探析儒家家庭道德规范（包括父子伦理规范、兄弟伦理规范、夫妻伦理规范等）对会党规范的影响，并探讨儒家道德规范在会党规范体系中的异化等问题。

（2）儒家社会道德规范与近代会党的价值观。这一部分主要从社会关系的角度，探讨两个问题：①研究儒家重义轻利的道德规范对会党处理义利关系的影响。②研究会党的忠君观。着重分析近代会党忠君观产生的社会根源，阐述近代会党忠君观的践行，探讨近代会党何以会"反清复明"，并在此基础上指出"反清复明"实为一种特殊的忠君观。

（3）儒家政治道德规范与近代会党政权。一是探讨儒家政治道德规范对近代会党起义军的影响，二是探讨近代具有较大规模和较大影响的会党政权如何遵循儒家的民本思想，积极推行所谓的"德治"以赢得民心，巩固政权。

（4）儒家民本思想和"仁爱"规范与近代会党的组织性质。这一部分主要是以近代洪门为例，从儒家"仁爱"和"民本"思想出发，来探讨儒家道德规范对近代洪门宗旨和组织目标的影响。

本书的基本观点如下：

（1）近代会党组织规范深受儒家家庭伦理的影响。在父子伦理方面，近代会党主要是要求会员对父母或首领做到"孝顺""孝敬"；在兄弟伦理方面，主要是强调会员之间互相帮助，并处理好叔嫂、伯伯和弟妇等关系；在夫妻伦理方面，要求会员在缔结婚姻时遵循"父母之命，媒妁之言"的原则，并倡导夫妇和顺。

（2）近代会党的义气观受到儒家义利观的影响。在儒家重义轻利的道德规范影响下，从社会关系的角度看，近代会党的义气观至少包含了三个层面的道德含义：对会员，实施扶贫济困；对民众，实行劫富济贫；此外，还内外兼顾，在会员遭遇不测时，冒死替其复仇，并在国家遭受侵略时，维护民族尊严与国家利益。

（3）忠君观为近代会党组织价值体系的重要组成部分。近代会党的忠君观的产生与清廷刻意借助儒家思想来宣扬、推行忠君观有直接关系。近代不少会党组织接受并积极践行了忠君观。而部分会党组织持有的"反清复明"这一特殊忠君观，则受到了先秦儒家忠君观和"华夷之辨"观的深刻影响。

（4）受儒家政治道德规范的影响，近代会党政权遵循了儒家的民本思想，积极推行所谓的"德治"来赢得民心，巩固政权，并为此制定了一些具体的措施，也取得了一定的成效。但总体而言，近代会党政权所实施的"德治"是不够完整、系统的，和儒家所倡导的"德治"有很大差距。

（5）近代洪门的组织性质与儒家文化有密切关系。从近代洪门来看，近代洪门的组织性质，不仅仅取决于洪门成员现实的物质生活的需要，还与儒家民本思想有密切关系。官府及官员们对儒家民本思想的践踏，是影响近代洪门组织宗旨与组织行为的一个重要潜在因素。从组织规范来看，近代洪门的互助规定，则受到了儒家"仁爱"等思想的深刻影响。而从组织成分来看，部分士绅的加入，成为影响近代洪门的组织性质的一个内在因素。

研究思路：史学研究就是思想和实证的结合。因此本课题研究的基本思路和方法是：以伦理学及相关理论作为基本的分析工具，充分发挥历史学的实证特色，先从各个方面的具体问题研究，然后综合具体研究成果，形成系统研究。

本书的主要研究方法如下：

（1）主要采用历史学的研究方法，利用多学科（伦理学、社会学、心理学、文化人类学等）、交叉学科进行综合研究；重视运用多视角或复合视角的研究方法。

（2）微观与宏观并重的方法：微观是选若干个案，宏观是儒家道德规范在近代社会中的作用及其在近代中国会党组织中的影响；将微观研究寓于宏观研究之中，使之具有普遍性意义。

（3）对于不同地域、不同时期会党组织的组建、构成、活动、历史作用等也可以采用比较法研究。

创新之处：

必须指出的是，儒家文化和近代会党的关系问题是一个比较宏大的问题，涉及历史学、伦理学、政治学等诸多学科，由于笔者才疏学浅，尤其是儒学功底浅薄，故书稿中难以避免存在诸多舛误，在此恳请大家不吝批评指正。

目　　录

第一章　儒家家庭伦理与近代会党组织规范 …………………… （1）
　第一节　儒家兄弟伦理与会党对悌道的规定 …………………… （4）
　　一　儒家悌道观与近代会党内部会员之间互敬互爱、
　　　　和睦相处的规定 ………………………………………… （4）
　　二　儒家悌道观与近代会党关于处理叔嫂、伯伯和弟妇等
　　　　关系的规定 ……………………………………………… （13）
　第二节　儒家父子伦理与会党对孝道的规定 …………………… （20）
　　一　儒家孝道伦理概要 ……………………………………… （20）
　　二　近代会党有关对父母尽孝的规定 ……………………… （22）
　　三　近代会党有关会员对首领或师父的顺从与尊敬的
　　　　规定 ……………………………………………………… （27）
　第三节　儒家夫妻伦理与会党对婚姻生活的规定 ……………… （35）
　　一　近代会党有关婚姻缔结的规定 ………………………… （35）
　　二　近代会党有关夫妻相处的规定 ………………………… （39）
　第四节　儒家家庭道德规范在会党规范体系中的异化 ………… （47）
　　一　儒家家庭道德规范在会党规范体系中的作用及异化 … （47）
　　二　异化的原因分析 ………………………………………… （49）

第二章　儒家义利观与近代会党的义气观 ……………………… （51）
　第一节　清前期会党义气观的发展 ……………………………… （51）
　　一　何谓义气 ………………………………………………… （51）

　　二　清前期会党义气观的发展 ……………………………… (53)
　　三　清前期会党义气观在近代的延续 …………………… (63)
第二节　会党内部成员的"扶贫济困"之义 ……………………… (66)
　　一　近代会党组织内部无私的扶贫济困 ………………… (66)
　　二　近代会党扶贫济困义气观的功能 …………………… (78)
　　三　清政府对近代会党扶贫济困义气观的应对之策 …… (102)
第三节　会党对民众的"劫富济贫"之义 ………………………… (105)
　　一　近代会党对民众的"以义制利" ……………………… (105)
　　二　近代会党"以义制利"原则的偏颇 …………………… (110)
第四节　会党对国家的"舍生取义"之义 ………………………… (113)
　　一　近代会党内部的舍命复仇 …………………………… (113)
　　二　近代会党的民族大义 ………………………………… (115)

第三章　儒家思想与近代会党忠君观 ………………………………… (127)
第一节　近代会党忠君观产生的社会根源 ……………………… (127)
　　一　通俗文艺作品的影响 ………………………………… (127)
　　二　清廷大力宣扬儒家孝道观和程朱理学 ……………… (130)
　　三　会党对关帝的信仰及清廷对关帝信仰的控制 ……… (133)
　　四　清廷实施忠君教育的其他措施 ……………………… (141)
第二节　近代会党对忠君观的践行 ……………………………… (148)
　　一　近代会党忠君观的践行 ……………………………… (148)
　　二　清廷对会党政策的调整及对近代会党忠君行为的
　　　　奖励 …………………………………………………… (159)
　　三　清廷对近代会党招抚的原因 ………………………… (167)
第三节　近代会党何以会"反清复明" …………………………… (174)
　　一　先秦儒家的忠君理论对会党"反清复明"
　　　　宗旨的影响 …………………………………………… (174)
　　二　儒家"华夷之辨"的狭隘民族主义思想对会党"反清复明"
　　　　宗旨的影响 …………………………………………… (176)
　　三　会党具有"反清复明"的传统 ………………………… (189)

第四章 近代会党政权的"德治" (198)

第一节 以德安民 (199)
一 近代会党政权"以德安民"的具体举措 (200)
二 近代会党政权对"以德安民"举措的贯彻 (206)

第二节 以德养民 (211)
一 会党政权对民众粮食问题的解决 (212)
二 会党政权的其他养民举措 (214)

第三节 近代会党政权"德治"效果评价 (218)
一 近代会党政权"德治"效果 (218)
二 近代会党政权"德治"的残缺 (221)

第五章 儒家道德规范与近代洪门的性质 (227)

第一节 近代洪门的组织宗旨 (228)
一 清前期洪门的组织宗旨 (228)
二 近代洪门的组织宗旨 (230)

第二节 儒家伦理与近代洪门的互助精神 (234)
一 儒家"仁亲以为宝"精神与近代洪门组织对内外交往的规定 (234)
二 儒家"亲属不分财"精神与近代洪门组织对内部交往的规定 (237)

第三节 士绅加入——近代洪门的组织性质受到儒家思想影响的内在因素 (242)
一 士绅加入会党概况 (242)
二 士绅为何加入会党 (245)
三 士绅在会党组织中的地位及影响 (248)

参考文献 (251)

后 记 (264)

第一章

儒家家庭伦理与近代会党组织规范

清中叶之后，会党的影响力与日俱增，成为影响近代中国社会变迁的一个重要因素。在咸同之际，仅见于官方记载的广西天地会起义队伍就达到了175支之多，① 并建立了升平天国、大成国、延陵国等三个天地会政权。这些会党组织"此股甫经扑灭，彼股又另起事者，几于无地无之，无时无之"，他们"小之开角打单，大之攻城劫狱，浸成燎原之势"。② 不少地方"已成一盗贼世界"。③ 会党有如此强大的势力与影响力，一个重要原因就是其内部凝聚力较强，而其较强的凝聚力又得益于其严密的组织规范。综观近代会党的组织规范，我们可以发现，它们深受儒家家庭伦理的影响，盖因近代会党是以虚拟的血缘关系作为组织维系的纽带，由此直接导致其组织规范难以避免会受到国人普遍认可并遵循的儒家家庭伦理的影响。

溯观近代会党组织发展史，我们可以发现，在清前期，会党组织规范即受到了儒家家庭伦理的影响。以洪门（包括哥老会、袍哥和天地会以及天地会的别称添弟会、三合会、三点会、小刀会等）为例，乾嘉年

---

① 太平天国革命时期广西农民起义资料编辑组：《太平天国革命时期广西农民起义资料》（上册），中华书局1978年版，第2页。
② 严正基：《论粤西贼情兵事始末》，盛康辑《皇朝经世文续编》卷94《兵政·剿匪二》，沈云龙主编《近代中国史料丛刊》第85辑，（台湾）文海出版社1980年影印本，第3900—3901页。
③ 光绪《贵县志》卷6《纪事》，第9页。

间所破获的天地会组织，其组织规范或多或少都受到了儒家家庭伦理的影响。此点我们可以从天地会会书和其组织誓言中看出来。

乾隆五十一年（1785），台湾天地会首领林爽文领导台湾天地会起义，在起义后查获的天地会的盟书誓词中，可以发现，乾隆年间的天地会即已要求会员"自今既盟之后，前有私仇挟恨，尽泻于江海之中，更加和好。有善相劝，有过相规，缓急相济□，犯□相扶"。① 这一要求，与儒家倡导的兄弟和睦、互助的悌道观不谋而合。嘉庆十三年（1808），清政府在广西来宾县破获颜亚贵天地会，查获天地会内部文件《桃园歌》。《桃园歌》篇幅很短，行文粗陋，但里面所载天地会的组织规范，却包含了不少儒家家庭伦理规范。譬如，规定"不得自心肥己，不得吞骗兄弟"；"兄弟妻子，如我嫂子相称"；"兄弟有难，须要拔刀相助，不得临阵退缩"；"不得以大押（压）小，不得以力为强"。② 这些规定，遵循的显然是儒家"兄友弟恭"之原则。而"不可得罪兄弟父母，若有得罪兄弟父母者，重责四十板"之规定，③ 遵循的显然是儒家的孝道观。嘉庆十六年（1811），清政府在广西东兰州查获天地会会员姚大羔所藏《会簿》，这是目前我们所能见到的最原始的天地会会书。姚大羔所藏《会簿》中需要会员记诵的诗句也反映出其受儒家家庭伦理的影响。如《有难》："兄弟有难要帮手，莫作闲人街上游。"④ 该诗句与儒家要求爱亲、兄弟之间要互帮互助的伦理规范是一致的。而《洗面》中"清水一盆照明间，兄弟扛来不可嫌"的诗句，⑤ 则符合儒家兄弟之间和谐相处、相亲相爱的意涵。在传抄于道光八年（1828）的广西田林县《天地会文书抄

---

① 《天地会盟书誓词》，中国人民大学清史研究所、中国第一历史档案馆合编《天地会》第1册，中国人民大学出版社1980年版，第161页。

② 《广西巡抚恩长审拟颜亚贵以〈桃园歌〉邀人拜会案折》，嘉庆十三年十二月二十五日批，军录，中国人民大学清史研究所、中国第一历史档案馆合编《天地会》第7册，中国人民大学出版社1987年版，第214页。

③ 同上。

④ 《广西巡抚成林为搜获东兰州天地会成员姚大羔所藏〈会簿〉呈军机处咨文》，嘉庆十六年五月初七日，军录，中国人民大学清史研究所、中国第一历史档案馆合编《天地会》第1册，第19页。

⑤ 同上。

本》中，其中的《五戒》第四条规定"要戒气，气不许殴打兄弟"；第五条规定"要戒荤，荤不许辱骂洪家"。① 这两条规定显然都是要求天地会成员必须和睦相处。此外，该抄本所载诗歌中，还有要求会员之间互相帮助的内容。譬如《过关》："鸦鹦出世在东山，大声小叫放金兰。盘费途程都用尽，望兄放我过三关。"又如《歇店诗》："是我弟兄要出手，莫做贤（闲）人皆（街）上游。出手不离三个指，看见方之（知）骨肉亲。"②

由上述我们可以发现，尽管清前期会党的组织规范尚处于萌芽状态，却已受到了儒家家庭伦理的影响，之所以如此，是因为会党组织规范属于社会亚文化的范畴，而社会亚文化必定会受到社会主文化的制约与影响，因为"无论人们愿意与否，都得在既存的文化环境中生活，都得在思考上、行为上受该种文化所规范和诱导"。③ 儒家文化为古代和近代中国的主文化，所以会党组织规范不可避免地会受到儒家文化的渗透和影响。

组织规范是一个组织的必要构件，它是指组织制定的或约定俗成的行为标准和准则，能产生较强的约束力，具有赋予行为正当性的作用，对组织的生存与发展影响重大。与清前期相比较，近代会党组织结构和组织规范已趋于完善，如洪门的组织规范主要包括《三十六誓》④《十八章律书》《二十一则》《八德》等，而近代青帮（又作"清帮"）的组织规范主要包括《十大帮规》《十禁》《十戒》《十要》等。⑤ 考察近代会党组织，可以发现，他们均以虚拟的血缘关系作为组织维系纽带，一个近代会党组织实际上就相当于一个虚拟大家庭。"天

---

① 《天地会文书抄本》，庾裕良、陈仁华《广西会党资料汇编》，广西人民出版社1989年版，第492页。
② 同上书，第518—520页。
③ 庄平：《社会规范系统的结构与机制》，《社会学研究》1988年第4期。
④ 目前我们所能见到的《三十六誓》共有四个版本，最早出现的是洪顺堂的有《请神祝文》和罚规的版本，其次是有《洪门小引》和有诗的版本，再次是有序文的版本，最后是平山周《中国秘密社会史》中所记载的版本。
⑤ 《十大帮规》《十戒》等规范在青帮的《安清史鉴》《通漕辑要》《清门考原》《家理宝鉴》《道义正宗》等秘籍中都有，但内容不尽一致，差异较大。

之本在固，固之本在家，家之本在身"（《孟子·离娄上》），为求得组织的稳定和发展，近代会党组织制定了不少家庭伦理规范，这些家庭伦理规范主要受到了儒家家庭伦理的影响，其中包括父子伦理、兄弟伦理和夫妻伦理。

第一节 儒家兄弟伦理与会党对悌道的规定

一 儒家悌道观与近代会党内部会员之间互敬互爱、和睦相处的规定

在近代诸多会党组织中，其内部最重要的关系就是会员之间的所谓兄弟关系。而在儒家家庭伦理中，兄弟关系也是一种非常重要的家庭伦理关系，仅次于父子关系。对于兄弟关系，儒家特别强调"悌"，孔子将"悌"与"孝"看作做人的根本，认为："君子务本，本立而道生。孝弟者也，其为人之本与！"要求"入则孝，出则悌"（《论语·学而》），做到"兄弟怡怡"（《论语·子路》）。孟子也将"悌"与"孝"并列，认为"尧舜之道，孝悌而已矣"（《孟子·告子下》）。荀子则明确指出："请问为人兄？曰：慈爱而见友。请问为人弟？曰：敬诎而不苟。"（《荀子·君道》）朱熹认为："仁重于爱，而爱莫切于事亲又主于敬，而敬莫先于从兄。故仁义之道，其用至广，而其实不越于事亲从兄之间。"① 在儒家看来，"悌"主要是弟对兄长敬重亲爱的品德，不过也含有兄弟相亲、"兄友弟恭"的双向道德责任关系，即孟子所言："人之于弟也，不藏怒焉，不宿怨焉，亲爱之而已矣。"（《孟子·万章上》）后来，"兄友弟恭"的原则逐渐扩展成为处理家庭系统中姊妹、叔嫂、姑嫂、伯伯和弟妇等关系的伦理规范，即如《弟子规》所言："事诸父，如事父，事诸兄，如事兄。"近代会党组织也是按照这一原则来处理组织中的兄弟、叔嫂、伯伯和弟妇等关系的。

对"兄友弟恭"原则，儒家非常强调兄弟之间的相互珍爱、和睦相处，认为这事关家庭的幸福与兴衰。所谓"兄弟不和，家庭尽是戾气，

---

① 朱熹：《四书集注》，岳麓书社1985年版，第82页。

虽有妻、子之乐，不乐也"①。曾国藩亦曾言："家和则福自生，若一家之中，兄有言而弟无不从，弟有请而兄无不应，和气蒸蒸而不兴者，未之有也；反是而不败者，亦未之有也。"②"兄弟和，虽穷氓小户必兴；兄弟不和，虽世家宦族必败。"曾国藩明确提出，在处理兄弟关系时，"实以和睦兄弟为第一"。③ 近代会党组织规范吸收了儒家关于兄弟之间要互敬互爱、和睦相处的说教，以期做到"四海之内，皆兄弟也"（《论语·颜渊》）。洪门在《八德》《十条》《议戒十条》等组织规范中即有这方面的明确规定。其中，《八德》中第二德明确规定要做到"为弟行让兄行宽，谨守弟道"。④ 而《十条》中有三条相关规定，即"第三条，长幼有序"；"第六条，讲仁讲义"；"第八条，兄仁弟义"。《议戒十条》中也有三条相关规定，即"第一条，不准欺兄灭弟"；"第四条，不准以大压小"；"第七条，不准不仁不义"。《十款》中有两条有关规定："第五款：不准口角风暴"；"第八款：不准以大压小"。⑤《六条令》也提到："第五 兄弟要和好，异姓手足胜同胞。"⑥ 洪门在民国时期制定的《十规要》中，同样有此方面的规定："第二，入会之后，兄弟和好结为手足，出入相顾，患难相扶，不得相残，成一家之亲。第三，凡会内兄弟须要孝顺父母，不得辱骂粗言、蔑视兄弟、有伤手足之情。……第六，凡我会兄弟，不得伤残、言语相争，有害本会之基础，以和为贵。第七，凡会内人等，礼义相对一家亲，不可听旁人之言，恐生是非有失和气，遵守本分为先。"⑦

此外，针对会员之间难免存在的是非口角之争等不睦现象，洪门中还有专门劝不睦会员和解的条语。如《红旗劝和解条》称："二位老哥因何故，如此结下冤仇来。自从今日把结解，是非口角齐丢开。抱定仁义朝前往，兄弟和解自生财。"《接劝和解条》称："千负累来万负累，负累

---

① 孙奇逢：《孝友堂家规》，商务印书馆1939年版，第20页。
② 《曾国藩治家全书》，岳麓书社1997年版，第2页。
③ 曾国藩：《禀父母》，唐浩明《唐浩明点评曾国藩家书》上卷，（香港）天地图书有限公司2004年版，第46页。
④ 戴魏光：《洪门史》，河北人民出版社1990年影印本，第8页。
⑤ 朱琳：《洪门志》，江西教育出版社2010年版，第38—39页。
⑥ 同上书，第175页。
⑦ 郭绪印：《洪帮秘史》，上海人民出版社1996年版，第46—47页。

五哥把结解。自从今日和解后,同心同德永和谐。若有虚情并假意,千刀万剐无葬埋。"《红旗再劝和解条》称:"非是兄弟要冒犯,哥子大量要海涵。既是祠宗同一脉,弟兄何必论雌雄。……弟兄本为五伦首,兄和弟睦礼之常。若把弟兄不敬重,旁人一定议短长。……仁兄从此都和好,咱们弟兄永久长。"《和解无事条》称:"老哥既知海湖事,海湖都是自己人。问得清白同携手,何必无端找皮绊。天外有天须谨记,强中更有比你强。今日和解永无事,兄和弟睦万万年。"① 上述条语,中心意思都是要求洪门兄弟不计前嫌,和睦相处,和衷共济。对这一点,《十规要》第八条更是有明确规定:"凡会内兄弟未入会之前有多少争斗事件,入会之后作为骨肉之亲不得多论。"②

洪门在开香堂时,在香堂令词中,也有诸多反映"兄友弟恭"原则的规定。如《礼堂令》要求"众位弟兄要谨记,洪家礼节要认真。仁义二字为根本,诸事还要礼当先"③。《披红令》要求"与朋友交久而敬,结拜兄弟要同心。抱定仁义为根本,凡事总宜礼当先。上与拜兄来替德,下与兄弟把忧分"④。《黑旗令》要求"不可以大来压小,不可妄把是非挑。不可横行称霸道,不可谄媚与矜骄",并认为"一团和气无价宝,兄宽弟忍是英豪"⑤。《山主令》提出,会员之间要"相亲相爱如手足""精诚团结人尊敬"⑥。《点圣条》称:"四点圣人脚,洪家弟兄要和睦。"⑦《参圣条》称:"异姓兄弟来结拜,胜似同胞共母胎。"⑧ 而在《三纲五常》中,洪门更是明确要求"为兄者,对手足,要客礼相待……为弟者,对兄长,要恭而且敬"。做到兄友弟恭,则会"家道和顺""家道必兴"。⑨ 开香堂在洪门中是件最具庄重严肃性的大事,其所具有的权威性

---

① 朱琳:《洪门志》,第234—236页。
② 郭绪印:《洪帮秘史》,第47页。
③ 朱琳:《洪门志》,第149页。
④ 同上书,第152页。
⑤ 同上书,第154页。
⑥ 同上书,第176页。
⑦ 同上书,第182页。
⑧ 同上书,第186页。
⑨ 同上书,第165—166页。

对洪门会员来说不言而喻。在此场合宣讲的内容，自然也是极具重要性与权威性，上述关于"兄友弟恭"原则的诸多令词，借助开香堂这一庄严时刻进行宣讲，无疑凸显了该原则的极端重要性，从而无形之中有效强化了洪门会员对该原则的重视与实践。

在洪门各种应用诗句中，也有不少诗句反映了"兄友弟恭"之原则。兹列举一二:①

食饭诗
丹心同志，食之有味；
兄弟齐心，和气聚会。

敬菜过来便说
自如洪门骨肉亲，弟非贪财食肉人；
兄今台前来敬我，弟岂忘恩反骨人。

他奉肉过来你奉骨过去诗
桃园结义天下闻，莫作奸心反骨人；
你敬肉来我敬骨，胜过同胞骨肉亲。

而为了防止会员之间不睦，洪门的组织规范对会员之间的不睦有严格的惩罚措施。《二十一则》中有两条惩罚措施，其中第十则规定："恃强欺弱或以大压小者，割两耳"；第二十则规定："强请兄弟或欺虐之者，割双耳"。②《十刑》中有四条相关规定，即"第四刑：愚弄兄弟者，笞刑一百八"；"第五刑：结识外人，侮辱兄弟者，笞刑一百八"；"第七刑：昏醉争斗而起纠纷者，笞刑七十二"；"第九刑：违反兄弟之情而与其亲戚争斗者，笞刑七十二"。③《十八章律书》第四章规定："殴辱同堂兄

---

① 李子峰：《海底》，江西教育出版社2010年版，第323—326页。
② 朱琳：《洪门志》，第35—36页。
③ 同上书，第37页。

弟，视其情节处罚"；第十八章规定："捏造黑白，威吓同堂兄弟，视其情节法办。"①

需要注意的是，近代洪门关于兄弟和睦相处的规范，在一定的外部条件作用下，有可能会被破坏。咸丰年间，两广地区的天地会举行大规模反清起义，在激烈残酷的战争环境中，洪门内部各种势力的关系变得复杂起来，一旦各方的利益处置不当，关于兄弟和睦相处的规范就会遭到严重破坏。例如，咸丰八年（1858）四月，广东天地会起义军的两大首领"（梁）昌与（区）润积不相能，倒戈返斗，润逐之。引党数人由合浦走入东海。南宁民侨合浦者，识昌，白团练执之，诛于廉州。润寻为其党所杀"②。同年五月，"贼首曾六托曾联芳代求保其转白，自卑工食，带练立功。即令其攻下垌寨，午刻攻入，杀贼数十"③。又如，广西天地会起义军将领"（陈）戊养与（黄）金亮有隙，金亮谮戊养于李文茂，使浔州艇贼陈宝招而杀之。宝纵之回太平墟，以杀死闻于文茂。金亮信之。（咸丰九年）八月，金亮赴石达开招，至五里墟，戊养遽出围之，杀金亮并其弟黄二"④。咸丰十年（1860），"南埔贼首莫云成，因与周逆（即会党义军首领周彩猷）仇忤，兼见贼势日蹙，遂来投诚，与李五等同说被胁从贼村寨，愿剃发，任扎壮练。各村来一练长谒见，投册计六十四村"⑤。同年，"（陈）戊养、廖明盛合文成标、刘结、黄上林、潘得林为一股。即选道刘坤一统师，文成标密乞抚。廖明盛杀黄上林来归，坤一诛之。十一年（1861）春，戊养、成标、梁珊投诚"⑥。由上述事例我们不难看出，洪门关于兄弟和睦相处的规范被破坏之后，后果极其严重，不但破坏了团结，而且还严重削弱了洪门自身力量。这也反过来证明，在不利的社会处境中，儒家关于兄弟和睦相处的规范对会党是何等重要。这正是会党愿意接受儒家家庭伦理规范的根本原因。

---

① 朱琳：《洪门志》，第38页。
② 同治《浔州府志》卷57《纪事》，第36页。
③ 《太平天国革命时期广西农民起义资料》（下册），中华书局1978年版，第601页。
④ 苏凤文：《平桂纪略》卷3，光绪十五年（1889）刻本，第7页。
⑤ 光绪《郁林州志》卷18《纪事编》，第57页。
⑥ 苏凤文：《股匪总录》卷3，光绪十五年（1889）刻本，第17页。

青帮在互敬互爱、和睦相处方面也有明文规定，这些规定主要集中于《十戒》《十要》等规范中。其中，《十戒》规定"不准倚大欺小"，而要"长于我者恭而敬之，幼于我者友而爱之"。而《十要》则规定要"兄宽弟忍，盖兄弟手足之情也。然吾辈之同参，亦如同胞兄弟。凡事，须兄有宽宏大量，为弟者须忍耐方妙，上恭下敬"。并强调"和睦同参，是安青之根本切要"①。

必须指出的是，近代会党关于会员之间必须和睦相处的规范，固然有助于组织内部的和谐稳定，增强组织的凝聚力，但有时候也会被一些会员用来规避处罚。重庆洪门中有一位名周斌的女子会员，该女子1940年与五圣山智松堂八堂的陪堂大爷郑国琛姘居，二人均有家室，"咸感长此姘居，终非结局。郑乃介绍给军委会中将处长徐某与周结婚。周貌并不扬，却工媚善妒，性极凶悍，徐与结婚后，不堪其苦，屡行自杀，得救未死。徐之友朋中，多洪门弟兄，咸为徐不平，对周欲有以惩之，周闻之亦惧。她尝闻洪门中人言，洪门规矩，同门弟兄，不究既往之咎，应言归于好。周乃设法于1943年在重庆加入洪门，封为'金凤'（洪门吸收女子入门，以'金凤'为最高步位）。于是徐友中之洪门弟兄，见周已入洪门，即不便以暴力加之"②。周从此后更加肆无忌惮，犯下诸多罪行。

不过，就儒家的兄弟伦理而言，"兄友"与"弟恭"之间是互为条件的，弟兄之间的敬重亲爱并非完全是因为纯粹的血缘因素，在日常生活中能彼此互相帮助也是非常重要的。正因为如此，儒家提出了"亲属不分财""内外有别"等道德伦理，反对"为人弟者怀利以事其兄"（《孟子·告子下》），认为"兄弟同受父母一气所生，骨肉之至亲者也。今人不明义理，悖逆天性，生虽同胞，情同吴越；居虽同室，迹如路人；以至计分毫之利，而弃绝至恩；信妻子之言，而结为死怨，岂知兄弟之义哉！"③ 严禁为蝇头小利而损害兄弟之义，以促使兄弟之间在财产、社会

---

① 陈国屏：《清门考原》，上海文艺出版社1990年影印本，第173—174页。
② 蒋成言：《洪门在浙江》，《河北文史资料》编辑部编《近代中国帮会内幕》下卷，群众出版社1992年版，第57页。
③ 《鲁斋遗书》卷1，《四库全书·集部》，上海古籍出版社1987年版，第12—13页。

交往等方面能互相帮助。这些兄弟伦理反映在近代洪门和青帮组织规范中，突出表现为要求每个会员必须为其他会员提供必要的帮助，特别是物质方面的帮助。为此，洪门《十条》中的第十条明确规定要"互信互助"。① 而其主要的组织规范《三十六誓》更是详细规定在以下三种情况下，每个会员必须为其他会员提供必要的帮助：一是会员遇有红白二事，特别是遇有丧事时，必须尽力提供帮助，为此明确规定："洪家兄弟有红白二事，钱银不敷。要通知全各兄弟，揶些钱银，以念结义之情"；"洪家兄弟身故无银殡葬，若是到来科盉，有多科多，无多科少"；"会内兄弟父母百寿诞以及身故，求解无门，不得殡葬，就要通知各兄弟，须科甲银钱，买棺木殡葬"。二是会员遇到生活困难时必须予以帮助，要求"自入洪门之后，誓过每愿，须要铜肝铁胆，手足相顾，患难相扶，疾病相待"；"洪家兄弟有大祸临身，寄妻托子，要谨慎收留"；"洪家兄弟犯难到尔家中取借路费，须当出力相赠。倘或家中无，便如衣服亦可持一半件与他当质作路费"。三是在会员的人身安全受到外人威胁时，或与外人发生利益纠纷或冲突时，必须予以帮助，一致对外。为此，特意规定："遇有兄弟被人打骂，必须向前，有理相帮，无理相劝，如屡次被人欺侮者，即代传知众兄弟，商议办法，或各出钱财，代为争气，无钱出力，不得诈作不知"；"洪家兄弟在圩场、市镇、戏场、庙地与风仔打架，挂起排号，立即向前相揶"；"自入洪门之后，但系洪家兄弟看守地方，毋得引贼入境盗窃兄弟所看之处财物"；"洪门兄弟若遇赌博，毋得同场过子，勾引外人局骗洪家兄弟银两衣物"；等等。②

面对上述三种情况，洪门会员倘若"有故意推诿，漠不关心者，甚或落井下石，出卖求荣，则必治以重典"③。洪门处理这类问题的"重典"主要有《十禁》《十刑》《二十一则》等规范，按照这些规范，如果会员违犯有关互帮互助的要求，轻则处以笞刑，重则处以死刑。④ 在这些规范中，以《十禁》最有代表性。洪门《十禁》总共十条禁令，有七条

---

① 朱琳：《洪门志》，第39页。
② 参阅萧一山《近代秘密社会史料》，岳麓书社1986年版，第217—232页。
③ 戴魏光：《洪门史》，第8页。
④ 参阅［日］平山周《中国秘密社会史》，河北人民出版社1990年影印本，第49—53页。

是有关此方面的规定：①

　　第二禁：如遇父母之丧，无力埋葬而告贷于兄弟者，应各尽其力，以谋补助。拒却者，割两耳。

　　第三禁：兄弟诉说穷苦而借贷者，不得拒却。如侮慢或严拒之者，割两耳。

　　第四禁：兄弟在赌博场中，不得故令输财或私行骗取。如犯之者，笞刑一百八。

　　第六禁：如兄弟营谋事业或与国外有所交往，因而寄托钱财或寄托文书者，不得私用或吞没。如犯之者，割两耳。

　　第七禁：兄弟与外人争斗而来相告，必须援助。如有诈作不知者，笞刑一百八。

　　第九禁：兄弟遇有困难，应即济助。如有违背者，笞刑一百八。

　　第十禁：兄弟遇有危急或遭官府缉拿，应各设法营救，如有假托规避者，笞刑一百八。

此外，《十刑》第六刑和第十刑分别规定"经理兄弟钱财而滥用者"和"欺骗兄弟赌博者"，均"笞刑七十二"。第八刑则规定"隐匿兄弟寄托之财物，谋算入己者，酌量加刑"。《二十一则》则规定，"盗劫兄弟之财物不肯返还者，割两耳"；"私自毁伤兄弟或浪费其钱财者，割一耳"。而"遇兄弟危难不救者，割两耳，加笞刑一百八"②。有罚规的《三十六誓》规定，如果会员违犯有关互帮互助的要求，一旦查出，或者打棍若干，或者"洗身"，或者"顺风"。③ 洪门《十八章律书》也明确规定，有"私卖同堂兄弟""私受贿赂，出卖同堂兄弟""因外人私看同堂兄弟之财"等吃里爬外的行为，均要"视其情节法办"。④ 从社会关系的角度看，这些规定显然是要求每个会员在外人面前维护其他会员的人身安全

---

① 朱琳：《洪门志》，第36—37页。
② 同上书，第35—36页。
③ 萧一山：《近代秘密社会史料》，第227—230页。
④ 朱琳：《洪门志》，第37—38页。

与利益时，必须一致对外，甚至可以不论其是非曲直。正如一位哥老会中人所说："袍哥讲义气，只是对袍哥兄弟而言。如果袍哥与没有嗨袍哥的'空子'发生纠纷，袍哥只能袒护袍哥，压抑空子，也不管对方有理无理。袍哥内部流行一句话：'只能兴袍灭空，不能兴空灭袍。'否则就是不讲江湖义气。"①

青帮在互助方面的组织规范虽然没有洪门那么详尽，但明确规定，帮中兄弟遇有"三灾"（天灾、兵灾、无妄之灾）和"八难"（出行路费短、遇事少人援、中途逢卡线、生活无路难、老来无积蓄、病中少药煎、死后无人葬、贫苦无人怜），要互相帮助和救济。②此外，在青帮的其他规范中也有类似的要求。如《圣谕广训》第一条即提出，为了孝敬父母，兄弟之间应和睦相处，兄友弟恭。③《十大帮规》第九条明确规定"不准开闸放水。所谓开闸放水者，是只顾自己的便利，不顾众人性命……这种自私自利的事，不是在帮的人应做的"。并规定凡犯此条帮规者，"必烧死铁锚之上，或活埋土中"④。小贴志愿书所书三愿五誓中，第五誓要求"友爱同参"，"如有违背，身死五刑"⑤。上述规定，显然也是要求会员之间必须互爱互助，不许自私自利，否则就要受到严惩。据载，有一个外地青帮帮徒在安庆严重触犯了帮规，安庆青帮将其抓住并予以审讯，在该人承认触犯了帮规后，要其自行了断，该人遂自尽了事。"如果他不自裁，两旁帮徒就会一拥而上，乱刀将他戮死。"⑥

需要指出的是，关于近代会党组织规范中"互帮互助"价值观的渊源，不少学者认为是来源于民间文化，尤其是《水浒传》等民间文学。⑦

---

① 唐绍武、李祝三、蒋相臣：《重庆袍哥史话》，《河北文史资料》编辑部编《近代中国帮会内幕》下卷，第265页。

② 李连生口述，徐桂生整理：《我参加清帮的片断回忆》，《河北文史资料》编辑部编《近代中国帮会内幕》上卷，群众出版社1992年版，第595页。

③ 郭绪印：《清帮秘史》，上海人民出版社2002年版，第82页。

④ 陈国屏：《清门考原》，第168页。

⑤ 郭绪印：《清帮秘史》，第52页。

⑥ 李帆群：《安庆的清帮》，《河北文史资料》编辑部编《近代中国帮会内幕》上卷，第568—569页。

⑦ 刘平：《民间文化、江湖义气与会党的关系》，《清史研究》2002年第1期；欧阳恩良：《民俗文化与秘密社会》，《中国文化研究》2009年秋之卷。

这种看法不无道理，但显然忽视了儒家文化对近代会党的影响。我们认为，在儒家文化占主导地位的近代社会，不论是何种民间文化，都摆脱不了儒家文化的影响乃至指导，尤其是其间所包含的"义"的观念，其最终的理论根源其实还是儒家的相关学说。会党"互帮互助"的价值观自然也不例外。对此，加拿大学者王大为认为："我相信，经常出现在18、19世纪史料中的兄弟结拜组织并不完全是新事物，相反，他们产生于中国传统社会中的组织与文化习俗。这些习俗或者提供互助的经验、或者提供集体活动之管理的教训。"① 陆宝千先生也认为："'义'之专用于朋友一伦，或不能尽儒家'义'观念之本义，然决不有悖于儒说，且确为儒门精义之一。历经戏剧、小说传播而深入人心，故能成为结合群众之'精神纽带'，成为天地会异动观念之一部。"② 陆先生此语明确表明，民间文化并不是会党"互帮互助"的价值观的最终来源，而只不过是儒家文化的传播载体而已。即使是会党组织本身，也自认为儒家思想是其"互帮互助"的价值观的最终来源。对洪门来说，"洪门之立足点为何？即儒家之礼教是也。儒家以孔孟为祖，孔孟提倡礼教最力，其有功于世道人心者为钜。洪门先进有鉴于是，故特别强调礼教色彩，用以巩固组织。举凡吾国之固有美德，忠、孝、仁、爱、信、义、和、平以及四维五伦，莫不包举靡遗。"③ 而对青帮来说，"安青之道，最重纲常伦理"。④ 由此可见，讨论近代会党义气观，是绝不可能抛离儒家思想的。

二 儒家悌道观与近代会党关于处理叔嫂、伯伯和弟妇等关系的规定

在近代会党组织规范中，还有不少关于处理叔嫂、伯伯和弟妇等关系的规定。叔嫂、伯伯和弟妇等关系，表面上看是男女之间的关系，但实际上关涉到会党成员之间的"兄弟"情义，且孟子亦言："弥子之妻与子路之妻，兄弟也。"（《孟子·万章上》）所以近代会党关于处理叔嫂、

---

① ［加］王大为：《兄弟结拜与秘密会党》，商务印书馆2009年版，第31页。
② 陆宝千：《论晚清两广的天地会政权》，（台湾）"中研院"近代史研究所，1975年，第67页。
③ 戴魏光：《洪门史》，第7页。
④ 陈国屏：《清门考原》，第169页。

伯伯和弟妇等关系的规定，也是按照"兄友弟恭"的原则来制定的，其内容主要是强调对"兄弟"妻妾的尊敬。

这方面的规范，以洪门的相关规定最为详细，在洪门《三要令》《十条》《三十六誓》等规范中均有体现。其实，早在道光八年的广西田林县《天地会文书抄本》中，洪门就有了这方面的初步规定。该抄本中载有天地会《十大条律》和《五戒》，《十大条律》第五条规定"不得兄奸（弟）妻子"；《五戒》第二条规定"要戒色，色不奸家妻妹"。在抄本所载的入会誓词中，也规定"不得（淫）惹嫂妹"。① 此外，会书所载的《忠义榜文》要求"临停之内不得凌辱妻妹之奸"。② 由此可见，清前期的天地会已然将叔嫂、伯伯和弟妇关系的处理，作为组织规范不可或缺的一项内容来看待了。

至近代，不同版本的《三十六誓》均有关于处理叔嫂、伯伯和弟妇等关系的规定。有序的《三十六誓》第四誓规定："自入洪门之后，洪家兄弟妻妾，要即当做义嫂一般，毋得奸淫，乱作乱为，姊妹亦然。如为不依者，死在万刀之下。"③ 有诗的《三十六誓》第三誓规定："不得恃强欺弱，霸占会内兄弟妻妾子女"；第五誓规定："自入洪门之后，即路切莫贪淫，淫辱奸拐会内兄弟、母亲及妻妾、子女、姊妹"，"如不依者，死在路上而亡"④。有罚规的《三十六誓》第六誓规定："入洪门之后，洪家兄弟不可恣辱洪门内之妻女。"⑤ 平山周《中国秘密社会史》中所记载的《三十六誓》第九誓规定："不得奸淫兄弟妻女及兄弟姊妹"，第三十四誓规定："不得以（与）兄弟妻妾通奸"。⑥ 此外，《十款》中有三条相关条款，即"第一款：不准奸淫霸道"；"第二款：不准调戏妹嫂"；"第七款：不准越礼反教"。《十条》则明确要求"叔嫂相敬"⑦。在洪门

---

① 《天地会文书抄本》，庾裕良、陈仁华《广西会党资料汇编》，第492页。
② 同上书，第486页。
③ 萧一山：《近代秘密社会史料》，第218页。
④ 同上书，第222页。
⑤ 同上书，第227页。
⑥ ［日］平山周：《中国秘密社会史》，第45—48页。
⑦ 朱琳：《洪门志》，第38—39页。

诗句中，也有关于叔嫂关系处理的内容。譬如，《又嫂答叔诗》："地分南北而西东，我夫与你未相逢。既然念在花亭叙，眼底偷闲观玉容。"《又叔答嫂诗》："至亲至爱拜访哥，叔嫂相逢意若何。你今话我偷闲看，恐怕旁人耻笑多。"① 这两首诗很显然是在警告洪门会员，叔嫂相见时，必须注意礼仪。即便是海外洪门，也很注意叔嫂关系的处理。据马超俊回忆，他于光绪二十八年（1902）到了旧金山后，经洪门领袖黄三德介绍加入洪门，黄将洪门戒条传与马，其中第三条要求"不诱奸义嫂义妹"。② 而为了教育会员，《洪门志》还特别杜撰了一个詹敖的故事。故事记载，河南朱仙镇有一名洪门会员名曰詹敖，人称赛宋江。一日，与友定国在茶楼饮茶，见一女子眉清目秀，便说了几句笑话。后得知该女子为定国之妻，詹敖尽管事先不识该女子，情有可原，但仍然决定自己挖坑自己跳，以自杀谢罪了事。③

詹敖的传说是为了表明，洪门会员一旦违犯了上述规范，将被严惩，轻则撤销职务，重则处以死刑，决不宽恕。④《十八章律书》有四条这方面的规定，即"第五章：调笑同堂之妇女，视其情节处罚。第六章：调笑同堂尊亲之妇女，视其情节处罚。第七章：调笑同堂卑亲之妇女，视其情节处罚。第八章：奸淫同堂尊亲之妇女，加重处罚。第九章：奸淫同堂卑亲之妇女，加重处罚"⑤。早期的《十八章律书》没有明确具体的刑罚，只能算是一个指导性的处理规范。后期改进的《十八章律书》增加了具体的刑罚，其刑罚包括极刑（凌迟）、重刑（沉水，即溺死）、次刑（包括"剽刀""三刀六眼"）、轻刑（打棍）、黜刑（撤销会内一切职务）、降刑（降级）等六种。有罚规的《三十六誓》第六誓规定："如有不法之人奸淫兄弟之妻子，拐带婢仆人口者，死在江洋虫蛇食肉而亡。查出洗身。"第十六誓规定："如有不法之人承娶亡兄故弟之妻者，死在

---

① 萧一山：《近代秘密社会史料》，第335—336页。
② 郭廷以、王聿均编：《马超俊、傅秉常口述自传》，中国大百科全书出版社2009年版，第7页。
③ 朱琳：《洪门志》，第242—243页。
④ ［日］平山周：《中国秘密社会史》，第49页。
⑤ 朱琳：《洪门志》，第38页。

五雷打死，火烧而亡。查出去顺风一双逐出。"① 《二十一则》的第二则有明确规定："奸淫兄弟之妻室及与其子女私通者，处死刑，决不宽贷。"②

那么，洪门的上述规范能否严格执行呢？史料曾载，湖南哥老会首领马福益有个结义兄弟马龙标，因生得标致，会中一个兄弟的妻子和他勾搭上了，马福益得知后，遂将马龙标交刑堂处治，尽管马龙标和马福益关系极好，但按照洪门相关规定，马龙标最终仍被处以死刑。③ 在云南，蒙化县哥老会当家三哥马骏，奸污了本地哥老会会员刘某的妻子，刘某遂暗中向哥老会反映，会内首领随即派人将马骏杀死，并将其人头送到县上悬挂示众。④ 光绪末年（1908），重庆仁字袍哥刘某的妻子被马坊桥袍哥刘大爷霸占，仁字袍哥大爷唐廉江得知情况后，特派红旗管事况春发、当家田得胜前往"拿梁子"（清算总账）。况、田二人率众将刘大爷抓住，数其罪行，然后将其双目剜出，依照会规"吹灯"，不取性命，未动丝毫财物。将刘大爷依规惩罚后，"重庆码头放炮挂红，排宴庆贺"⑤。"放炮挂红，排宴庆贺"之举表明，依规惩罚刘大爷，是深得众袍哥的支持与欢迎的，更表明袍哥们还是愿意遵守组织规范并按照组织规范来行事的。通过上述事例，我们在一定程度上可以推见，洪门制定的规范并非摆设，对组织成员还是有较强约束力的。

到了民国以后，洪门仍有关于男女之间关系的组织规范。刘师亮在《汉留史》中有《三要》与《六伦》的记载，其中"三要"就是专门用来规范男女关系的："（一）若逢兄嫂与弟媳，俯首潜心不可乱瞧；（二）一见妇女不能调笑，犹如姐妹是同胞；（三）寡妇民姑最紧要，宜淫好色要握刀。""六伦"中的第四条"全人名节，闺阁妇女莫调笑"，也是用

---

① 萧一山：《近代秘密社会史料》，第 227—228 页。
② 朱琳：《洪门志》，第 35 页。
③ 崔锡麟：《我所知道的清洪帮》，《河北文史资料》编辑部编《近代中国帮会内幕》上卷，第 124 页。
④ 张文献：《西南边陲帮会——蒙化哥老会》，《河北文史资料》编辑部编《近代中国帮会内幕》下卷，第 385 页。
⑤ 唐绍武、李祝三、蒋相臣：《重庆袍哥史话》，《河北文史资料》编辑部编《近代中国帮会内幕》下卷，第 266—267 页。

于规范男女关系的。① 此外,《汉留史》中所载的《十款》②,也有对男女关系的规定,"第二款 我不敢上笼扒灰,第三款 我不敢调戏姊妹。"③

但值得注意的是,民国以后,尤其是民国中后期,会党组织有关男女关系的规范已执行得不如以前严格。在浙江杭州等地的洪门这方面的有关规定"早已成为具文"。④ 四川袍哥也是如此。如重庆义字袍哥赵银山,乘拜弟刘某从军在外,先是诱奸其妻,后又强奸其女,罪恶深重。1938年,其罪行暴露,义字袍哥虽当众公布了其丑行,但没有予以严厉惩罚,仅仅是将其革出袍门,通告全城各公口而已。⑤ 究其原因,一个非常重要的因素是,进入民国后,尤其是经过新文化运动洗礼之后,一些传统的伦理观念已受到严重冲击,人们对女子的贞操观亦因之发生了深刻变化。

1918年5月《新青年》四卷五号上发表了周作人翻译的日本作家与谢野晶子的《贞操论》,由此引发了一场引人注目的关于贞操观的讨论,胡适、陈独秀、周作人等纷纷对传统的女子贞操观进行了猛烈抨击。胡适先后在《新青年》上发表了《贞操问题》《论贞操问题》《论女子为强暴所污》等文章,尖锐指出:"中国的男子要他们的妻子替他们守贞守节,他们自己却公然嫖娼,公然纳妾,公然'吊膀子'。再嫁的妇人在社会上几乎没有社交的资格;再婚的男子,多妻的男子,却一毫不损失他们的身份。"⑥ 并明确指出:"程子说:饿死事极小,失节事极大。这分明是一个人的偏见,然而千百年来竟成为'天理',竟害死了无数的妇人女

---

① 刘师亮:《汉留史》,师亮茶楼出版社1938年版,第81—84页。
② 《汉留史》中所载的《十条》《十款》,其具体的文字表述和朱琳《洪门志》中所载的《十条》《十款》虽然大不相同,但所阐述的规范内容大同小异。
③ 刘师亮:《汉留史》,第80页。
④ 蒋成言:《洪门在浙江》,《河北文史资料》编辑部编《近代中国帮会内幕》下卷,第53页。
⑤ 唐绍武、李祝三、蒋相臣:《重庆袍哥史话》,《河北文史资料》编辑部编《近代中国帮会内幕》下卷,第267页。
⑥ 胡适:《贞操问题》,欧阳哲生主编《胡适文集》第2册,北京大学出版社1998年版,第505页。

子！"① 对于女子的贞操问题，胡适从男女平等的角度，提出了如下几条意见："（一）男子对于女子，丈夫对于妻子，也应有贞操的态度；（二）男子做不贞操的行为，如嫖妓娶妾之类，社会上也应该用对待不贞妇女的态度来对待他；（三）妇女对于无贞操的丈夫，没有守贞操的责任；（四）社会法律既不认嫖妓纳妾为不道德，便不该褒扬女子的'节烈贞操'。"②后两条意见，显示出胡适对女子的出轨行为持强烈的同情态度，对传统的妇德观乃是一种颠覆性的否定。陈独秀严厉批评"中国礼教，有'夫死不嫁'之义。男子之事二主，女子之事二人，遂共目为失节，为奇辱。礼又于寡妇夜哭有戒，友寡妇之子有戒。国人遂以家庭名誉之故，强制其子媳孀居。不自由之名节，至凄惨之生涯，年年岁岁，使许多年富有为之妇女，身体精神俱呈异态者，乃孔子礼教之赐也！"而在西方社会，"西人孀居生活，或以笃念旧好，或尚独身清洁之生涯，无所谓守节也"。他认为当今中国"浅人所目为今日风俗人心之最坏者，莫过于臣不忠，子不孝，男不尊经，女不守节。然是等谓之不尊孔则可，谓之为风俗人心之大坏，盖未知道德之为物，与真理殊，其逼以社会组织生活状态为变迁，非所谓一成而万世不易者也"③。由上述言语不难看出，陈独秀也对传统的贞操观持强烈的批评与否定态度。周作人更是明确表示："我对于贞操，不当他是道德，只是一种趣味，一种信仰，一种洁癖。既然是趣味信仰洁癖，所以没有强迫他人的性质。"④ 胡、陈、周等人的意见，虽然不一定是当时主流的社会观点，但毕竟使僵化守旧的传统女子贞操观有了一定程度的改变，并且随着其他有关妇女解放问题如社交公开、婚姻自主等问题的讨论，这种改变为越来越多的人所接受，虽然其间可能夹杂一些错误的认知（如"性解放"），⑤但不可否认的是，

---

① 胡适：《几个反理学的思想家》，欧阳哲生主编《胡适文集》第4册，北京大学出版社1998年版，第63页。

② 胡适：《贞操问题》，欧阳哲生主编《胡适文集》第2册，第510页。

③ 陈独秀：《孔子之道与现代生活》（1916年12月1日），《独秀文存》第1卷，外文出版社2013年影印本，第118—124页。

④ ［日］谢野晶子：《贞操论》，周作人译，钟叔河《周作人文类编》（上、下册），湖南文艺出版社1998年版，第430页。

⑤ 李桂梅：《略论近代中国家庭伦理的嬗变及其启示》，《伦理学研究》2003年第1期。

随着对女子贞操观的改变，社会对不正常的男女关系较之以前已有了较大的包容度，这多少也会对会党及其成员的道德观念产生冲击，因此才出现了会党关于处理叔嫂、伯伯和弟妇等关系的规范执行不严之状况。

其他会党虽然没有像洪门那样明确提出关于叔嫂、伯伯和弟妇等关系的具体要求，但在其组织规范中也有近似规定。青帮在《十戒》中第一戒就提出要戒淫乱，指出"淫乱无度，既干国法，又犯帮规，故为十戒之首，宜戒之"①。在《十大帮规》中，也明确规定"不准奸盗邪淫"，认为奸盗邪淫，"凡在社会的人都要避免，绝对不能做的，何况在帮的人，是讲仁义道德的。况这四个字，都是有杀身之祸"，故要求青帮成员"不独不能有奸盗邪淫这种行为，连这种万恶意思都不可起"，如若奸盗邪淫，"帮中查处当缚在铁锚上烧死，或是活埋在土中，绝无姑息宽贷"②。而《家法十条》对相关处罚作了进一步补充，规定："初次，犯奸盗邪淫，而伪造、虚构、诬栽，殃及帮中老少者，轻则声斥，重则得请家法处治。如再犯时，用定香在臂上，烧'无耻'二字，斥革之。"③《传道十条》亦要求"习正道"，认为"人生在世，各事要循规蹈矩，学习正道，以为成德君子。切不要自甘轻薄，为人所不齿"④。这些规定，虽比较零散，针对性也不如洪门的有关规定，但其有关规定比较严厉，无疑也是能制约帮中叔嫂、伯伯和弟妇等男女关系的。据范绍增回忆，有一次杜月笙听说杨虎的一个名为"小老虎"的小老婆与杨的徒弟汪盼有关系，一定要杨虎设法把汪盼杀掉，说这是严重违犯了帮会规矩，非置其于死地不可。后不知道什么原因，杨虎没有杀掉汪盼，杜月笙对此非常不满。⑤ 由这件事似可推测，青帮关于"不准奸盗邪淫"的规定对帮中的男女关系还是有较强约束力的。

此外，其他一些会党组织也明确提出关于叔嫂、伯伯和弟妇等关系

---

① 陈国屏：《清门考原》，第171页。
② 同上书，第166页。
③ 同上书，第182页。
④ 同上书，第176页。
⑤ 范绍增口述，沈醉整理：《关于杜月笙》，《河北文史资料》编辑部编《近代中国帮会内幕》上卷，第353页。

的具体要求。譬如海南儋县的金兰会，就明确规定禁止狎淫会员妻女。①

近代会党组织规范中关于悌道的规定，对会党组织来说意义格外重大。近代会党是以互助为宗旨的，通过制定大量的兄弟之间互爱互助的规范，不仅可以尽可能地满足会员的物质、精神等需求，从而让会员对组织产生一种情感上的依赖，而且还会从心理、观念等层面强化会党组织的核心价值观念"义气"，进而强化成员对组织的认同感，从而有利于促成会员之间形成仁爱敦厚、忠恕利群的优良品质，进而确立和保持组织内部的和睦关系。不仅如此，会党标榜的"四海之内皆兄弟"的价值观，"不仅在会党中人以此相结合，即会外人亦皆称颂之，影响甚大"，不少人因此而参加了会党。② 而"事兄悌，故顺可移于长"（《孝经·广扬名》），悌的规范由兄弟关系再进一步延伸，就是尊敬、顺从长上。因此对会党首领而言，组织规范中关于悌道的规定也有利于加强对会员的控制，正如儒家所言："教民礼顺，莫善于悌。"（《孝经·广要道》）"其为人也孝悌，而好犯上者，鲜矣；不好犯上，而好作乱者，未之有也。"（《论语·学而》）

第二节 儒家父子伦理与会党对孝道的规定

一 儒家孝道伦理概要

关于封建社会家庭伦理关系的处理，肖群忠先生认为，"在个体家庭这种亲族组织中，是以父子关系为主轴的，其他伦常关系如君臣、夫妇、长幼、朋友的行为，都是以父子关系为准绳，因此，孔子非常重视孝悌伦理，孝悌伦理正是孔子儒学大厦的基石，也是中国传统文化的基础"③。诚如肖群忠先生所言，在儒家家庭伦理的建构中，是以父子关系为基础的，在儒家看来，父子关系大如天，"仁人之事亲也如事天，事天如事

---

① 《儋县志》（下册）（据民国二十三年本校点）卷18《杂志一·事纪》，儋县文史办公室、儋县档案馆，1982年，第743页。

② 范绍增：《我与四川袍哥及川军混战》，《河北文史资料》编辑部编《近代中国帮会内幕》下卷，第395页。

③ 肖群忠：《孝与中国文化》，人民出版社2001年版，第36页。

亲，是故孝子成身"(《大戴礼记·曾子大孝》)。对于父子关系而言，儒家主要是强调"孝"。儒家将以血缘存在为基础的孝道观念视为家庭伦理的核心，认为"夫孝，德之本也，教之所由生也"（《孝经·开宗明义》），"孝，礼之始也"（《左传·文公二年》）。"事，孰为大？事亲为大；守，孰为大？守身为大。"（《孟子·离娄上》）儒家认为孝道观具有恒久的效力，即所谓"夫孝，天之经也，地之义也，民之行也。天地之经而民是则之"（《孝经·三才》）。孟子甚至详细列举了五条不孝之行为以告诫世人，即"惰其四支，不顾父母之养，一不孝也；博弈好饮酒，不顾父母之养，二不孝也；好货财，私妻子，不顾父母之养，三不孝也；从耳目之欲，以为父母戮，四不孝也；好勇斗狠，以危父母，五不孝也"（《孟子·离娄下》）。荀子则认为："下忘其身，内忘其亲，上忘其君，则是人也，而曾狗彘之不若也。"（《荀子·荣辱》）同时，儒家还认为孝道观是世界共同遵守的价值观念，即所谓"夫孝，置之而塞于天地，衡之而博于四海，施诸后世，而无朝夕"（《大戴礼记·曾子大孝》）。"夫孝者上自天子，下至庶人，上下通。"（《白虎通义·五经》）儒家还认为，"孝"不仅仅关乎个人与家庭，还关乎治国安邦大计："凡为天下，治国家，必务本而后末……务本莫贵于孝。"（《吕氏春秋·孝行》）尤其是自秦汉后，"孝"已成为中国社会中居于统领性地位的家庭伦理观。"在以宗法为基础的古代社会，孝是一切道德的基础，至善的美德。"①

而到了近代，"孝道"仍是最重要的家庭伦理观，以致对时人来说，"不在科名之有无，第一则孝悌为端"，② 要做到"父虽不慈，子不可以不孝"。③ 并且"养亲以得欢心为本"，④ "务使祖父母、父母、叔父母无一时不安乐，无一时不顺适"。即便争取功名，也是因为"科名之所以贵者，谓其足以承堂上之欢也，谓禄仕可以养亲也"。正因为如此，曾国藩告诫其诸弟，同时也是告诫天下人，"绝大学问即在家庭日用之间。于孝

---

① 张怀承：《中国的家庭与伦理》，中国人民大学出版社1993年版，第230页。
② 曾国藩：《曾国藩全集》第19卷，岳麓书社1985年版，第87页。
③ 曾国藩：《谕纪泽》，唐浩明《唐浩明点评曾国藩家书》下卷，（香港）天地图书有限公司2004年版，第164页。
④ 曾国藩：《曾国藩全集》第19卷，第653页。

悌两字上尽一分便是一分学，尽十分便是十分学。今人读书皆为科名起见，于孝悌伦纪之大，反似与书不相关。殊不知书上所载的，作文时所代圣贤说的，无非要明白这个道理。若果事事做得，即笔下说不出何妨！若事事不能做，并有亏于伦纪之大，即文章说得好，亦只算个名教中之罪人"①。并言："凡吾行事，足令人钦仰者，皆吾所以敬吾亲也；凡吾德意，足生人感恋者，皆吾所以爱吾亲也。"② 即便是猛烈反对儒学的太平天国，也主张"人伦有五，孝弟为先"③。这表明，在近代中国社会，儒家所极力倡导的"孝"依然是对任何一个社会成员最起码的道德要求，甚至被视为人生最高价值追求，"科名不可尽得，而孝悌不可不得"④。近代会党组织自然也不例外。梁漱溟先生在《中国文化要义》中曾写道："中国文化自家族生活衍来，而非衍自集团。亲子关系为家族生活核心，一'孝'字正为其文化所尚之扼要点出。"⑤ 近代会党以虚拟的血缘关系为基础而组建，就此而言，孝道观必然成为近代会党组织亚文化的重要组成部分。

二 近代会党有关对父母尽孝的规定

正如儒家最重视孝道一样，近代会党组织也将"孝"置于其组织规范的首要地位。从洪门来看，"百行孝为先，洪门于孝字，尤主'竭力事亲''为子尽孝'，倘殴伤父母，不敬血亲，尤干禁例，故三十六誓以孝为第一誓，八德以孝为第一德，十八例书以不孝父母为第一罪"⑥。而青帮也认为"百善孝当先，孝敬父母，是人子者之要务也。凡古圣先贤，均以孝悌为先。若人孝敬父母，万古流芳"，⑦ 故要以"孝上为人生最要

---

① 曾国藩：《曾国藩全集》第19卷，第67页。
② 李瀚章编撰，李鸿章校刊：《曾文正公全集》第5册，《曾文正公书札》卷2，中国书店2011年版，第37页。
③ 中国史学会：《太平天国》（资料丛刊）第2册，神州国光社1952年版，第436页。
④ 周俊武：《孝悌为上：曾国藩家庭伦理思想的根本取向》，《伦理学研究》2007年第6期。
⑤ 梁漱溟：《中国文化要义》，学林出版社1987年版，第307页。
⑥ 戴魏光：《洪门史》，第10页。
⑦ 陈国屏：《清门考原》，第173页。

之事"。① 那怎样才能做到"孝"呢？在儒家看来，"孝有三：大孝尊亲，其次弗辱，其下能养"（《礼记·祭义》）。照此说教，洪门主要是要求会员做到"孝顺""孝敬"。在孝顺父母方面，洪门在《三十六誓》《八德》等规范中要求会员"自入洪门后，天伦父母第一要孝顺"，② 并要"孝以事亲父母喜，能竭其力"。③ 在《十条》中亦规定要"孝顺父母"。④ 而在孝敬父母方面，洪门也有严格的要求，这是因为在儒家看来，仅仅满足父母的物质需要，算不上真正的"孝"，"养可能也，敬为难"（《礼记·祭义》），还必须满足父母精神上的需求，即如《礼记》所言，"敬其所尊，爱其所亲，事死如事生，事亡如事存，孝之至也"（《礼记·中庸》）。孔子也曾言："今之孝子，是谓能养。至于犬马，皆有能养。不敬，何以别乎？"（《论语·为政》）孟子则表示："食而弗爱，豕交之也；爱而不敬，兽畜之也。"（《孟子·尽心上》）"孝子之至，莫大乎尊亲。"（《孟子·万章上》）正因为如此，洪门非常重视对父母的孝敬，特意在《议戒十条》等规范中明确规定"不准咒骂爷娘"，⑤ "不可伤碍父母"，⑥ 要求"为子者敬父母如爱己身"。⑦ 此外，洪门《三十六誓》中"会内兄弟父母百寿诞以及身故，求解无门，不得殡葬，就要通知各兄弟，须科甲银钱，买棺木殡葬"的规定，以及《十禁》中"如遇父母之丧，无力埋葬而告贷于兄弟者，应各尽其力，以谋补助"的规定，则是对父母死后的孝行的规定，即所谓的"生，事之于礼，死葬之以礼，祭之以礼"（《论语·为政》）。四川泸州的袍哥在此方面堪称典范。对泸州袍哥成员来讲，不管经济条件好坏，一旦遇有丧事，都会得到组织的大力帮助。

---

① 陈国屏：《清门考原》，第 176 页。
② 参阅萧一山《近代秘密社会史料》，第 223 页。不同版本的《三十六誓》尽管出现于不同年代，内容上也有差异，但每个版本都无一例外地有孝顺、孝敬父母的硬性规定。
③ 戴魏光：《洪门史》，第 8 页。
④ 朱琳：《洪门志》，第 38 页。刘师亮《汉留史》中所载《十条》也有类似规定：第一条重礼义尊敬长上，第二条为人伦孝顺爹娘。参见刘师亮《汉留史》，第 80 页。
⑤ 朱琳：《洪门志》，第 39 页。
⑥ 萧一山：《近代秘密社会史料》，第 226 页。
⑦ 复办大洪山主熊社曦编：《金不换》（帮会史资料丛刊），民国三十六年仲夏印行，第 16 页。

如果是有钱的会员死了老人要办丧事，只需要把要办的丧事场面大小告诉组织中的管事五哥，"他便主持安排，每天派兄弟伙轮流来值班接待客人。什么烟、酒、茶、饭、围鼓、玩友、开奠、送葬都会安排得很好"。如果是"穷困兄弟伙死了老人，首先向本堂口执事大、三、五爷磕头，说明老人死了，衣、食、棺葬都无钱办理，请帮忙解决。舵把子即叫五哥拖人情单子，找兄弟伙凑人情（几角、几元随出），并只送情、帮忙，不吃酒饭（白送情、白帮忙）。更有甚者，'智称公'办有孝衣100多件，送葬时兄弟伙穿起来送葬，人多走起'白一路'，更显得气派风光（送后收回再用），使人称赞"①。泸州袍哥在丧葬方面如此卖力帮忙，固然有"讲义气"的因素在发挥作用，但表达对长辈的孝敬，也是一个不可忽视的因素。

近代洪门即便在举行反清起义时，也不忘教育义军将士和民众信守孝道。咸丰三年（1853），刘丽川领导上海小刀会举义后，于咸丰四年（1854）四月十五日特意颁布告示，对义军将士和民众进行孝道教育，告知父母养育子女之艰辛："十月怀胎，千辛万苦，产期既届，为母者往往生死堪虞。婴儿既生，时须养育照料。三岁未满，婴儿但知啼哭，不能以言词表达喜怒哀乐之情，父母闻其啼哭，不知其因为何；寒为之衣，饥为之食，如不称婴儿之意，父母竟至日夜不眠。至幼儿能言能走之时，父母又急于为之延师教诲，悉心抚养，至于成年。旋为之择业，士农工商任其自选；并选定淑女为之婚配，父母始得安心。为父母者既殚精竭虑，历尽千辛万苦，抚育儿女以至成人；为儿女者当父母在世之日，岂可不尽孝道，供甘旨之养以表感恩之意乎？……为人子者，必须孝敬父母，为人臣而不忠，为人子而不孝，皆不能获得上天之佑护。"要求洪门弟兄"撙节无用开支，抚养妻儿，孝敬父母"②。值得注意的是，刘丽川这一告示前半部分对佛教进行了严厉抨击，禁止义军将士和民众信仰佛

---

① 杨楚湘、陈吉林、朱花朝：《泸州袍哥》，《河北文史资料》编辑部编《近代中国帮会内幕》下卷，第353页。

② 《太平天国大元帅刘示》，《北华捷报》第199期（1854年5月20日），中国科学院上海历史研究所筹备委员会编《上海小刀会起义史料汇编》，上海人民出版社1958年版，第22—23页。

教，但其后半部分却对传统的儒家孝道观赞誉有加，极力推崇，由此可见，儒家道德规范对洪门影响洵为至深。

民国时期，孝道观仍在洪门中有着极其重要的影响。民国时期的洪门组织不仅将孝道作为组织规范的重要组成部分，而且还重视践行孝道观。以1949年广州洪门举行的一次葬礼为例。该年6月，广州"洪门忠义会"的二号人物叶素平的母亲过世，该组织为叶母举行了一次大规模葬礼。该组织动员全部人马，为此次葬礼出资，并发动所认识的人赠送花圈、挽联。广州市各仪仗馆的仪仗、彩亭，几乎被租用光，乐队也几乎被租用光。甚至西郊的一些小学的学生也被强迫停课，参与送殡。出殡那天，送殡的队伍达万余人，广州交通为之堵塞。广州市的不少报纸都报道了这次葬礼。① 广州"洪门忠义会"大办葬礼，虽有借葬礼为组织做宣传之目的，但客观上向公众展示了洪门对孝道的重视，反映出主流的社会孝道伦理对洪门的约束作用。

青帮在事亲方面，也在《十要》等规范中明示，规定会员要履行孝道，如《十要》规定："要孝顺父母。盖人生一世，惟父母之恩情，实难报答，自幼父母养育，费尽心机，倘若不孝，人伦何在。"认为"百善孝当先，孝敬父母，是人子者要务也。凡古圣先贤，均以孝悌为先。若人孝敬父母，万古流芳。故《十要》谨遵，以孝敬父母为首"②。《传道十条》第二条也规定要"孝双亲"，因为"人于初生之时，父母颇费苦心。在婴孩时代三年乳哺，朝夕提抱，洗涤缝纫，耗尽精神。长大之时，请师教读。成人之后，学业娶亲。费尽万种心机，花费许多金钱，方能教子成人。为子弟者，须要刻刻孝敬，方能稍报养育之恩。倘有不孝父母，天理难容，定难发达，所以孝上为人生最要之事也"③。对于孝养父母，青帮提倡按照各自的经济条件，尽心尽力而为。"孝亲之道，以奉养为先；奉养之道，各随其力。在贫贱者……布衣粗食，皆可娱亲。狂人虽

---

① 何崇校：《解放前广东最大的一个帮会——洪门忠义会始末》，中国人民政治协商会议广东省广州市委员会文史资料研究委员会编《广州文史资料》第18辑，广东人民出版社1980年版，第213—214页。

② 陈国屏：《清门考原》，第173页。

③ 同上书，第176页。

极贫，所入先尽父母之用，而后及其身与妻子，即竭力之道也。若富贵者，即以父母所遗，还以奉之父母，尤为易易也。两层孝亲之道，家理信徒，各随其力行之，即可称为孝子。"① 这与孔子所谓的"事父母，能竭其力"（《论语·学而》）的主张是完全一致的。

现实生活中，难免出现对父母不孝的行为，对此类行为，儒家视之为重罪，要求严惩。而近代会党，对不孝之罪也是严惩不贷。洪门成员如果对父母不孝，将会受到严厉惩处。《十八章律书》第一章即规定："不孝敬父母，视其情节，凭众议处。"有罚规的《三十六誓》第一誓规定："倘有不法之人敢伤碍父母者，百日内死在五湖，骨沉海底而亡。查出打百零八棍。"第三十三誓规定："如有不法之人听顺妻妾之言，忤逆父母，怨恨兄弟者，死在万刀分尸，万箭穿身而亡。查出打七十二棍。"② 《十刑》则规定："不孝敬父母者，笞刑一百八。"③ 《二十一则》规定："以恶意言语对其双亲者，割两耳。"④ 而四川袍哥则规定，如果有会员不孝敬父母，经查实后，会对其进行开导，如一再不听开导，就会由首领出面，让犯错者须"矮起"（下跪）认错，讲明不孝父母是大逆不道，责令儿子向父母磕头认罪。罪过较重者，还要向众人磕头，再不悔改者，则废黜其袍哥资格，改了之后再予以恢复。⑤ 如虐待、毒打父母而屡教不改者，经查实后，则要处以"沉水"（淹死）之刑。四川泸州袍哥陈银修，虽然曾当营长，但因为经常虐待、毒打父母，而被当地袍哥处以沉水溺死。⑥ 青帮则规定："初次忤逆双亲者，轻则声斥，重则得请家法处治。如再犯时，用定香在胸前烧'不孝'二字，斥革。如犯逆伦罪者，捆在铁锚上烧死。"⑦

---

① 郭绪印：《清帮秘史》，第79页。
② 萧一山：《近代秘密社会史料》，第226—228页。
③ 朱琳：《洪门志》，第37页。
④ 同上。
⑤ 蔡墩：《话说哥老会》，《河北文史资料》编辑部编《近代中国帮会内幕》下卷，第245页。
⑥ 杨楚湘、陈吉林、朱花朝：《泸州袍哥》，《河北文史资料》编辑部编《近代中国帮会内幕》下卷，第349页。
⑦ 陈国屏：《清门考原》，第181页。

三 近代会党有关会员对首领或师父的顺从与尊敬的规定

需要注意的是，对父母尽孝，并非近代会党组织孝道观的唯一诉求，它还包含有另一个重要诉求，即通过对父母的孝顺、孝敬，来促成会员对首领或师父的顺从与尊敬，这是因为在近代会党组织（如洪门与青帮等）中，首领或师父的地位是等同于父母的。近代会党的这一诉求与孟子所言"老吾老以及人之老"（《孟子·梁惠王上》）的精神是相吻合的，也与儒家一贯强调的以维护宗法等级制为目的"亲亲、尊尊、长长"（《礼记·大传》）礼治基本原则相一致。从洪门来看，洪门虽然采用的是兄弟结拜的横向组织结构，彼此以兄弟相称，理论上每个会员都是平等的，但实际上是"家长式的领导，洪门习性，尊敬大哥，唯命是从"，①"生杀之权，操自会首一人"。②而洪门首领的这种家长地位，在洪门组织规范中是有明确规定的，《三十六誓》即要求会员"自入洪门之后，份当香主，即是天伦父母一般"，③"不可越份思想，做香主登台"，更"不可谋害木立斗世香主"。④会员不得自做香主，而必须"自入洪门之后，三年服满，作事公平，诗对文章尽知。或有老先生传授汝，与及会内兄弟保举，方能执斗做香主"⑤。

青帮在组织结构上采用的是师徒传承的纵向结构，因此相较于洪门，更易把师父置于与父母等同的地位，"师徒之情，如同父子"，⑥这是因为"师有教训之责，父母有养育之恩，不能不尊敬"，所以"师徒，在五伦之内，其理甚为明显"⑦。正因为如此，青帮特意规定，一旦拜师之后，

---

① 陈浴新：《湖南会党与辛亥革命》，《中华文史资料库·政治军事编》第1卷，中国文史出版社1996年版，第299页。

② 《中国私会》，转引自桑兵《兴汉会的前因后果》，《中山大学学报论丛》1992年第1期。

③ 萧一山：《近代秘密社会史料》，第223页。

④ 同上书，第227页。

⑤ 同上书，第224页。

⑥ 卫大法师：《帮》，重庆说文社1947年版，第33页。

⑦ 陈国屏：《清门考原》第174页。

就不允许背弃师父，而要孝顺尊敬师长，"莫忘师恩"。①青帮《十大帮规》对此有详细的明文规定，并作了详细阐述。其中第一条规定"不准欺师灭祖"，并且明确指出何为欺师灭祖："所谓欺师者，一切行为言语是不利于前人，而有反抗的行为；灭祖者，乃是不遵帮规，倒行逆施，或则否认是帮中弟子，忘却入帮时的情形。这许多不规则行为，均是欺师灭祖。"第二条规定："不准藐视前人。所谓藐视前人者，凡在帮弟子，不论本邦的外邦的，凡是帮中前人长辈，都要孝顺孝敬，不得以富贵之眼，藐视贫困的前人。……不论是王侯或是乞丐，都要一律看待。尤其是对本命师，格外要服从要恭顺。"第五条规定："不准江湖乱道。所谓江湖乱道者，是不分长幼尊卑，而讲话毫不知序，一味横蛮好胜，以小称大，以卑称尊，凡事瞎为糊做，不遵帮规，不顾信义。"第六条规定："不准引法代跳。所谓引法代跳者，是已在帮中有了地位的，因后来发达，而嫌所占字派小，或是前人无显明声望，或因不喜于前人行为而求人另行介绍有声望势力者，再去孝祖。"青帮认为"这种行为，不独欺师灭祖，简直捣乱帮规"。第八条规定："不准以卑为尊。所谓以卑为尊者，乃以小冒大也，名曰爬楼子或另行投师孝祖，以谋字派高大。"青帮认为此举是"不顾伦常，不守信义，帮中最忌此事"②。

青帮《十禁》中一半禁令是有关不许背弃师父、不准不敬长上的规定，其中第一禁为"一徒不准拜二师"，"盖师徒恩情最重，务要敬尊，不可轻视。再者为徒，亦菲轻易事。……世人未见有二位父母者，如若不然，则反欺师灭祖，有扰乱帮规之罪"。第二禁为"父子不准同一师"。"夫安青之帮规，最忌父子同拜一师。至亲者莫如父子，拜一师即为同参兄弟，有乱人伦。"第三禁为"师死不准再拜师"，盖因"师徒如同父子之情，师过方……理应继其宗脉。如若弃旧另投他人门下，犹如父死，另投他人名下为子。此为不孝之子。否则尔师，香烟断绝，宗脉无续，其罪难容，并犯欺师灭祖之罪"。第八禁为"师过方代师收徒"。"安青最忌是师傅过方多年，弟子代师收徒。如徒代师收徒，有失在帮礼制。"

---

① 卫大法师：《帮》，第10页。
② 陈国屏：《清门考原》，第165—167页。

"犯者就是欺师灭祖"。第十禁为"香头低不准爬高"。青帮成员"如若因字派占低，爬香自高，就是欺师灭祖、捣乱帮规的大罪，所以爬香头是帮中严禁的"。① 上述规定，尤其是不许背弃师父的规定，明显和《中庸》所言"夫孝者，善继人之志，善述人之事者也"的意涵是基本一致的，也和孔子"父在观其志，父没观其行，三年无改于父之道"（《论语·学而》）的要求是一致的。作为弟子，如果真的孝敬师父的话，就应永远忠于师门，继承和完成师父未竟的事业。

青帮要求孝顺尊敬师长、不许背弃师父的组织规范，在青帮的日常组织活动中也得到了较好体现。此点从青帮开香堂时的有关程序与操作即可得到印证。青帮在开香堂时，参与者均要净面漱口，并严格按照要求行叩头礼，以示对祖师的尊敬。② 而无论是大小香堂，在布置香堂时，都必须摆上祖师牌位。有的小香堂还会在祖师牌位旁边摆上对联，警示和鼓励会员必须孝敬师父："入会前，孝天伦，名扬寸步；进家后，遵师训，声遍五湖。"③ 而在举行小香堂仪式时，所唱歌词也包含了大量孝顺、尊敬师长的内容。兹列举一二如下：④

请天地君亲师词
天地生物奥万端，世为民生君治安，
双亲护子伦理识，师父训恩教化宽。

悬天地君亲师词
乾坤正气生民间，君亲师恩想配天，
为徒敬师遵天命，跪请五字坛上悬。

受戒时，其歌词为：⑤

---

① 陈国屏：《清门考原》，第168—171页。
② 卫大法师：《帮》，第19—20页。
③ 参阅郭绪印《洪帮秘史》，第41—47页。
④ 卫大法师：《帮》，第22页。
⑤ 陈国屏：《清门考原》，第160页。

帮规要受，国法须遵，谨奉祖训，毋忘师恩。

送天地君亲师时，其歌词为：

为徒敬师孝义讲，敬人人敬有循环，
全堂老少都叩拜，焚化牌位大吉祥。

此外，小贴志愿书所书三愿五誓中，第三愿要求会员必须"遵守伦理道德"，第五誓要求"尊祖敬师"，"如有违背，身死五刑"。而入帮誓词亦要求会员"恪遵师训，绝对服从"。① 上述要求，也都体现了青帮对师长尊敬的严格规定。

举行大香堂仪式时，所唱歌词和一些程序、规范同样包含了大量孝顺尊敬师长的内容。譬如，对于收徒，青帮有"八不进"的规定，其中第三条规定，"不孝父母"者，不得进帮；第七条规定，"不知尊卑"者，亦不得进帮。② 要求师父们"多收忠良共孝子，无义不孝难进门"。③ 而在针对新入帮人员的《进帮须知》中，青帮明确告诫那些新入帮者："一师皆为师，一徒皆为徒，师徒如父子，同参如手足"，要求必须尊敬前人。④ 并规定"晚辈如朝祖后，必须向长辈行恭见礼"。⑤ 大香堂誓词还要求会员"对师孝行礼节及三节两寿均不缺乏"。⑥ 传道师在训诲入帮的《慈悲词》中，也告诫新入帮者，"求师拜祖，门下为徒，千万谨守帮规。祖师爷灵光普赐下来，若见前人，尊敬前人"⑦。除此之外，开大香堂时还有诸多关于尊师拜祖的歌词。⑧

既然首领（师父）等同于父母，自然要对其孝顺、孝敬，不允许出

---

① 郭绪印：《清帮秘史》，第52—53页。
② 卫大法师：《帮》，第29页。
③ 同上书，第40页。
④ 张风云整理：《清帮"炉香证书"的式样及内容》，《河北文史资料》编辑部编《近代中国帮会内幕》上卷，第631页。
⑤ 卫大法师：《帮》，第30页。
⑥ 郭绪印：《清帮秘史》，第59页。
⑦ 李鼎茂：《我所知道的济宁安清帮及安清道义会》，《河北文史资料》编辑部编《近代中国帮会内幕》上卷，第615页。
⑧ 卫大法师：《帮》，第34—39页。

现对首领（师父）的不孝行为，否则同样将予以严惩。如果洪门会员不按照规定程序谋求香主职位，有诗的《三十六誓》规定要处以"公堂重打一百零八板"，① 而有罚规的《三十六誓》则规定"查出去顺风"。"如有不法之人引猛风来捉香主先生"，"查处洗身"。② 而《二十一则》则规定，如果"私行毁坏香主之名誉或对香主作用邪曲之言语者"，要割掉双耳。"诈称香主为一切事件之指导者，处以死刑。"③ 需要注意的是，当外人触犯洪门首领时，也要按照洪门规范予以处治。据载，在汉口法租界，曾有一乡下人在烟馆吸食鸦片，其放烟枪和插烟签的位置、放茶壶的地方、拿茶杯的手法，乃至吸香烟的姿势、斟茶的派头，俨然是一位路经汉口的洪门大哥。汉口洪门首领、时任湖北饭店经理的王静斋得报后，即去招待该人，发现该人并非洪门中人，经汉口几位洪门首领集体研究，认为该人冒充洪门大哥，触犯了洪门规范，须予以严惩。后虽考虑到该人并非有意冒充，死罪可免，但还是割下了该人的一只耳朵。④

青帮则规定，对于欺师灭祖行为，"应缚在铁锚上，用火烧死。轻则用香板责打，或驱逐出帮，此后帮中，不论何人，均不准再行收之。如查出何人收了开革的人为徒弟，按帮规连引进人一样的受处分。如不遵行，以叛帮论罪"。对于藐视前人行为，"轻则警诫，重则香堂责罚，或斥革之"。对于江湖乱道行为，"应由引进人负责，拘到香堂，用家法严加责罚，以警下次。再犯者斥革出帮。如仍在外冒名招摇，必致火烧活埋之刑"。对于引法代跳之行为，青帮认为"应由引进人负责，而第二次之引进人，亦同犯欺师灭祖之罪。按帮规应重重斥革并通知各帮，不准将这种人再收入帮。如有故意收者，当以叛帮论罪"。而如果有人以卑为尊，"如查出，立即处治，并通知各帮，共同惩治"⑤。此外，《家法十条》对不敬师长者，也有严厉惩治措施："（二）初次忤逆双亲者，轻则

---

① 萧一山：《近代秘密社会史料》，第224页。
② 同上书，第227页。
③ ［日］平山周：《中国秘密社会史》，第50页。
④ 吴雨、梁立成、王道智：《民国帮会面面观》，《河北文史资料》编辑部编《近代中国帮会内幕》上卷，第23页。
⑤ 陈国屏：《清门考原》，第165—168页。

声斥,重者得请家法处治。如再犯时,用定香在胸前烧'不孝'二字,斥革。如犯逆伦罪者,捆在铁锚上烧死。(三)初次,不遵师训,妄言妄行者,轻则声斥,重者得请家法责打。如再犯时,用定香在臂上,烧'顽民'二字,斥革之。(四)初次不敬长上者,轻则声斥,重者得请家法处治。如再犯时,用定香在臂上烧'不敬'二字,斥革之。"①

必须指出的是,青帮在执行家法时,如果是长辈违反了纪律,那么小辈是不便施刑的。如果长辈违纪较轻,一般是请"有声望的前人""贤明中正的前人"予以劝告,令其悔改;若违纪严重,其罪难赦,那也只能秘密处治,或活埋,或沉入江底。② 此外,如果徒弟违背了帮规,"只许师可革徒,不许徒向师索回门帖"。③ 并且徒弟还得宣称"师父今日领下祖师爷的家法,弟子犯了帮规,不得不打,一无仇,二无恨,轻重莫怪"④。这种差别化的违纪处理方式,也体现出青帮对师长的尊敬。

那么,青帮的这些组织规范能否得到坚决执行呢?以杜月笙为例。杜月笙加入青帮时,拜"通"字辈的陈世昌为老头子。陈世昌为一底层社会的流氓,以"套签子"⑤为生,一生落魄。虽如此,杜月笙在发达之后,仍认陈世昌为师,并把陈供养起来,还送给陈一套宽敞的住宅,报答师父,⑥ 遵守着青帮孝敬师父、"香头低不准爬高"等规定。但值得注意的是,在杜月笙成为上海青帮三大亨以后,由于其善于笼络人,另一位青帮大亨张啸林的门徒纷纷背弃师门,改投到杜的门下,⑦ 尽管这一举动已严重触犯了青帮的帮规,但杜对此并未阻止,青帮也未对此予以惩罚。民国时期,在上海青帮中,还出现了诸多"欺师灭祖"的"爬香头"

---

① 陈国屏:《清门考原》,第181页。
② 郭绪印:《清帮秘史》,第89页。
③ 卫大法师:《帮》,第33页。
④ 同上书,第41页。
⑤ "套签子"为一种赌博方式,赌主将三根一头涂着红黄蓝三种颜色的竹签向赌徒显示,然后用手握住有颜色的一头,让赌徒选择一种颜色套住另一头,套中者即为赢,否则即为输。
⑥ 程锡文口述,杨展成整理:《我当黄金荣管家的见闻》,中国人民政治协商会议上海市委员会文史资料工作委员会编《旧上海的帮会》,第150页。
⑦ 郭绪印:《清帮秘史》,第455—456页。

（即徒弟和自己的师父同拜另一个青帮老头子为师）现象。① 黄金荣晚年滥收徒弟，其所收徒弟，有不少就是自己门生的徒子徒孙。黄明知是"爬香头"，不但不加以禁止，反而明知故犯。② 而绥远青帮对帮规的破坏较上海青帮相若。如青帮规定低香头不准爬高，否则就是欺师灭祖、捣乱帮规的大罪，但归绥城内某帽子铺老板李双义，竟然由"悟"字辈爬上了"通"字辈。③ 绥远青帮"通"字辈首领王明远续娶的妻子，被他的徒弟张宝龄勾搭上了，明显触犯了青帮"不准欺师灭祖"的帮规，"但王明远却管不了，只能骂他的女人'连个老母狗也不如'罢了"。④ 由此似可推断，进入民国以后，青帮的不少组织规范并未得到有效执行。

其他一些会党组织也很重视孝道。譬如，浙江的金钱会在《金钱会义贴》十条中，第一条即规定"敦孝悌，出入不可不严"，第五条要求会员"重慈敬，毋欺老幼尊卑"。⑤

从上述可见，近代会党组织的孝道观主要是遵照儒家的孝道观，以孝顺、孝敬为中心来建构的，偏重于向会员片面强调其单向义务价值，要求子女或会员保持对父母或首领（师父）的绝对服从。不过，儒家虽然主张"父为子纲"，"父要子死，子不得不死，不死不孝"，"孝莫大于严父，故父之尊，子不敢不承；父之所异，子不敢同"（《汉书·韦贤传》），强调子女对父母的绝对服从，以致"父尊而子卑；就法律言之，

---

① 黄建远：《民国时期青红帮发展因素考察》，《东南文化》1993年第5期。
② 程锡文口述，杨展成整理：《我当黄金荣管家的见闻》，中国人民政治协商会议上海市委员会文史资料工作委员会编《旧上海的帮会》，第184页。
③ 卢健飞、王明远、刘吉悌：《绥远清帮和伪蒙疆民生会》，《河北文史资料》编辑部编《近代中国帮会内幕》上卷，第497页。
④ 同上书，第539页。
⑤ 温州市教育局教研室、中学历史教学研究会编印：《温州近代史资料》，1957年，第55页。对于金钱会的性质，学术界尚有争议。饶怀民认为金钱会既不是"天地会的流派"，不完全属于"教门"，不是"农民的魔教团体"，是一个为响应太平天国农民起义建立起来的亦教亦会的社会组织。见饶怀民《金钱会性质新论》，《益阳师专学报》2000年第4期。周梦江等认为，从组织方式方法（包括会员的凭证）、思想意识、领导骨干的成分、平阳和闽南的历史关系等来看，金钱会是天地会的一个分支。见周梦江《金钱会的性质及其与太平天国的关系》，《杭州师范学院学报》（社会科学版）1979年第1期。徐和雍则认为该组织虽然采用了传统的宗教和秘密结社的形式，但不同于一般宗教和帮会组织。见徐和雍《太平天国时期浙南金钱会起义》，《杭州大学学报》1978年第4期。

父得杀子而无辜；就习惯言之，父得殴詈其子，而子不敢复"①。但同时也强调父对子也要履行应尽的责任与义务，主张"为人子，止于孝；为人父，止于慈"（《礼记·大学》），"父宽惠而有礼，子敬爱而致恭"。②要求"夫为人父者，必怀慈仁之爱，以畜养其子，抚循饮食，以全其身。及其有识也，必严居正言，以先导之。及其束发也，授明师以成其技。十九见志，请宾冠之，足以成其德"③。近代会党组织显然有意或无意忽视了"父慈子孝"的传统伦理，仅仅以孝为依据来片面要求会员对父母或首领（师父）的绝对服从。而会党组织之所以片面依据"父为子纲"的原则，其主要用意是以这种孝道观为基础，把家庭伦常与会党组织的管理紧密结合，用"孝"来进一步维系会党组织，进而以"孝"促"忠"，那么无疑非常有助于首领（师父）对组织的有效控制，维持会党内部专制统治，即孟子所谓"人人亲其亲，长其长，而天下太平"（《孟子·离娄上》）。而"从文化生态学的观点来看，孝或孝道是一种复杂而精致的文化设计，其功能在促进家庭的和睦、团结及延续"，④ 对此，曾国藩曾言："孝友为家庭之祥瑞"，⑤ 如果是"孝友之家则可绵延十代八代"⑥。因此，片面强调孝道，也是会党维护内部和谐、生存发展的需要。不过，需要指出的是，这显然对会党成员个性发展是不利的，对个人权益的维护就更不利了，为了组织利益和首领（师父）的利益，有时候会党成员不得不作出不适当的让步甚至牺牲。正如胡适所言："孔子以后的'孝的人生哲学'，要人尽'孝'道，要人做一个'儿子'。这种人生哲学，固然也有道理，但未免太把个人埋没在家族伦理里面了。"⑦

---

① 真：《三纲革命》，张枬、王忍之编《辛亥革命前十年间时论选集》第2卷（下册），生活·读书·新知三联书店1963年版，第1016页。
② 许维遹：《韩诗外传集释》，中华书局1980年版，第140页。
③ 同上书，第196页。
④ 肖群忠：《孝与中国文化》，第149页。
⑤ 曾国藩：《曾国藩全集》第20卷，岳麓书社1985年版，第1371页。
⑥ 曾国藩：《曾国藩全集》第19卷，第187页。
⑦ 胡适：《中国哲学史大纲》，《胡适学术文集·中国哲学史》（上），中华书局1991年版，第92页。

第三节　儒家夫妻伦理与会党对婚姻生活的规定

一　近代会党有关婚姻缔结的规定

在古人看来，"有天地然后有万物，有万物然后有男女，有男女然后有夫妇，有夫妇然后有父子，有父子然后有君臣"（《周易·序卦传》）。即夫妇关系的产生，促使了父子、君臣等重要社会关系的产生。那如何规范这些社会关系呢？儒家认为，还是得先规范夫妇关系："男女有别，而后夫妇有义，夫妇有义，而后父子有亲，父子有亲，而后君臣有正。"（《礼记·婚义》）也就是说，"夫妇为人道之本。有夫妇，而后社会种种之关系由此生焉。故夫妇之制，非独为室家问题，实为人类生存上之大问题也"①。正因为如此，夫妇伦理一向为儒家家庭伦理所重视。儒家家庭伦理中的夫妻伦理，主要涉及婚姻缔结与夫妻相处问题。在婚姻缔结问题上，儒家一贯强调"男不自专娶，女不自专嫁，必由父母"（《白虎通·嫁娶》）。"取妻如之何？必告父母。"（《诗经·齐风·南山》）在父母同意后，"取妻如之何？匪媒不得"（《诗经·齐风·南山》）。要求"男女无媒不交"（《礼记·坊记》），以期"隔男女，防淫佚，养廉耻"（《礼记·坊记》），并且提出"丈夫生而愿为之有室，女子生而愿为之有家；父母之心，人皆有之。不待父母之命，媒妁之言，钻穴隙相窥，逾墙相从，则父母、国人贱之"（《孟子·滕文公下》）。对此，恩格斯曾言："在整个古代，婚姻的缔结都是由父母包办，当事人则安心服从。古代所仅有的那一点夫妇之爱，并不是主观的爱好，而是客观的义务；不是婚姻的基础，而是婚姻的附加物。"②"父母之命、媒妁之言"的婚配准则，在封建社会时期，法律制度也予以了明确规定。唐律即规定："诸嫁娶违律，祖父母、父母主婚者，独坐主婚。若期亲尊长主婚者，主婚

---

① 履夷：《婚姻改良论》，张枬、王忍之编《辛亥革命前十年间时论选集》第 3 卷，生活·读书·新知三联书店 1977 年版，第 838 页。

② ［德］恩格斯：《家庭、私有制和国家的起源》，《马克思恩格斯选集》第 4 卷，人民出版社 1972 年版，第 72—73 页。

为首，男女为从。"（《唐律疏议·户婚》）元明时期，法律也有类似规定。① 至清末，被称为中国历史上第一部民法典草案的《大清民律草案》亦明确规定：结婚须由父母允许。② 而到了民国时期，法律仍赋予父母等尊长以事实上的主婚权。1925 年《民国民律草案》第 1105 条规定：结婚并须经父母允许。父母双方亡故或在事实上不能表示意思时，须经祖父母允许。不过，年龄满 30 岁者不受此规定约束。③

而在夫妻相处方面，儒家主要倡导的是"夫义妇贞"，要求女子做到"三从四德"，"贞女不更二夫"（《说苑·立节》），但也提倡"夫妇和"，认为"夫妇和，家之肥也"（《礼记·礼运》）。到了近代，儒家关于夫妻伦理的说教仍占据主导地位，以致"中国主婚之全权，实在于父母，而无子女置喙之余地"，④"嫁、娶皆由祖父母、父母主婚，祖父母、父母俱无者，从余亲主婚"⑤。"当其始，有所谓问名纳采者，则父母为之；至其中，有所谓文定纳币，则父母为之；及其终，有所谓结褵合卺者，亦莫非父母为之。盖自始至终，而当婚之两主人翁，曾不得任一肩，赞一辞，惟默默焉立于旁观之地位，是焉得不谓之大怪事乎！"⑥ 而女子出嫁后，"其夫既亡，虽恩不足恋，贫不足存，甚或子女亲戚皆不存，而其身也不可嫁"⑦。而在夫妻相处方面，则仍然强调"男帅女，女从男"，要求妇女"信妇德也。壹与之齐，终身不改"，做到"夫死不嫁"，⑧"虽恩不足恋，贫不足存，甚或子女亲戚皆不存，而其身犹不可以再嫁"。⑨

近代会党组织规范，在婚姻缔结与夫妻相处方面，对儒家的相关说

---

① 王跃生：《从尊长主婚到婚姻自主——基于中国礼、法和惯习的考察》，《江淮论坛》2015 年第 1 期。
② 杨立新点校：《大清民律草案》，吉林人民出版社 2002 年版，第 171 页。
③ 同上书，第 350—351 页。
④ 履夷：《婚姻改良论》，张枬、王忍之编《辛亥革命前十年间时论选集》第 3 卷，第 840—841 页。
⑤ 张友渔：《中华律令集成·清代卷》，吉林人民出版社 1999 年版，第 99 页。
⑥ 陈王：《论婚礼之弊》，张枬、王忍之编《辛亥革命前十年间时论选集》第 1 卷（下册），生活·读书·新知三联书店 1960 年版，第 855 页。
⑦ 严复：《法意按语》，王栻主编《严复集》，中华书局 1986 年版，第 1017 页。
⑧ 阮元：《十三经注疏》，中华书局 1980 年影印本，第 1456 页。
⑨ 严复译：《法意》第 24 卷，商务印书馆 1981 年版。

教十分认同。以洪门为例,在缔结婚姻关系方面,"洪门规律,对于男女之间,界限极严,不容丝毫稍混",① 有序的《三十六誓》规定,"洪家兄弟登对亲家",一定要有媒妁之言,"若非两家许口,毋得私通苟合"。② 有诗的《三十六誓》规定,明确要求会员"对亲须要三书六礼,龙凤诗帖,媒人作能作主对亲"③。由此观之,"父母之命,媒妁之言",成为近代洪门组织婚姻缔结规范的重要内容。这种任凭"父母之命,媒妁之言"而缔结的婚姻,很难确保洪门会员的婚姻幸福。仅以"媒妁之言"而论,"世之为媒者,大率皆趋附之徒,好事之辈。其本意所在,或以之博取厚酬,或以之交欢豪族,财帛之外,他非所顾。于是短长其言,上下其手,事成则己任其功,事败则人受其祸,其心术与狐蜮相去无间矣"。"其人格如此之卑,其心术如此之乖,为弊昭昭",让其为人做媒,很难保证婚姻质量。再加上男女二人"素不相识,茫不知心","一时之间,遽相配合,久而久之,其反唇反目之事,固势所必有矣"。"循此以往,而欲望怨妇旷夫,绝迹于社会,濮上桑间,绝响于里闾,此必不可得之数也矣。"④

洪门会员不仅自己遵守"父母之命,媒妁之言"的婚姻缔结规范,甚至对其子女也是如是。一旦违背这一规范,则会采取断然措施。民国时期,成都近郊望镇哥老会首领雷明远亲手杀死亲生女儿的事例,即能很好印证此点。雷明远的大女儿念完私塾后,便赋闲在家做女红,后来和家里请来的一个年轻裁缝日久生情,便"非常的要好起来",并很快为全镇所知,甚至风传两人还"干过不名誉的事"。雷明远获知讯息后,很是震怒,认为女儿有辱家风,发誓要严惩这对恋人。雷的妻子为救女儿,送女儿到城内小裁缝的父母家躲藏,但雷亲自带兵将两人捉回,在河滩

---

① 戴魏光:《洪门史》,第 10—11 页。
② 萧一山:《近代秘密社会史料》,第 219 页。
③ 同上书,第 225 页。
④ 陈王:《论婚礼之弊》,张枬、王忍之编《辛亥革命前十年间时论选集》第 1 卷(下册),第 855—856 页。

上公开将两人处死。① 雷明远处死自己的女儿,主要原因是女儿自由恋爱之事被广为传播,被雷认为"有辱家风",即因为两个年轻人违背了传统的婚姻缔结规范,给雷家造成了声誉上的巨大损失。雷氏之事虽是个案,却一定程度上反映出,洪门组织成员在婚姻缔结方面受到了传统观念的强烈制约,因而有关规范得到了较好执行。

特别需要注意的是,"就大体趋势而言,道德在清代婚姻缔结中的地位和作用日趋式微,而财物的作用却越来越突出",由此就导致了多种不正常婚姻的出现,其中之一就是收继婚,即允许寡妇在其丈夫死后被丈夫家族中子侄或者兄弟收继为妻。② 在近代,"只要有人主婚,通知了地保,并且举行了婚姻仪式,官府对于兄弟收继为婚是不加过问的"③。对此重财轻义之收继婚,洪门秉持儒家关于兄弟伦理与夫妻伦理的有关原则,基于会员之间虚拟的血缘关系,从五伦的角度,坚决不许会员出现收继婚,并为此在组织规范中作出了明确规定。这些规定在不同版本的《三十六誓》中都有反映。有序的《三十六誓》规定:"自入洪门后,洪家兄弟有百年之日,毋得娶洪家兄弟妻妾为婚。"④ 有诗的《三十六誓》规定:"若是会内兄弟,母亲,妻妾,不得娶他。"⑤ 有罚规的《三十六誓》规定:"洪家兄弟亡故以后,有妻子欲改嫁,若是我洪门内之兄弟,不可承娶。"⑥ 而平山周《中国秘密社会史》所载的《三十六誓》亦规定:"不得受买洪家兄弟妻妾为室。"⑦ 在洪门诗句中,同样有禁止收继婚的内容。譬如,《教妻出门防抢劫诗》写道:"远望山中一点洪,莫言小

---

① 王笛:《乡村秘密社会的多种叙事——1940年代四川袍哥的文本解读》,《四川大学学报》(哲学社会科学版) 2015 年第 3 期。
② 彭定光:《论清代婚姻道德生活》,《伦理学研究》2010 年第 6 期。
③ 史凤仪:《中国古代婚姻与家庭》,湖北人民出版社 1987 年版,第 99 页。
④ 萧一山:《近代秘密社会史料》,第 220 页。
⑤ 同上书,第 225 页。
⑥ 同上书,第 228 页。
⑦ [日] 平山周:《中国秘密社会史》,第 48 页。

妇是春风。要娶西施山上有，我夫原是叔同宗。"① 这首诗表面上看是教洪门会员妻子如何防止被抢劫，但实际上也包含了提醒洪门会员不得强娶洪门会员之妻的意涵。这和《三十六誓》中的有关规定是一致的。洪门禁止收继婚的规定，和儒家所倡导的宗亲不婚即禁止收继婚的原则相符合。在儒家看来，"宗亲之妻妾虽为异姓，而因礼教之故，恒禁止其为婚"，"非特收弟妇收寡嫂为非道，即娶同族之寡妇，于礼亦非正当"②。正因为如此，洪门严格禁止收继婚，"以别五伦，免至外人耻笑"。③

二 近代会党有关夫妻相处的规定

近代会党组织关于夫妻相处之规范，主要强调的是夫妻关系的和谐稳定；之所以如此，是因为"有夫有妇，然后为家"（《周礼·小司徒》），"君子之道，造端乎夫妇"（《礼记·中庸》），夫妻关系是家庭所有关系建构或调适的基础。夫妻关系的和谐稳定，有助于其他家庭关系的和谐稳定。否则，就会破坏或摧毁其他家庭关系。会党组织以虚拟的血缘关系为纽带，夫妻关系的好坏，势必会对这种虚拟的血缘关系产生影响，因此必须确保夫妻关系的和谐稳定，方能有效巩固和强化这种虚拟的血缘关系。

在夫妻相处方面，传统的伦理道德认为"夫妻者，非有骨肉之恩也。爱则亲，不爱则疏"（《韩非子·备内》），要求夫妻应该相亲相爱。同时要求"夫和而义，妻柔而正"（《左传·昭公二十六年》）。"为人夫者，教蒙以固；为人妻者，劝勉以贞。"（《管子·五辅》）荀子也提出："请问为人夫？曰：致功而不流，致临而有辨。请问为人妻？曰：夫有礼则柔从听侍，夫无礼则恐惧而自竦也。"（《荀子·君道》）荀子认为"夫妇之道，不可不正也"（《荀子·大略》）。在夫妻相处之道方面，孟子更重

---

① 萧一山：《近代秘密社会史料》，第 295 页。据萧一山载，此首诗为伦敦不列颠博物院所藏抄本《Oriental 2339》中之诗句。而在伦敦不列颠博物院所藏抄本《Oriental 8207D》中有类似诗句："千里遥遥一点红，莫而本色问春风。要要西施山上有，我夫原是叔同洪。"见萧一山《近代秘密社会史料》，第 337 页。

② 陈顾远：《中国婚姻史》，上海文艺出版社 1987 年影印本，第 133 页。

③ 萧一山：《近代秘密社会史料》，第 220 页。

视对妇女的要求,要求妇女"必敬必戒,无违夫子"(《孟子·滕文公下》)。宋元明清,在夫妻相处之道方面,似乎更多地继承了孟子的思想,多强调对妇女的要求,广大妇女"襁褓未离,而'三从''四德'之谬训,'无才是德'之謷言,即聒于耳而浸淫于脑海",① 著名的《女儿经》要求妇女"遵三从,行四德,习礼仪,难说尽,看古人,多贤德,宜以知,为法则"。直至近代,广大妇女仍然"围困于数千年来旧风气中","以确守旧训为无上法门,以服从家主为第一要义"。② 曾国藩即认为:"夫虽不贤,妻不可以不顺"。③ 而相对开明的魏源同样主张"夫唱妇必从"。④ 就连维新人士郑观应也认为妇女们应该"庶他日为贤女、为贤妇、为贤母,三从四德……复能相子佐夫,不致虚糜坐食"⑤。而王韬虽然一度主张男女并重,但晚年却在伦理思想上出现了巨大的倒退,主张恢复旧的纲常伦理。⑥ 由此可见,儒家传统的夫妻伦理道德对近代社会成员影响至深、至巨,近代会党成员自然亦不能免。

按照儒家上述关于夫妻相处之道的说教,洪门在其内部文件《三纲五常》里就如何处理夫妇相处的问题,对会员提出了明确要求:"为夫者,对贤妻,要时常礼论,讲三从,和四德,孝敬双亲。为妻者,对丈夫,要相敬如宾,孝公婆,敬叔伯,和睦乡邻。"⑦ 而在洪门所订《五伦》中,亦要求"为夫者对妻孥时常理论,夫雄飞妻内助,振启家声"⑧。并明确规定"兄弟之妻室必须务正,有妻室者即不宜贪色。如妻室不务正者,则剁其两耳。如贪色者,处以死刑"⑨。青帮则在《十要》中规定:"凡夫妇,须要和顺,遇事互相商议,夫唱妇随。夫若不正,妇

---

① 丁初我:《女子家庭革命说》,张枬、王忍之编《辛亥革命前十年间时论选集》第1卷(下册),第927页。
② 亚特:《论铸造国民母》,张枬、王忍之编《辛亥革命前十年间时论选集》第1卷(下册),第931页。
③ 曾国藩:《谕纪泽》,唐浩明《唐浩明点评曾国藩家书》下卷,第164页。
④ 魏源:《默觚上·学篇十一》,《魏源集》,中华书局1983年版,第26页。
⑤ 夏东元:《郑观应集》,上海人民出版社1982年版,第288页。
⑥ 鞠方安:《王韬的社会伦理思想探析》,《北京社会科学》1999年第2期。
⑦ 朱琳:《洪门志》,第165页。
⑧ 复办大洪山主熊社曦编:《金不换》(帮会史资料丛刊),第16页。
⑨ [日]平山周:《中国秘密社会史》,第51页。

宜劝解。"① 近代会党关于夫妻相处之道的上述规定，表面上看主要是对会党成员的要求，但实际上也包括了对其妻子们的要求，这些要求遵循的基本原则是"夫为妻纲""三从四德"，期望妻子们能做传统的贤妻良母。洪门在《后山寨主令》中，即赤裸裸宣称："妇女结义要长久，三从四德须遵守。三从四德不遵守，妇女为人是禽兽。劝我洪家姊妹们，三从四德要记清。这是前人来兴起，自古传留到如今。走尽天下同一礼，知礼知义皆欢喜。但愿洪家姊妹们，以后永远照此行。"② 即便是民国建立后，对广大妇女的要求仍然如此。1915年，商务印书馆创办了《妇女杂志》，专门讨论妇女问题。创刊伊始，该杂志就不遗余力地鼓吹贤妻良母的教育思想，且发行量不少。③ 就近代社会而言，"贤母云者，良妻云者，均对于男子而言。为他人母，为他人妻，美其名曰贤母，曰良妻，实则男子之高等奴隶耳"④。所以，近代会党组织对妻子们的要求，本质上体现的是男尊女卑观念。

关于夫妻关系，儒家伦理很重视妻子对丈夫的忠贞。儒家之所以主张婚姻必须有媒妁之言，一个非常重要的原因是如果不经媒妁之言，女子将会被怀疑不贞，即所谓"妇人之求夫家也，必用媒而后家事成；求夫家而不用媒，则丑耻而人不信也，故曰：'自媒之女，丑而不信'"⑤。而女子在婚后，儒家则要求"为人妻者，劝勉以贞"（《管子·五辅》）。儒家这一要求妇女保持忠贞的思想，成为千百年来历代统治者维持妇女忠贞的主要指导思想，并通过朝廷表彰、树立贞节牌坊等制度化措施，将这一观念广为传播，进而被广大民众普遍接受。受此影响，在近代会党组织关于夫妻相处之道方面，特别强调妻子对于丈夫的忠诚。以洪门为例，在有罚规的《三十六誓》中，第三十一誓特别规定："入洪门之

---

① 陈国屏：《清门考原》，第174页。
② 朱琳：《洪门志》，第152—153页。
③ 何玮：《中国近代家庭观的建构与女子教育——以〈妇女杂志〉征文活动为中心》，《华东师范大学学报》（哲学社会科学版）2012年第3期。
④ 陈以益：《男尊女卑于贤母良妻》，张枬、王忍之编《辛亥革命前十年间时论选集》第3卷，第483页。
⑤ 孙晓：《中国婚姻小史》，光明日报出版社1988年版，第21页。

后，洪家兄弟外出生理，路途遥远，不知家中之事，倘有妻子与人通奸，须当通知兄弟捉拿。"① 这一规定，显然表露出洪门特别重视妻子对丈夫的忠诚。而洪门"恨杀敬爱"的口号中，"恨"是指恨奸盗邪淫，"敬"是指敬烈女义夫，② 也包含了妻子对丈夫尽忠之意。哥老会更是明确规定，如有家庭道德败坏、门风不正，以及妻子偷情之类情况的人，不得加入哥老会。③ 如果某位会员的妻子与人通奸，并伙同奸夫杀掉亲夫，则要"用门板将奸夫淫妇合钉其四肢，或将其奸夫杀后割下的头放于淫妇钉后的下身处，再写明罪行及不准哥老会人施救，放置河中，顺水漂流"。该刑罚名曰"放河灯"。④ 哥老会如此残酷惩罚不忠的妻子，可见哥老会异常看重妻子对丈夫的忠贞。

而必须指出的是，或许是受到传统社会男尊女卑思想的影响，近代会党组织规范中并没有要求丈夫忠诚于妻子的明文规定。相反，在现实生活中，会党成员们将男子三妻四妾、招妓嫖娼视为正常。如上海青帮大佬黄金荣在婚后先是与盛家七姨太有染，后又同京剧名伶露兰春私通。⑤ 杜月笙虽有五个老婆，却时常花费巨资出去嫖娼，即便在得了气喘病后，连上楼都费力，仍叫人抬着去嫖妓。而对他的结发妻子，他却误信谣言，以对他不忠为由进行虐待，使其因不堪虐待而死。⑥

在夫妇相处之道方面，儒家另一个重要观点是妇女"从一而终"的思想。"从一而终"最早见于《易·象传·恒卦》："妇人贞吉，从一而终也。夫子制义，从妇凶也。"此言中的"从一而终"意义不甚明了。后《礼记》对"从一而终"的含义作了界定："信，事人也；信，妇德也。壹与之齐。终身不改，故夫死不嫁。"(《礼记·郊特牲》) 东汉史学家班

---

① 萧一山：《近代秘密社会史料》，第 230 页。
② 朱琳：《洪门志》，第 122 页。
③ 蔡墩：《话说哥老会》，《河北文史资料》编辑部编《近代中国帮会内幕》下卷，第 233 页。
④ 同上书，第 236 页。
⑤ 黄振世口述，何国涛整理：《我所知道的黄金荣》，《河北文史资料》编辑部编《近代中国帮会内幕》上卷，第 309 页。
⑥ 范绍增口述，沈醉整理：《关于杜月笙》，《河北文史资料》编辑部编《近代中国帮会内幕》上卷，第 353 页。

彪的女儿班昭，根据儒家传统的男尊女卑、三从四德观念，著《女诫》七篇，明确提出："夫有再娶之义，妇无二适之文。"（《女诫·夫妇》）不过，"夫死不嫁"与"从一而终"的观念，在宋以前并不能成为一种普遍的社会观念，官府也未严格遵循之。① 直至北宋时期，程颐才将妇女的忠贞观提高到一个空前的高度，他曾在与某人的一次谈话中明确提出，妇女虽然"居孀贫穷无托"，亦不可再嫁，否则即是失节，而"饿死事极小，失节事极大"（《二程全书·遗书二十二》）。"盖夫妇之义，至程子然后大明。"② 自北宋以降，统治者才逐渐将"从一而终"作为一种重要的家庭伦理在社会上予以推行。清代亦然，社会上大量刊刻陆圻的《新妇谱》、王相的《女四书》、蓝鼎元的《女学》、陈宏谋的《教女遗规》、任启运的《女教经传通纂》、李晓芳的《女学言行录》等女性伦理教化的书籍，要求"烈女不更二夫，故一与之醮，终身不移，男可从婚，女无再适"③。这些说教，对民间社会有着深刻影响。瞿铢菴在《杶庐所闻录》中记载，蓝鼎元在任广东普宁知县兼署潮阳知县期间，有一次抓获了抢劫迎亲队伍、侮辱新娘的匪盗阿载、阿惜，遂问之："同劫几人？是谁下手？"曰同劫仍此八人……问行嫁则必有迎亲多人，汝等敢突出横劫，非百十人不可，言八人者妄也，命夹之。则大呼曰："再醮之妇耳，焉有许多人迎者。"蓝鼎元再斥之曰："汝等不为善良，甘心作贼，白日行劫，得财伤人，罪当死一也。男女授受不亲，奈何横加剥辱，且不顾新婚，使人夫妇一生抱痛，罪当死二也。汝剥夺新妇，一丝不留，且分持其体而聚观，辱人如此，乃天地鬼神所共愤之事，罪不容于死三也。"阿载、阿惜皆曰，我等作贼，为贫所驱，劫害多人，死亦无怨。至于剥辱，乃再醮之妇，何新婚之足云。彼自家不存羞耻，则其体亦尽人可观，未必衣服去留之遂为关系也。④ 由上述记载观之，清代民间社会对再婚妇持非常轻蔑的态度，不但迎亲时无人参与，而且对再婚妇女的人格、尊

---

① 朱义禄：《儒家理想人格与中国文化》，复旦大学出版社2006年版，第110—111页。
② 方苞：《方苞集》，上海古籍出版社1983年版，第105页。
③ 陈东原：《中国妇女生活史》，商务印书馆1937年版，第138页。
④ 《粤人重贞节》，瞿铢菴《杶庐所闻录》，沈云龙主编《近代中国史料丛刊》第12辑，（台北）文海出版社1967年影印本，第25—27页。

严也可以肆意践踏、侮辱,甚至以为对这种侮辱行为不需承担太多的罪责。究其根由,乃是再婚妇女违背了"夫死不嫁""从一而终"的观念,故人人得以轻蔑之、侮辱之。

近代媒体也对妇女"夫死不嫁""从一而终"的观念予以大肆褒扬。《申报》在光绪二年(1876)七月十一日有如下一则报道:"宁波章桥地方有何姓妇,夫死数月,其姑即令改嫁。妇誓死不从,愿自守节。姑不许,复威逼之。妇见姑若是,知不可以理喻,乃伪捧故夫木主,往县控告,欲姑知所惧而止也。讵料其事虽止,其心愈毒,谋诸无赖,思乘间而拐骗之,已另字人矣。不意为妇侦知,悲愤交急,于日前竟雉经而死。"对此,该报道直呼"其志可嘉,其遇亦良苦矣。惜未知其母家何氏,丈夫何名,待详访再登,是亦阐微表幽之意也"①。对何氏那种"夫死不嫁""从一而终"行为的高度赞扬,溢于言表。同月十四日,《申报》又报道了另一位妇女殉夫而亡的事情。该报道称:"节妇金氏,嘉兴人,为同郡钟君平甫之配。"光绪二年(1876)夏,"平甫以疾病殁于维扬客邸。讣至,节妇昏晕者。……七月初九日,灵榇从扬回,暂寄于绍兴会馆。节妇抚棺大恸,誓不欲生"。在其给胞弟的遗书中,金氏表示"自得凶耗后,即图一死,从夫子于地下。只以未见棺木为憾,今则旅榇已归,未亡人之念了矣",遂自尽殉夫。对金氏自尽殉夫,该报道予以了正面评价:"呜呼!读节妇之书,乃知其蓄心之非一日矣。苟非有贞定之操,安能视死如归,从容而取义若是哉!虽请于朝而旌诸绰楔焉,可也。"②该报道将金氏殉夫而亡之举,看作"视死如归""从容取义",可见直至光绪年间,"夫死不嫁""从一而终"的观念仍对广大民众有着极强的道德约束力。而清政府也通过表彰节妇烈女、建立贞节牌坊等措施来进一步强化"从一而终"的观念,结果导致人们"率以妇人之失节者为羞而憎且贱之"。③

我们从曾国藩女儿的遭遇,就可以略窥"从一而终"观念对清代人

---

① 《姑逼媳嫁》,《申报》光绪二年七月十一日,第3页。
② 《纪钟节妇事略》,《申报》光绪二年七月十四日,第3页。
③ 朱义禄:《儒家理想人格与中国文化》,第117—118页。

们的束缚力之强。曾国藩共生育了六个女儿。长女纪静嫁给翰林袁芳瑛的儿子袁秉桢。袁秉桢乃一花花公子，身染诸多恶习，对曾国藩亦不敬。尽管曾国藩后来不认袁秉桢为女婿，却要求女儿一定要守妇道，认袁秉桢为丈夫，终身厮守袁秉桢，并不许女儿住娘家。结果纪静备受折磨，年仅29岁即去世。三女儿纪琛嫁与罗泽南次子罗兆升，夫妻关系不和谐，婆媳关系也是极差。兆升于光绪十四年去世，纪琛当时年仅44岁，一直未再嫁人。四女纪纯嫁给郭嵩焘长子郭依永，依永21岁便去世，纪纯亦未改嫁，年仅35岁即过世。曾国藩的几个女儿何以落得如此悲惨结局呢？唐浩明先生认为，"客观地说，是'父母之命''幼小定亲'及'从一而终'的旧习俗害了曾氏和他的几个女儿，倒不是曾氏本人的眼光出了问题"①。跟权势无关，而是观念，故普通人倒比权势者易。即便是倡导男女平等的太平天国，也难以摆脱儒家"从一而终"观念的影响。洪秀全即曾要求妻子赖氏："尔为朕妻，尔不可嫁。尔身怀妊，未知男女，男欤，当依兄勿嫁，女欤，亦然。"②洪秀全尚且如此，其他将领亦可概知。

由上述可见，"从一而终"观念作为近代社会一种普世价值观，不仅被世人广为接受，而且根深蒂固。"从一而终"观念自然也被近代会党组织所接受。如前述的洪门"恨杀敬爱"的口号中，对烈女的尊敬，③除了包含妇女对丈夫的忠诚之意外，也包含了鼓励妻子对丈夫"从一而终"之意。此外，在洪门关于郭秀英为其夫郑君达报仇而最终投河自尽的传说中，同样包含了妻子对丈夫"从一而终"的说教。民国时期，哥老会甚至明文规定，如有母亲再嫁之类情况的人，不得加入哥老会。④由此观之，近代会党组织所倡导的"从一而终"观念，与传统的儒家观念毫无二致，甚至对妇女而言实为桎梏。对此，《女报》曾评论道："中国社会，只好虚名，不求实际。譬有一家，其子早丧，妇人孀居，或妇之父母怜

---

① 唐浩明：《唐浩明点评曾国藩家书》上卷，第119页。
② 《太平天日》，罗尔纲编注《太平天国文选》，上海人民出版社1956年版，第138页。
③ 朱琳：《洪门志》，第122页。
④ 蔡墩：《话说哥老会》，《河北文史资料》编辑部编《近代中国帮会内幕》下卷，第233页。

其女之青年而欲再嫁之，其翁姑则曰吾家无再醮之妇；或翁姑不愿其妇之守节，而其父母则曰吾门无二夫之女。拘俗援例，视为固然。于是夜半啜泣，形影相吊，其懦者忧郁痨瘵以至于死，其黠者则情不胜欲，墙茨莫扫，无可言矣。"因此，"从一而终"之观念，实际上将妇女"乃强生置之于地狱"。① 而如果哥老会成员的妻子被外人奸淫，那么哥老会首领会指派会中的兄弟伙将奸夫淫妇杀掉。杀人者可以有两条道路供选择：一是向官府投案自首，然后由首领运用组织力量和官府周旋，保全其性命。二是杀人者不愿自首，则由首领介绍逃往外地。② 总之，只要惩罚了奸夫淫妇，哥老会会尽一切力量来保障杀人者的人身安全。这固然有维护哥老会兄弟伙面子的意涵，但也从一个侧面体现了哥老会对"从一而终"观念的坚决维护。

　　由上观之，近代会党组织关于夫妻伦理的规定，尤其是关于夫妻相处的规定，遵循的显然是儒家的"夫为妻纲"的原则，男尊女卑，将妇女看作男人的附属品。例如，之所以规定"毋得娶洪家兄弟妻妾为婚"，原因就是这些妇女已经隶属于某一个洪家兄弟了，如果娶该洪家兄弟妻妾为婚，既破坏了女子"从一而终"的妇德，也违背了"五伦"中的兄弟之义。这表明，近代会党组织在婚姻方面的种种规定，和儒家一样，明显赋予了婚姻"化民正俗"的意义，以避免亲族相犯和违背人道之大伦，进而在组织内实现儒家所倡导的"讲信修睦"之目的，即儒家所言："夫妻相敬如宾，则夫妻尽道，处夫妻而能尽道，则处父子兄弟君臣上下，斯能尽道。"（《中庸》，《四书反身录》卷二）这反映出，在夫妻相处方面，近代会党组织规范虽然要求夫妻和谐，但其前提显然是"三从四德""无违夫子""以顺为正"（《孟子·滕文公下》），这也体现出近代会党将妇女视为男人附属品的婚姻价值观。

　　总体而言，尽管"晚清时期，由于传统、西力和政治变革三个要素的互动作用，沿袭了数千年之久的封建婚姻与家庭观念发生了脱旧开新

---

① 谢震：《论可怜之节妇宜立保节会并父兄强青年妇女守节之非议》，张枬、王忍之编《辛亥革命前十年间时论选集》第3卷，第486页。
② 蔡墩：《话说哥老会》，《河北文史资料》编辑部编《近代中国帮会内幕》下卷，第242页。

的历史性嬗变"，① 但近代会党的婚姻礼俗仍显得非常保守，他们所提倡的婚姻明显具有包办和强迫性质，主张屈从于父母和长辈的意志；非常重视妻子的贞操，赞成妻子从一而终；允许一夫多妻，将妻子看成丈夫的附属品，即便是城市中的会党组织也是如此，青帮大佬杜月笙等拥有一妻多妾即是明证。马克思曾指出一夫多妻制"不仅含有奴隶制，而且也含有农奴制"。② 这从一个侧面表明，近代会党组织的家庭伦理规范乃至其他规范对变化了的外在环境缺乏必要的反应性与灵活的适应性，从而使近代会党组织难免沦为顽固守旧的一股社会力量。而会党之所以如此重视夫妻关系，是因为"夫妻相敬如宾，则夫妻尽道，处夫妻而能尽道，则处父子兄弟君臣上下，斯能尽道"③。也即是说，夫妻关系处理好了，有利于会党成员之间关系的和谐稳定，进而有利于会党内部的和谐稳定。

第四节　儒家家庭道德规范在会党规范体系中的异化

一　儒家家庭道德规范在会党规范体系中的作用及异化

近代会党组织规范中包含了大量儒家家庭规范伦理，那我们该如何看待近代会党组织规范中的儒家家庭规范伦理呢？一方面，我们要认识到，近代会党组织规范中的确包含了诸多正统的儒家思想，如对父母要"生养死祭"的孝道观，"父母之命、媒妁之言"的婚姻观，"长幼有序"的等级观等。即便"自入洪门之后，尔父母即是我父母，尔兄弟姊妹即是我兄弟姊妹，尔妻是我嫂，尔子侄即是我子侄，如有不遵此例，不念此情，即为背誓，五雷诛灭"④ 之规定，也明显含有儒家"老吾老，以及人之老；幼吾幼，以及人之幼"（《孟子·梁惠王上》）的意涵。这些正

---

① 徐永志：《晚清婚姻与家庭观念的演变》，《河北师范大学学报》1999 年第 2 期。
② ［德］马克思：《摩尔根〈古代社会〉一书摘要》，人民出版社 1978 年版，第 38 页。
③ 唐凯麟、张怀承：《成人与成圣——儒家伦理道德精粹》，湖南大学出版社 1999 年版，第 230 页。
④ ［日］平山周：《中国秘密社会史》，第 44 页。

统的儒家家庭规范伦理对近代会党有着非常重要的作用,它不但能使会党组织内部保持和谐稳定,更重要的是还能吸引民众加入会党组织,成为会党生存的一个重要基础。陈国屏即认为正是儒家家庭规范伦理使青帮兴盛不衰,"所谓道义者,能扶危,能济困,可互惠,可援助是也。且有一种神秘功用,以师生为父子之义,一系相传,大受无知识界中一般无亲无友无依无归分子之欢迎,爱之如珍宝,藉之为护符,不独可结许多亲友,而又得潜伏势力相助。故人都乐于进帮"。① 正是因为儒家文化对青帮有如此重要的功用,所以"安青之道,最重纲常伦理"。② 而对洪门来说,也是以儒家之礼教为立足点,借鉴儒家家庭伦理来建构起组织规范,其作用正如洪门一首诗歌所言,这些规范可以使洪门"父慈子孝家道昌,夫贤妇顺多和睦,兄宽弟让降吉祥"③。此外,洪门"义取平等,以兄弟相呼",可以很容易"聚则众数十,或数百,合党竟至逾千逾万"④。洪门还宣称,之所以以儒家家庭伦理来建构起组织规范,是"为求挽救人心,申大义于天下起见,若不从个人伦常方面入手,无法使节义申张,提倡五伦八德之教,由个人而家庭,及于国家社会,故组织极严格,违犯者即处以重刑"。⑤

不过,另一方面我们也要注意到,近代会党组织中所借用的儒家家庭伦理,并非本原的儒家家庭伦理,而是对儒家规范伦理的某些精神作出了修改,以使其能为己所用。这种修改,突出表现在将兄弟关系视为家庭各种关系的首要关系,而将父子关系、夫妻关系置于次要地位,某些会党组织甚至走向了极端,连父子关系、夫妻关系都弃之不顾。广西平南的洪门即是如此,宣称"人乃天地所生,可以上不要父母,下不要妻子;只盟结兄弟,拜天地,奉五祖,便可共患难,同生死"。他们在举行入会仪式时,"主盟者厉声问曰:'汝来要父母乎?'曰:'否。''要妻

---

① 陈国屏:《清门考源》,"自序"。
② 同上书,第169页。
③ 卫大法师:《帮》,重庆说文社1947年版,第41页。
④ 《太平天国革命时期广西农民起义资料》(上册),中华书局1978年版,第95页。
⑤ 郭绪印:《洪门文化特点述评》,《上海师范大学学报》1990年第3期。

子乎?'曰:'否。'然则"要大哥、晚哥乎"?曰:'要。'"①容县天地会在结拜时,亦"誓言不要父母,单要兄弟"②。而在距离广西千里之遥的福建长汀县等地,千刀会(福建天地会之别称)虽然没明言不要父母,但"宰猪吃酒,拜会结盟,询之曰:'父子亲乎,兄弟亲乎'?答曰:'父子不亲兄弟亲。'遂洒血抒意,拜为兄弟"。③咸丰年间的广东天地会则更激进,在入会仪式上,入会者被问及"父母亲兄弟及今皇帝有难,汝等其肯救之否?"入会者如回答"吾愿救之",则会受到惩处。④洪门这种不要父母、不要妻子,只要兄弟,抑或不亲父母的誓言,很显然是为了让会员特别重视与其他会员之间的虚拟的兄弟之情,但这一入会誓言显然既与《三十六誓》中孝敬父母的有关规定相冲突,又明显与儒家更重视父子关系、夫妻关系的家庭伦理意涵相悖,因此难以在现实生活中得到遵守。此外,洪门为了维持兄弟之间的互助,使用残酷的刑罚,也与儒家的仁爱精神相悖。总之,近代会党组织规范中包含了诸多与儒家家庭道德规范不尽一致甚至完全相反的规范,表明会党组织会根据自身的需要,对儒家家庭道德规范作出取舍与改造,反映出儒家家庭道德规范在会党组织中具有鲜明的异化特征,进而使近代会党组织家庭伦理规范既具有显著的主文化特点又具有突出的亚文化特色。

二 异化的原因分析

由上述可知,近代会党组织通过吸收传统儒家家庭伦理,建构起了较为严密的组织规范,并借助儒家家庭伦理将个人、家庭和会党组织紧密地联结在一起,形成了一个超越会党组织范畴的利益共同体,进而借此加强了对组织成员的控制,协调了组织成员之间的关系,强化了组织内部的凝聚力,从而有利于提高组织在严酷环境中的生存与发展能力。

---

① 光绪《平南县志》卷18《纪事》,第11页。
② 光绪《容县志》卷27《旧闻志·前事下》,第8页。
③ 曹大观:《寇汀纪略》,中国史学会主编《太平天国》第6册,上海人民出版社1957年版,第809页。
④ 赵沅英:《红兵纪事》,中国科学院历史研究所第三所编《近代史资料》1955年第3期,中国科学出版社1955年版,第98—99页。

不仅如此，近代会党组织规范还从社会亚文化的层面体现出了儒家家庭伦理的不凡意义和普世价值，表明儒家"以其伦理直觉体悟出养亲敬老和慈爱子女是人性根本之所在，更是人类文化的发展根基"①。但从上述我们也可以看出，近代会党组织并没有对儒家家庭伦理进行批判性吸收，反而对儒家的某些家庭伦理观进行了篡改甚至歪曲。那么，近代会党组织为何要对儒家规范伦理的某些精神作出修改呢？除了前述的生存环境恶劣等原因外，对于对儒家规范伦理的某些精神作出修改一事，洪门有着自己的解释，他们认为，洪门修改儒家规范伦理的某些精神，是"洪门以法治济礼教之穷。盖礼教为消极之防范，而法治乃积极之制裁，礼教只能消弭犯罪之动机，若已有犯罪之形式，则非礼教所能禁止，必须以法律制裁，始能奏效"。②而从社会学角度看，会党组织规范属于社会亚文化的范畴，亚文化偏废主文化的某些意涵，是某些社会组织根据客观环境和组织生存与发展的实际需要而作出的必然选择。

如果从政治学角度看，近代会党组织对儒家规范伦理的某些精神作出修改的根本原因在于，近代会党是封建社会的产物，缺乏先进政党和先进思想的指导，"所以也和历史上其他一切秘密结社一样，不能不带有浓厚封建的宗法的及迷信的色彩"，③而一个"带有浓厚封建的宗法的及迷信的色彩"的社会组织是不可能成为先进的社会组织的，所以不管他们是如何试图以传统的家庭伦理规范来约束组织成员的关系及行为，如何加强组织凝聚力建设，其与先进社会组织相比就如同薰莸有别，最终仍然难以避免被社会所淘汰的命运。

---

① 周全德、海文卫：《儒家家庭伦理的文化特征和当代价值》，《文化学刊》2009年第2期。
② 戴魏光：《洪门史》，第20页。
③ 《中共中央关于哥老会清帮工作的初步指示》（1940年12月25日），中共中央统战部、中央档案馆编：《中共中央抗日民族统一战线文件选编》（下），档案出版社1986年版，第510页。

第 二 章

儒家义利观与近代会党的义气观

第一节　清前期会党义气观的发展

一　何谓义气

目前，学术界多认为会党的核心价值观是"讲义气"，近代会党亦然。那么何谓"义气"呢？"义气"一词最早见于《礼记·乡饮酒义》："天地严凝之气，始于西南而盛于西北。此天地之尊严气也，此天地之义气也。"这句话中所谓的"义气"，指天地间的严凝、肃杀之气。至西汉时，董仲舒赋予"义气"以新的含义。他在《春秋繁露·王道》中曾言："仇牧、孔父、荀息之死节，公子目夷不与楚国，此皆执权存国，行正世之义，守倦倦之心，《春秋》嘉义气焉，故皆见之，复正之谓也。"董仲舒这里所言的"义气"，已包含有节烈、忠义、刚正之气概。①《宋书·沈庆之传》中的"泣血千里，志复深逆。鞠旅伐罪，义气云踊"之句与柳宗元《唐故特进南公睢阳庙碑》中的"惟公与南阳张公巡、高阳许公远，义气悬合，訏谋大同，誓鸠武旅，以遏横溃"之句中的"义气"，也具有节烈、正义的意涵。至迟到了明朝，《水浒传》《三国演义》等文艺作品中所使用的"义气"一词，已含有"因个体关系而自愿为他人冒险或牺牲"的含义。到了当代，不少学者对"义气"一词予以释义，从已有的研究成果来看，得到较多认同的定义是《现代汉语词典》中对"义气"的解释，即义气是指由于私人关系而甘愿承担风险或牺牲自己利益

---

① 姜国钧：《"义气"词义演变探析》，《邵阳师范高等专科学校学报》2000 年第 6 期。

的气概。① 这一定义和明朝以来的定义是一脉相承的,根据这一定义,义气的实质内涵就是基于个人感情而能正确处理好义与利的关系。该定义是否完善,别待榷论,但至少提示我们,要正确理解近代会党的义气观,就必须正确理解近代会党是如何处理义利关系的。

对于义利关系的处理,我国一向是遵循儒家的有关说教。"义"字很早就见于中国典籍,《说文解字》将"义"解释为"己之威仪也,从我从羊"。而在儒家看来,"义"就是合宜、道义,泛指一定社会的伦理道德规范,强调社会成员对精神的、道德的价值追求,大约至战国时即成为约束人们关系的一项道德标准。而"利"主要是指物质利益及谋利行为,偏重于感官的、物质的追求。对于义与利的关系,儒家主要是倡导重义轻利。即使逐利,利益的分配也要有利于和谐,不能引发内部的不和,更不能导致争斗,即《周易·文言》所谓的"利者,义之和也"。自古至今,在我国的社会生活中,不仅社会个体要受到儒家重义轻利义利观的制约,而且社会组织乃至国家也要受到这一义利观的制约。近代会党也不例外,其对义利关系的处理,深受儒家义利观的影响,因为"传统义利观真正发生巨大社会效力的范围,是在广大的社会下层,其作用的主要对象是广大的民众。在封建时代,迫于政权的压力和舆论环境的制约,更由于自然经济条件下小生产者自身抵御能力和自卫能力的弱小,统治阶级强加给他们的东西,他们往往都接受了下来,包括一些统治阶级提倡的只是有利于或主要有利于统治者实行统治的思想、意识、观念,经过长期的潜移默化和侵袭渗透,也变成了下层民众的意识形态。② 那么,近代会党的义气观究竟受到儒家重义轻利义利观的哪些影响呢?在儒家重义轻利义利观的影响下,近代会党义气观的含义究竟如何呢?目前,学术界尚无论文与论著进行专门论述,只在一些相关论文与论著中有所涉及,但语焉不详,所以实有必要对上述问题进行探讨。

---

① 中国社会科学院语言研究所词典编辑室:《现代汉语词典》(第五版),商务印书馆2006年版,第1612页。

② 张继良:《传统义利观的嬗变与拜金主义的泛滥》,《河北师范大学学报》(社会科学版)1997年第1期。

二　清前期会党义气观的发展

从已有的史料来看，清前期的会党既已对"义气"非常重视。我们以近代最具典型性的会党组织——洪门为例。如前所述，"洪门之立足点为何？即儒家之礼教是也"。而礼教思想中，洪门"最注重者，当推'义'字"。"洪门哥弟，首重一义气，结拜金兰，虽属异姓，无殊同胞。故兄弟有难，莫不视如己事，全力以赴。"① 早在乾隆年间，天地会在其盟书誓词里，就已将"义气"视作组织重要的价值观与规范。在台湾林爽文天地会的盟书誓词里，即明文规定："本原异姓缔结，全洪生不共父，义胜同母共乳，似管鲍之忠，刘关张为义汝□□□□□□□视同一家"，严禁"不忠不义"。② 而天地会的入会仪式，也体现了对"义气"的重视。天地会举行入会仪式时，"须设立香案，在刀剑下盟誓，遇有事情，同教之人大家出力，公同帮助"③。在入会之后，会员"遇有抢夺等事，即须互相帮助。虽抢其戚好之家，不能不随同前往"④。而至嘉道年间，天地会组织得到进一步发展，其入会仪式、内部文件等也因此而不断趋于复杂化。这一时期的天地会内部文件中，出现了大量有关"义气"的表述。嘉庆十三年（1808），清政府查获广西来宾县颜亚贵天地会，缴获其内部文件《桃园歌》，内中要求入会者"当天结拜，即是同胞骨肉，永无更改，一父所生，一母所养"。"结拜之后，须要寄得妻，托得子，且不分你我，手捉（足）相持（待），前时仇不得记会在心。""兄弟须要忠心义气，有福同享，有官同做，系孙世享荣华，福有攸归。"⑤ 在嘉

---

① 戴魏光：《洪门史》，第8页。
② 《天地会盟书誓词》，中国人民大学清史研究所、中国第一历史档案馆合编《天地会》第1册，中国人民大学出版社1980年版，第161—162页。
③ 《大学士和珅奏呈严烟供词并请敕福建等省总督查缉天地会创始人片》，乾隆五十三年六月十六日，台湾档，中国人民大学清史研究所、中国第一历史档案馆合编《天地会》第1册，第111页。
④ 《钦差协办大学士福康安奏追查天地会根源等情折》，乾隆五十三年四月十八日，中国人民大学清史研究所、中国第一历史档案馆合编《天地会》第1册，第98页。
⑤ 《广西巡抚恩长审拟颜亚贵以〈桃园歌〉邀人拜会案折》，嘉庆十三年十二月二十五日批，军录，中国人民大学清史研究所、中国第一历史档案馆合编《天地会》第7册，中国人民大学出版社1987年版，第214—215页。

庆十六年（1811）查获的姚大羔所藏天地会《会簿》中也载有诸多关于"义气"的诗歌，兹列举几首如下：①

一七诗
高落我情本姓洪，招集兄弟义和同。

五标诗
安乐如神仙，礼义如配天。
仁和天赐福，德泰子孙贤

观音诗
五龙结万心田坚，饭水知源义为天。
顺天行道神共鉴，结（洁）白其身公主现。

誓状诗
有忠有义公侯位，反心反意雷打亡。
立字世上有忠奸，奸者来于剑下亡。
当天立誓愿姓洪，剑下来里别半途。
古今传来天下知，各各离别桃洞山。

四七底
日月春风白马侯，三姓结万李桃洪。
盟心结骨为兄弟，万姓与来共一宗。

在姚大羔所藏天地会《会簿》中，"盘问兄弟说话"也包含了对

---

① 《广西巡抚成林为搜获东兰州天地会成员姚大羔所藏〈会簿〉呈军机处咨文》，嘉庆十六年五月初七日，军录，中国人民大学清史研究所、中国第一历史档案馆合编《天地会》第1册，第7—8页。

"义气"的宣扬:①

> 问:兄弟高姓?答:是△姓。怕尔不是。答曰:本是△姓。又问:怕尔有义姓。答曰:义姓是姓洪。又问:尔然何一人两姓?答曰:父母生我命头金,贵拜天地安名契在洪家。吟诗数句:本是洪门人,谁母带香人,若然尔不信,露出白衣身。个个无粮兵,总定我一人。三才品立,一心尽忠,转手朝东,义气忠心。

姚大羔所藏天地会《会簿》中所载的茶阵,同样包含了对义气观的宣扬。如有茶壶放在桌上不斟茶,见着可吟诗四句:"一点本心为兄弟,谁知出手空心意。烧心虚言天责罚,后来相结尽忠义。"②

上述几首诗歌和盘问兄弟说话,借助虚拟的血缘关系,以传统的忠义观为依据,积极向天地会员宣扬"义"的精神,从正反两个方面来突出"义"在组织发展和处理组织成员之间关系的重要意义。值得注意的是,在颜亚贵天地会所传的《桃园歌》和姚大羔所藏天地会《会簿》中的"盘问兄弟说话"里,都明确提出了"义气"一词。在早期洪门的内部文件中,这应该是现存最早一批出现"义气"一词的天地会文件了。

嘉庆十七年(1812),清政府破获了广西桂平县何达佳天地会,起获了由该会师傅尹之屏所编的天地会歌诀,其中一些诗句包含了对"义气"的颂扬,譬如:③

交红门剑

替天行道李朱洪,异姓原来共一宗,

忠心义气同天誓,情愿姓洪剑下来。

---

① 《广西巡抚成林为搜获东兰州天地会成员姚大羔所藏〈会簿〉呈军机处咨文》,嘉庆十六年五月初七日,军录,中国人民大学清史研究所、中国第一历史档案馆合编《天地会》第1册,第7—8页。

② 同上书,第23页。

③ 《广西巡抚成林奏拿获编造天地会歌诀之尹之屏折》,嘉庆十七年十一月初二日,军录,中国人民大学清史研究所、中国第一历史档案馆合编《天地会》第7册,第352—354页。

交剑门剑
此剑不是凡间剑，落在凡间有万春，
不斩忠心与义气，单斩清朝反骨人。

奠茶诗
一点为尊本是红，百万兄弟敬一盅，
中心义气当天敬，扫清胡北助王公。

五果诗
五果原来是木杨，有人看过有人尝，
中心义气食天禄，奸心食过路头亡。

扯香诗
当天立誓一枝香，四海兄弟显名扬，
兄弟若（心）奸与狡（狡），五雷珠（诛）灭理应当。

餐香诗
当天立誓不可奸，四边兄弟来投坛，
兄弟奸心和与狡，五雷珠（诛）灭虎来担。

传抄于道光八年（1828）的广西田林县《天地会文书抄本》中，也有不少诗歌体现了天地会对"义气"的高度重视。譬如：①

讨盘
贫穷落难意（义）在心，正是凄凉八月秋。
说到洪家谁不晓，有诗哀告并哀求。

---

① 《天地会文书抄本》，庾裕良、陈仁华《广西会党资料汇编》，第518—519页。

借用费
言问君家胜（盛）筵台，身在他乡未得归。
寸步难行千里路，谢恩出门酒三杯。

数（素）有（布）临身
忠心义气结红州，数（素）布在身无可救（求）。
天地日月人仁有，洪水滔滔遍地流。

金兰结义
入王面前一只瓜，东门楼上草生花。
左右细系十乙日，羊羔美酒是我家。

上述诗句，就文字表述而言，和姚大羔所藏天地会《会簿》的诗句有着较大差异，内容上也有所不同，带有明显的反清情结，但其间贯穿的中心意思和姚大羔所藏天地会《会簿》的诗句是相同的，即都是从正反两个方面来突出"讲义气"的积极意义，鼓励会员之间一定要"忠心义气"。

嘉道年间，由于天地会的入会仪式较前更为复杂，因此"义气"价值观在天地会得到更进一步传承和强化。嘉庆年间，各地天地会组织在举行入会仪式时，一般"俱设位、钻刀、跳火、插（歃）血盟誓，传授口诀、手诀，分给号片"，① 以强化会员的义气观。史料对此多有记载，兹列举几例。嘉庆六年（1801），广东新宁县人叶世豪得福建同安陈姓人传授天地会会簿一本，遂纠人结拜天地会。"叶世豪取出陈姓所给会簿，给余笼壮等看过，写以洪为姓，拜天为父，拜地为母，结拜之后，患难相帮。……叶世豪持刀一把，令余笼壮等在刀下钻过，说日后都要听从

---

① 《云南巡抚孙玉庭奏审拟张效元等人折》，嘉庆十九年二月初九日，军录，中国人民大学清史研究所、中国第一历史档案馆合编《天地会》第7册，第436页。

指挥，如有负盟不义者，死于刀下。"① 嘉庆七年（1802），广东新会人郑嗣韬与黄思聘、伍允会等结拜天地会。"郑嗣韬用木斗一个，斗内插五色纸旗五面，上书日月清风令五字。又插剑二口，剪刀、尺各一把，铜镜一面，置放桌上。并用黄纸开写：众兄弟沐浴拜请天地日月，各人以洪为姓，患难相扶，拜天为父，拜地为母等字，歃血拜讫。郑嗣韬持刀在手，口称：忠心义气剑前过，不忠不义刀下亡。令黄思聘等各在刀下钻过，日后听其指挥。""并传授开口不离本，举手不离三，作为彼此相逢暗号。"② 就入会仪式观之，叶世豪天地会与郑嗣韬天地会大同小异，并且其入会仪式强调的核心观念都是"忠心义气"。嘉庆十八年（1813），湖南浏阳人黄得陇纠集广西贺县人张长么等人"共道贫苦，并称异乡孤单，恐人欺侮"，遂在湖南江华县结拜添弟会。"黄得陇与张长么各执尖刀，斜架作叉，令众人钻过。张长么口诵'有忠有义刀下过，无忠无义刀下亡'，并用刀宰鸡取血滴酒同饮。又传授开口不离本、出手不离三口诀，将盟表、封神焚化"，然后各散。③ 从黄得陇等人拜会的起因和誓词来看，互相帮助的义气观无疑是其组织的核心价值取向。嘉庆二十年（1815），广东人林昌纠集苏俸、刘东贵等人亦在湖南江华县结拜添弟会，"开写盟表，设立神位，用篾插地作圈，林昌用红布包头，两手执刀斜架作叉，立于圈旁，令刘东贵等各从圈内钻过，名为过关。宰鸡取血滴入酒内同饮，将表焚化，篾圈烧毁。林昌口诵歌诀：五色果子在中央，有人看守有人尝，有忠有义吃天禄，无忠无义半路亡等语。苏俸等问其解说，据称不过欲使弟兄同心仗义，并无别意，食毕酒饭而散"④。从林昌对众人的解释来看，其举行入会仪式，"不过欲使弟兄同心仗义，并无别

---

① 《两广总督觉罗吉庆奏审拟新宁县天地会首林添申折》，嘉庆六年十二月二十一日，军录，中国人民大学清史研究所、中国第一历史档案馆合编《天地会》第6册，中国人民大学出版社1987年版，第431页。
② 《两广总督觉罗吉庆等奏审拟郑嗣韬等人折》，嘉庆七年十月十二日，军录，中国人民大学清史研究所、中国第一历史档案馆合编《天地会》第6册，第433页。
③ 《湖南巡抚陈预奏审拟江华县黄得陇等结拜添弟会折》，嘉庆十九年二月二十三日，军录，中国人民大学清史研究所、中国第一历史档案馆合编《天地会》第7册，第439页。
④ 《湖南巡抚吴邦庆审拟苏俸等人折》，嘉庆二十四年六月十三日，军录，中国人民大学清史研究所、中国第一历史档案馆合编《天地会》第7册，第469—470页。

意",换言之,"讲义气"是该组织的核心价值所在。嘉庆二十一年(1816),贵州兴义府严老三等结拜添弟会,"该犯等用竹扎关门三层,每关两人各执长尖刀立于两边,将刀架在中间,又于关门内搭一高台,上设木斗,内安洪英等牌位五个,并五色纸旗五面,尺一把,秤一杆,剑一把,镜子一面,中插红布帅字旗一面。……入会各犯俱拆散发辫,用红布包头,先由头二关报名,从刀下钻过,再进第三关,至严老三前盟誓,说定有事俱要舍命相助,不许翻悔畏避。各刺中指,滴血饮酒,一齐叩头结拜弟兄,将众人姓名开裂盟单焚化,均由火上跳过,以示同赴水火,俱不畏避之意。因人数众多,难于认识,遂以不扣外衣第二纽扣为暗号,严老三将书内举手不离三、开口不离本手势、口号对众传授"①。从严老三添弟会的入会仪式来看,其强调的核心价值是"有事俱要舍命相助,不许翻悔畏避"。嘉庆二十五年(1820),姚广、韦桂芳等人在广西思恩县结拜添弟会。众人"共推姚广为师傅,韦桂芳为大哥,设立香案,供放钞簿、表文、红布,用五色纸旗五面,插在桌上,一同拜毕。姚广与韦桂芳用篾扎圈,在圈外拿刀架叉,令众人钻过,姚广口念'有忠有义圈下过,无忠无义刀下亡',并传授开口不离本、出手不离三暗号,宰鸡滴血入酒分饮"②。姚广天地会的入会会场布置、程序与设备,和上述天地会组织基本相似,其誓词也是强调"义气"二字。这与其他天地会组织所强调的核心价值是一致的。由此似可推测,嘉庆年间各地天地会俱以"义气"为组织的核心价值取向。

必须指出的是,就嘉庆年间天地会组织的入会仪式来看,有两点值得关注。其一,都注意强调"义气"的同时还强调"忠"。"忠"是儒家对社会成员的一个基本道德规范,朱熹认为"尽己谓之忠"(《论语集注》),即为人办事必须尽心尽力。不过后来,"忠"又有了对人、对组织等赤诚无私的意涵。在孔子学说中,"忠恕"乃实行"仁"的方法。会党巧妙地运用了儒家的这一思想,其在入会仪式上强调"有忠有

---

① 《贵州巡抚文宁奏拿获兴义府添弟会首严老三等人折》,嘉庆二十一年九月十三日,朱折,中国人民大学清史研究所、中国第一历史档案馆合编《天地会》第7册,第449—450页。
② 《广西巡抚赵慎畛奏缉捕审拟姚广等人结会折》,道光元年五月十一日,军录,中国人民大学清史研究所、中国第一历史档案馆合编《天地会》第7册,第395页。

义",就是要求会员必须尽心竭力互相帮助,即孔子所言:"为人谋而不忠乎"(《论语·学而》),"忠"成为会党"讲义气"的一个有效工具。其二,不少天地会在入会仪式上都会宰鸡滴血入酒同饮。之所以要宰鸡,是因为在中国民间的传说中,鸡是是由星宿下凡所化成的,而且鸡有文、武、勇、仁、信等五种品德,故"通过杀鸡盟誓,凝聚成会社成员的伦理道德观念"①。也就是说,仪式上宰鸡滴血入酒同饮,可以有效增强会员对其他会员"自己人"的认同感,从而更有利于贯彻实施会党的义气观。

道光年间,天地会的入会仪式仍然体现了对"义气"的重视。以贵州省为例。道光十一年(1831),贵州省开泰县马绍汤从广东籍人吴老二处得到天地会传会会本歌诀及传会方式,遂纠人结拜三合会。"马绍汤先于洞内搭方桌高台,安设木斗,内供始祖洪起胜、太子洪英牌位,并有红纸条写红旗飘飘歌句,桌上四旁各插五色纸旗,桌后烧火一盆,又于洞外用竹编扎关门三层。马绍汤手执长刀,立于第三关门外,将刀架在关门上,照依吴老二口授,令胡承咏等挨次过关,从刀下钻过进洞。各犯在牌位前点插香烛盟誓,如日后有事,彼此相帮,不许翻悔,均于火上跳过。又各刺中指滴血入酒分饮。复饮水一口,名为三合水,并念三河河水出高溪歌词四句,叩头结拜,以示同赴水火,俱不畏避之意。马绍汤即令马正邦将开口不离本、起手不离三口号、手势,向众伙教明。并令日后出门,卷起左手衣袖,垂下右手衣袖作为暗记。"② 同年,贵州省黎平府开泰县、永从县交界处李丹桂、王老教等结拜三合会。"李丹桂即安设方桌一张,桌后烧火一盆,点插香烛,率领众人叩头盟誓。令王老教等称伊为大哥,俱从火上跳过,各饮水一口,名为三合水,以示日后有事相帮,不避水火之意。又将开口不离本、举手不离三口号、手势,向王老教等告知,并令以后出门卷起左手衣袖,垂下右手衣袖,逢人问

---

① 黄清根:《帮会与中国文化》,《江汉论坛》1994 年第 1 期。
② 《贵州巡抚嵩浦奏审拟开泰县马绍汤等结会折》,道光十一年九月初四日,军录,中国人民大学清史研究所、中国第一历史档案馆合编《天地会》第 7 册,第 486—487 页。

姓，即称本姓某，易姓洪，会匪知系同会之人，可以保全，当各走散。"①就马绍汤、李丹桂等人举行的仪式来看，其所有的程序设计和动作都是为了宣扬会员之间互帮互助并为此可以不惜一切的精神，"义气"明显成为仪式的核心内容。道光十五年（1835），贵州古州厅徐玉贵等结拜添弟会，其入会仪式，也很好体现了会党组织"讲义气"的价值取向。该组织举行入会仪式时，用竹片扎成三层关门，并扎草人一个，入会之人"俱从关门钻进，各将草人刀砍一下，日后有事不来帮助，即照草人一样受刀，叩头盟誓。徐玉溃（贵）将会本内歌诀诗句向众人传授，以为同会记号。各刺中指滴血和酒共饮"。② 此外，该组织用以传会和日常交往的诗歌也很好体现了天地会的义气观。例如，其会本内有如下一首诗歌："一匹青草嫩悠悠，兄弟相会在路途，今朝吃了洪家饭，走尽天下无忧愁。"③ 该诗虽短，却告诉人们，加入添弟会后，会员可以得到组织的有效帮助，以致走遍天下都不怕。这实际上是向人们宣讲了添弟会"讲义气"的价值所在。这种"讲义气"的价值观，本质上与儒家"重义轻利"的义利观是一致的。

除了贵州外，其他省份的天地会也很重视"义气观"的宣讲。在传抄于道光八年（1828）的广西田林县《天地会文书抄本》中，就有大量关于"讲义气"的规定。其中，《入会誓词》要求结义者须彼此当作兄弟看待，宣称："尺（只）愿同年、同月、同日、同时死，不愿（求）同年同月同日同时生。今日结义，拜天为父拜地为母，日月为征：你父我父你母我母你妻我嫂，你子我侄。"要求结义以后"齐心协力，日后有难相救，有厄相扶"。《十大条律》规定："不得恃强欺弱"，"不得倚富欺贫"。④ 在《开台献诸般杂诗》中，更是有诸多诗句在颂扬"义气观"，兹列举几首：⑤

---

① 《贵州巡抚嵩浦奏续获马绍汤余伙王老教等人折》，道光十一年十二月十九日，军录，中国人民大学清史研究所、中国第一历史档案馆合编《天地会》第7册，第500—501页。
② 《贵州巡抚裕泰奏审办徐玉溃（贵）等人结会折》，道光十六年正月二十四日，朱折，中国人民大学清史研究所、中国第一历史档案馆合编《天地会》第7册，第517页。
③ 同上书，第516页。
④ 《天地会文书抄本》，庾裕良、陈仁华《广西会党资料汇编》，第492—493页。
⑤ 同上书，第498—505页。

安台诗
云开日月现蒂星,七交八节九分明。
洪字写来有九草(笔),为有结义不绝情。

粮米诗
平天落地共一宗,忠心义气食君禄。
有忠有义公侯位,三呼万岁谢君王。

起米诗
洪灯斗内照青天,拜洪弟兄誓有缘。
明为同心同协力,泄漏天机莫向前。

先锋
小小红布三尺长,五湖四海把名扬。
有忠红头有义现,反骨习心命早亡。

吴(无)赶(题)问姓(诗)
前朝君王两极交,千里相逢在今朝。
同台结义缘不小,洪挂心头切莫抛。

又诗
木杨造出七里台,枪刀剑戟两边排。
四门真有人把手(守),有忠有义早进来。

除洪门外,其他一些会党组织也重视"讲义气"。嘉庆二十一年(1841),在贵州古州厅破获的边钱会支派孝义会即非常重视"讲义气",其组织纪律明确规定:"凡在会之人不许自相欺凌,遇有事故,共相资助,若遇危急,彼此相顾,不许畏缩,若犯会中条款,重则捆缚投溺河内,轻则砍去脚趾,传唤不到,公议处治。"嘉庆二十二年(1817)、道光十六年（1836）在江西破获的两起边钱会案件也有相同的会规。① 咸丰年间成立的浙江金钱会也制定了《金钱会义帖》，规定了会员立身处世的十条誓言，其核心要求是"肝胆无欺，御变则情坚金石；腹心共抱，防危则契结金兰。……毋凶终而隙末"。②

三 清前期会党义气观在近代的延续

正如萧一山先生所言："刘关张三杰，结义桃源，约为兄弟，皆秘密结社之滥觞也。宋时宋江之徒，蟠据梁山，父母天地，啜血誓盟，永为秘密结社之模式。"③ "讲义气"乃近代会党的一种普遍的价值取向与追求。值得注意的是，洪门传播到海外后，仍然将义气视为组织的核心价值观。以美洲洪门组织致公堂为例。该组织总部设于旧金山，在美洲各埠设分堂达百数十处之多。至19世纪末，会员几乎占美洲华侨人数80%。④ 该组织以"锄强扶弱、除暴安良、互助互济"为号召，并有三大信条："以义气团结，以忠诚救国，以侠义除奸。" "讲义气"成为该组织的首要信条。之所以如此，乃因旅居异邦之后，华人"或工或商，备执其业，本可相安无事，但常以异乡作客，人地生疏，言语不同，风俗不同，入国不知其禁，无心而偶干法纪者，有之矣。又或天灾横祸，疾病颠连，无朋友亲属之可依，而流离失所者，亦有之矣。其余种种意外危虞，笔难尽述，语有之曰'人无千日好，花无百日红'，若无同志来相维护，以相赒恤，一旦遇事，孤掌难鸣，束手无策，此时此境，情何以堪"。故"捍御祸患，赒恤同人，实为本堂义务之不可缺者一也。"⑤ 海外洪门绝非只有致公堂讲义气，香港洪门亦特别重视义气，李纪堂就是其中非常有代表性的人物。为资助反清起义，李纪堂"家业因之耗费过半，渐呈竭蹶之象"。"丁未（1907年）以后，所开设益龙银号负债累累，因而宣告破产，每月维持青山农场售品所得以赡养家室，然对于党

---

① 参阅周育民《太平天国时期秘密会党研究的几个问题》，《历史教学》1988年第10期。
② 温州市教育局教研室、中学历史教学研究会编印：《温州近代史资料》，第55页。
③ 萧一山：《清代通史》，华东师范大学出版社2006年版，第219页。
④ 邓永正：《东南亚与华侨华人研究文集》，香港天马出版有限公司2011年版，第487页。
⑤ 冯自由：《革命逸史》（上册），新星出版社2009年版，第115页。

人行险募款涉讼外交诸事,仍奔走效劳,唯恐不力。如丁未黄冈革命军首领余丑被清吏逮捕之讼案,及己酉(1909年)汪精卫、黎仲实在屯门作爆裂品质试验,辛亥清提督李准之投诚,均得其助力匪鲜。"① 汪精卫在刺杀载沣失败后被捕,东南亚洪门曾出资数千予以营救。孙中山在东南亚活动与旅居期间,也曾得到东南亚洪门的大力资助。海外洪门资助革命党人,共同的价值观与共同的革命目标固然在其间发挥了极其重要的引导作用,但洪门一向倡导的义气观的作用也不可忽视。

到了民国时期,很多洪门组织由秘密转为公开,由此导致其组织宗旨、价值取向等势必发生变化。根据洪门自己的解释,民国成立后,其"反清复明"的宗旨已失去意义,再加上参加的人成分也日益复杂,所以其活动重心也就转到谋求自己的利益及照顾会员的生活方面来了,因此以"效法桃园,义气当先"为宗旨。② 根据这一宗旨,其组织行为则体现为会员代谋职业,打抱不平,调解纠纷,迎来送往等内容。③ 姑且不论洪门组织宗旨究竟为何,④ 上述对洪门组织宗旨转换的解释表明,民国时期的洪门仍然和清朝时期一样非常重视义气,并且将义气观视为组织价值观的核心内容。

无论是清前期还是近代,会党所谓的"讲义气",基本符合儒家重义轻利的义利观。对于重义轻利的义利观,儒家先贤们进行了持续而深入的探讨,并提出了"义以为上"(《论语·阳货》)、"以义制利"(《荀子·正论》)、"舍生取义"(《孟子·告子上》)等著名原则。对于义与利的关系,孔子坚持要"君子以义为上",认为"君子有勇而无义为乱,小人有勇而无义为盗"(《论语·阳货》)。对于义与利的关系,孔子没有将两者置于绝对对立的位置,认为可以求利,"富而可求也,虽执鞭之士,

---

① 冯自由:《革命逸史》(上册),新星出版社2009年版,第77—78页。
② 1947年钦州洪门在开香堂时,其入堂誓词主要内容即是强调效法桃园结义,参见林好津《我所知道的钦州洪帮》,《河北文史资料》编辑部编《近代中国帮会内幕》下卷,第141页。
③ 刘晓甡:《江津袍哥内幕》,《河北文史资料》编辑部编《近代中国帮会内幕》下卷,第361页。
④ 对于有清一代洪门组织宗旨,学术界存在两种意见,一种意见认为洪门的宗旨为"反清复明",另一种意见认为是"团结互助"。本书最后一章将对此作详细阐述。

吾亦为之"（《论语·述而》），但要求求利时，要把义作为趋利的指导原则，"富与贵是人之所欲也，不以其道得之，不处也"（《论语·里仁》）；"义然后取，人不厌其取"（《论语·宪问》）；"不义而富且贵，于我如浮云"（《论语·述而》）；要"见利思义，见危授命"（《论语·宪问》），并告诫世人："放于利而行，多怨。"（《论语·里仁》）孔子同时告诫统治者，"君子之仕也，行其义也"（《论语·微子》），"义以生利，利以平民，政之大节也"（《左传·成公二年》），希望统治者"其养民也惠，其使民也义"（《论语·公冶长》）。认为"上好义，则民莫不敢不服"（《论语·子路》）。孟子继承了孔子重义轻利的思想，指出人们获利，必须以"义"为指导，"苟为后义而先利，不夺不餍"（《孟子·梁惠王上》），反对"为人臣者，怀利以事其君；为人子者，怀利以事其父；为人弟者，怀利以事其兄"（《孟子·告子下》），认为"上下交征利，而国危矣！"（《孟子·梁惠王上》）而如果"为人臣者怀仁义以事其君，为人子者怀仁义以事其父，为人弟者怀仁义以事其兄，是君臣、父子、兄弟去利，怀仁义以相接也。然而不王者，未之有也。何必曰利？"（《孟子·告子下》）"非其义也，非其道也，禄之以天下，弗顾也。"（《孟子·万章上》）对于义与利的关系，荀子也没有将两者置于对立的位置，认为"义与利者，人之所两有也，虽尧舜不能去民之欲利，然而能使其欲利，不克其好义也。虽桀纣，亦不能去民之好义，然而能使其好义不胜其欲利也。故义胜利者为治世，利克义者为乱世。上重义，则义克利；上重利，则利克义"（《荀子·大略》）。荀子不反对"利"，但要求"先义而后利"（《荀子·巨霸》），要"以义制利"（《荀子·正论》）。"义利之辨"是中国儒学基本理论问题之一，朱熹即曾言："义利之说乃儒者第一义。"（《朱子大全集·与延平李先生书》）而儒家的义利思想从古代直至近现代一直是我国主流的义利价值观。大体而言，儒家对义利关系的探讨主要是在三个层面展开，即社会个体层面、社会群体层面和国家层面。受此影响，近代会党义气观对义利关系的处理也基本上是在上述三个层面展开,① 重点是处理以下三个层面的义利关系,即会党内部成员之间的义利关系、会党与民众之间的义利关系、会党与国家之间的义利关系。对于不同层面的义利关系,会党在处理时遵循着不同的原则,由是近代会党的义气观至少包含了三个层面的含义,即会党内部成员的"扶贫济困"之义、会党对民众的"劫富济贫"之义、会党对国家的"舍生取义"之义。

第二节 会党内部成员的"扶贫济困"之义

一 近代会党组织内部无私的扶贫济困

会党对内部成员之间义利关系的处理,主要遵循的是儒家"义以为上""以义制利"的原则。"义以为上""以义制利"的原则对社会成员的制约作用,可以从对内与对外两个方面进行分析,其对内主要是要求社会成员注重"义",彼此之间能互帮互助,做到"愿车马、衣轻裘,与朋友共,敝之而无憾"(《论语·公冶长》);对外则是要求以"义"为民众谋利益,积极助人为乐。而就"义以为上""以义制利"原则对近代会党组织的具体制约作用来看,主要体现为要求成员在组织内部无私地扶贫济困。以洪门为例:"洪门哥弟,首重一义气,结拜金兰,虽属异姓,无殊同胞。故兄弟有难,莫不视如己事,全力以赴。"② 此点在洪门的组织规范中表现得非常明显。洪门主要的组织规范包括《三十六誓》《十八章律书》《二十一则》《八德》等,在这些规范中,无一例外地都有明确的条文规定在组织成员遭遇困难时必须为其提供帮助,此点在其组织规范《三十六誓》中得到了完美体现。兹以光绪年间有罚规的《三十六誓》抄本为例:③

---

① 青帮认为该组织的义气主要表现在两个方面:一方面是在民族斗争上,要树立起民族气节,反清复明;另一方面是在社会生活上,要互相扶穷济困,帮丧助婚,团结犹如一家。参见卢健飞、王明远、刘吉悌《绥远清帮和伪蒙疆民生会》,《河北文史资料》编辑部编《近代中国帮会内幕》上卷,第493页。

② 戴魏光《洪门史》,第8页。

③ 萧一山:《近代秘密社会史料》,第226—231页。

第一誓：入洪门之后，洪家兄弟以忠孝为先，不可伤碍父母。倘有不法之人敢伤碍父母者，百日内死在五湖，骨沉海底而亡。查出打一百零八棍。

第二誓：入洪门之后，洪家兄弟不得恃强欺弱，争亲占戚，自古道天子犯法，与庶民同罪。若有不法之人敢争亲占戚者，死在五内崩裂而亡。查出打七十二棍。

第三誓：自入洪门之后，洪家几（兄）弟不得同场赌钱过注，莫得看见兄弟钱多而眼热。如有不法之人通外食内，过注输赢者，死在万刀之下而亡。查出打一百零八棍。

第四誓：入洪门之后，洪家兄弟闻出事来，有官差来捉拿，须当打救兄弟出关，不得阻挡。如有不法之人不肯救兄弟出关，以及阻挡者，五雷打死，拖尸而亡。查出打一百零八棍。

第五誓：入洪门之后，洪家兄弟不可贪图意外银钱，引食花红，透□人来掠兄弟。若有不法之人领食、引官差捉拿洪家兄弟者，死在刀箭之下而亡。查出洗身。

第六誓：入洪门之后，洪家兄弟不可恣辱洪门内之妻女，不可拐带兄弟之婢仆人口。如有不法之人奸淫兄弟之妻女，拐带婢仆人口者，死在江洋虫蛇食肉而亡。查出洗身。

第七誓：入洪门之后，洪家兄弟不可越份思想，做香主登台。五祖法律：五年为先锋，十年做香主。若有不法之人私开圩场，未至年期做香主、先锋者，死在五路分尸而亡。查出去顺风。

第八誓：入洪门之后，洪家兄弟不相争妓女美僮，兄有兄份，弟有弟份，不得混乱通奸。如有不正之人相争妓女少友，混乱奸淫兄弟者，死在吐血而亡。查出洗身。

第九誓：入洪门之后，洪家兄弟到来相探，须以礼相待，有粥食粥，有饭食（饭），不可弃嫌无菜，如有不正之人弃嫌兄弟，传说于人，臭自己兄弟名声者，死在万刀之下。查出打十八棍。

第十誓：入洪门之后，洪家兄弟不可谋害木立斗世香主，做戏不可自专。如有不法之人引猛风来捉香主先生，害众兄弟者，出门蛇咬虎伤而亡。查出洗身。

第十一誓：入洪门之后，洪家兄弟不（可）纸笔乱言，伤碍兄弟。若有不正之（人），纸笔乱言，伤碍弄散婚姻生理美事者，百日之内死在千刀万刃之下而亡。查出打七十二棍。

第十二誓：入洪门之后，洪家兄弟与自己同胞亲戚争斗，只可解劝，不可帮助亲戚打兄弟。如有不法之人扶助亲戚打洪门兄弟者，死在五雷打死，沉江钉海而亡。查出打一百零八棍。

第十三誓：入洪门之后，洪家兄弟犯（法）逃走到尔家中，须要打救出关过路。如有不法之人见兄弟犯难不肯相救，不应承兄弟者，死在乱刀分尸而亡。查出打百零八棍。

第十四誓：入洪门之后，洪家兄弟不可拐骗兄弟钱银物件，如有不法之人设骗兄弟钱银衣服物件不还者，死在万刀碎刈之下，虎咬蛇吞而亡，尸身不得周全。查出去顺风。

第十五誓：入洪门之后，洪家兄弟（如）有红白吉凶以及百年送终之事，倘家贫无费，须通知众兄弟相赠。如有不法之人不肯出钱相赠兄弟者，死在吐血而亡。查出打三十六棍。

第十六誓：入洪门之后，洪家兄弟有亡故以后，有妻子欲改嫁，若是我洪门内之兄弟不可承接。如有不法之人承娶亡兄故弟之妻者，死在五雷打死，火烧而亡。查出去顺风一双逐出。

第十七誓：入洪门之后，洪家兄弟看守□方田禾对象，不得私下盗窃。如有（不）法相争地方，私下盗窃，以及通外人来抢夺者，死在万刀之下，五路分尸而亡。查出去顺风。

第十八誓：入洪门之后，洪家兄弟未尝结拜之时，即有杀父兄之仇，今既入洪（门）之内，即是同胞手足一般。如有不法之人记念前仇旧怨不改却者，死在江洋大海，身尸不得周全。

第十九誓：入洪门之后，洪家兄弟犯难到尔家中取借路费，须当出力相赠。倘或家中无，便如衣服亦可持一半件与他当质作路费。如有不法之人不肯出者，死在街头路尾而亡。查出打三十六棍。

第二十誓：入洪门之后，洪家兄弟今晚结拜回家，不可私下借卖本底。洪门律法：父不传子，子不告父；兄不教弟，弟无教兄。如有不法之人私传、私借、私卖、私教者，蛇伤虎咬而亡。查出洗身。

第二十一誓：入洪门之后，洪家兄弟有外出（寄）托银信物件回家，到处之日，须即速交还兄弟之父母妻子收入。如有不法之人私下抽换对象，沉没银信者，死在洋海之中，骨肉四散而亡。查出去顺风。

第二十二誓：入洪门之后，洪家兄弟不可冒名假说兄弟有凶丧急难之事，藉名题派钱银。如有不法之人假冒、题派洪门兄弟钱银者，死在万刀之下，五路分尸而亡。查出去顺风。

第二十三誓：入洪门之后，洪家兄弟有借过兄弟之钱银衣服物件，有借（当）还。如有不法之人借后不思清还者，死在自吊而亡。查出打廿一棍。

第二十四誓：入洪门之后，洪家兄弟不得思想人多倚势惹祸，横行乱作，欺负软弱，狎人不愿。如有不法之人不思自己营生立业，横行乱做者，死在刀药而亡。查出打三十六棍。

第二十五誓：入洪门之后，洪家兄弟若（有）被外人、富强、大族欺负，务要通知众兄弟出力报仇。如有不法之人见兄弟被人欺负，不肯出力相救者，死在妇人之手而亡。查出打十八棍。

第二十六誓：入洪门之后，洪家兄弟不可向兄弟回说大话，花言巧语，说三道四，搬弄是非，致使兄弟不和。如有不法之人搬弄兄弟者，死在乱刀分尸而亡。查出打百零八重棍。

第二十七誓：入洪门之后，洪家兄弟凡两京十三省过州府，四海之内，皆兄弟也。到尔家中，须当以礼相接。如有不法之人不认兄弟，一月日内，死在七孔流血而亡。查出打七十二棍。

第二十八誓：入洪门之后，洪家兄弟不可三五成群闹事，连累众人。自古道：士农工商，各执一件。俟至反洢（引者注：此字为洪门自造字，来代替"清"字）复明之日，方可施展英雄。如有不法者，死在五脏崩烂而亡。查出打三十六棍。

第二十九誓：入洪门之后，洪家兄弟有两（京）十三省的书札到来招兵，须当即速通知大哥、四大头目。如有不法沉埋十三省往来书信者，死在乱刀碎刈分尸而亡。查出打百零八棍。

第三十誓：入洪门之后，洪家兄弟若有人先前尝做过引线，引官差执掠洪门兄弟，今欲来入洪门，当通知众兄弟掠来取治。如有不法之人私做情放走者，死在五路分尸而亡。查出打百零八棍。去顺风。

第三十一誓：入洪门之后，洪家兄弟外出生理，路途遥远，不知家中之事，倘有妻子与人通奸，须当通知兄弟捉拿。如有不法之人，见其事私做情，不□□□□□□，雷打火烧而亡。查出打百零八棍。

（第三十二誓）：（入洪门之后，洪）家兄弟有亡□□□□□□□□□人欺负田地□□□□□□□□□须当通知众兄弟与嫂侄，出头出力讨回物业。如不法之人不肯，不出力者，死在三叉路口而亡。查出打百零八棍。

第三十三誓：入洪门之后，洪家兄弟须知忠孝为先，不得忤逆父（母），仇恨兄弟。如有不法之人听信妻妾之言，忤逆父母，怨恨兄弟者，死在万刀分尸，万箭穿身而亡。查出打七十二棍。

第三十四誓：入洪门之后，洪家兄弟今晚结拜回家，须当立志忠义，天地神鬼皆知。如有不法之人，假心假诉，自悔盟誓，私下在神庙坛改愿者，雷打火烧分尸碎骨而亡。查出去顺风。

第三十五誓：入洪门之后，洪家兄弟须当忠信仁义为本。寄妻托子，当效古人桃园结（义），韩朋李昌国故事。如有不法之人奸心反骨，有头无尾者，死在七孔流血辖（疑为"瞎"之误）盲而亡。查出洗身。

第三十六誓：入洪门之后，洪家兄弟（今）晚当天盟誓，神佛共知，天地鉴察。自五祖开基起义，有此三十六誓为法律，须当顺听遵依。如不法之人假心表诉，他日做出不仁不义之事者，死在万刀分尸，永不得超生八轮。

从有罚规的《三十六誓》的具体内容来看，其36条规范，是以虚拟的血缘关系为基础，以"讲义气"为核心价值取向，围绕如何以"义气"为导向来处理会员与会员之间的关系来制定的。在会员与会员之间关系的处理上,主要要求如下:第一,在会员遇到困难时必须予以帮助,如"洪家兄弟闯出事来,有官差来捉拿,须当打救兄弟出关,不得阻挡";"洪家兄弟犯法逃走到尔家中,须要打救出关过路";"洪家兄弟如有红白吉凶,以及百年送终之事,倘家贫无费,须通知众兄弟相赠";"洪家兄弟犯难到尔家中,取错路费,须当出力相赠";"洪家兄弟若有被外人、富强、大族欺负,务要通知众兄弟出力报仇"。第二,不可侵犯会员的利益,如"兄弟不得同场赌钱过注,不得看见兄弟钱多而眼热";"洪家兄弟不可贪图意外银钱,引食花红,透串人来掠兄弟";"洪家兄弟与自己同胞亲戚争斗,只可解劝,不可帮助亲戚打兄弟";"洪家兄弟有借过兄弟之钱银衣服物件,有借当还";"洪家兄弟看守地方田禾对象,不得私下盗窃";"洪家兄弟,不可恣夺洪门内之妻女,拐带兄弟之婢仆人口"。第三,要求尊敬会员的妻子,不准奸淫会员的妻子,亦不得在会员亡故后承娶会员的遗孀。有学者研究统计,在洪门《三十六誓》中,共有30誓与"义气"有关;《二十一则》中,涉及"义气"的约14条,占全则三分之二;《十禁》中的10条禁则,基本都和"义气"有关;《十刑》中,属违犯"义气"处罚的几近十分之八;而《十八章律书》中,则有17章是"义气"的法律化。①

除了组织规范外,洪门扶贫济困之要求在其茶诗中也有充分体现。譬如:"木杨城内有乾坤,结义联盟一点洪,多蒙义兄来考问,莫把洪英作外人";"洪字写来无加减,义气兄弟莫绝情";"联盟兄弟本姓洪,四海和同共一宗,若有奸心无义子,动开宝剑实难容"等。②洪门扶贫济困之要求还体现于其香堂令词中,如《执法令》宣称:"自古英雄仁义大,扶困济危是洪家。"③《白旗令》亦称"扶危济困真豪杰,忘恩负义是小人"④。而诸如《盟证令》《贤牌令》《江口令》等香堂令词也极力向会员强调扶贫济困之要求。此外,该要求在洪门的其他诗歌中也有体现。如:

---

① 黄清根:《帮会与中国文化》,《江汉论坛》1994年第1期。
② 李子峰:《海底》,第282—288页。
③ 朱琳:《洪门志》,第154页。
④ 同上书,第156页。

"非亲有义须当敬,是友无情切勿交。"① "刺血同心结五人,当时出世在桃根。从今发誓无更改,胜过同胞骨肉亲。"② "洪门八字开,无钱莫进来。三八二十一,无钱亦食得。"③

而洪门在开香堂时,其入堂仪式与誓词一般都会体现出对"义气"的高度重视。洪门开香堂,都会烧"三把半香",一把是刘关张桃园结义的义气香,二把是羊角哀、左伯桃的生死香,三把是梁山兄弟的患难香,半把是瓦岗寨秦琼哭头香。这所谓的"三把半香",所要表达的核心精神就是"讲义气"。除了烧香外,洪门在举行入堂仪式时,还要宣读誓词,其誓词的内容除了要求入会者忠于组织外,主要强调的就是"讲义气"。以广西大洪山为例,其新加入者须当众朗读以下誓词:"我等效法桃园结义,生死与共,扶危救急,情同骨肉,义如兄弟,和衷互济,决无变节,如有反悔,洪法不容。"宣誓后,每人饮鸡血酒一口,以表忠心。④ 入会仪式,本来就具有强化团体成员凝聚力的作用,而入会誓词,在仪式的基础上,更能强化会党成员这种团体意识和"讲义气"的价值取向。

直至民国,洪门仍秉持扶贫济困之精神。抗战时期,上海洪门组织"五行山"的成员撤退到了武汉,他们"每逢星期四晚间举行聚会,借以联络互助,帮助逃难困难的哥弟们解决问题"⑤。贵州遵义的洪门"特别强调哥弟的互相帮助","凡是借贷、约会、斗殴都能出钱出力的,认为是好兄弟"。⑥ 江西的洪门也是"最重义气,有事彼此帮助。比如在庙里看戏,有在帮的人被人殴打,被打的人只要举起手来,做一个暗号,所有戏场里在帮的人,就会一齐蜂涌而来,帮着打,不使自己弟兄吃亏"。此外,江西洪门还"钱财看得轻,也算帮里的一种义气。谁有钱,谁就

---

① 李子峰:《海底》,第262页。
② 同上书,第265页。
③ 同上书,第280页。
④ 林好津:《我所知道的钦州洪帮》,《河北文史资料》编辑部编《近代中国帮会内幕》下卷,第141页。
⑤ 崔锡麟:《我所知道的清洪帮》,《河北文史资料》编辑部编《近代中国帮会内幕》上卷,第119页。
⑥ 李春银、运怀动、李祯祥:《遵义洪帮的演变与活动》,《河北文史资料》编辑部编《近代中国帮会内幕》下卷,第130页。

拿出来用。比如一个在帮的到一个新地方去，身上没钱，人生地不熟，怎么办呢？一种办法是，他只要在街上走路时，将手做暗号，假装头上或脸上痒，在头上、脸上抓两三下。同帮的人看见了就会走过来'对实'（对实是帮里的隐语，即查问明白、能够证实的意思），引见当地的大哥。另一种办法是，坐在茶馆里，做上暗号，把三个指头放在桌上，那两个指头做的圈圈，放在桌子旁边，这样也会有人过来'对实'。……见过大哥之后，不需要半天，这地方就会全晓得新来了一个同帮的，他的吃住都会有人招待。如果还要往别处去，还能送路费。还有在路途中遇到了'看财气'的（看财气是抢劫的隐语），这看财气的往往会在路边用石头摆一个阵图，如你在这阵图上加摆一个相对的阵图，不但不会被抢劫，还可以得着招待或路费"[1]。而四川泸州的袍哥，在"扶危济困方面，给没有职业的兄弟伙，介绍当学徒、店员、下苦力等工作以解决生活。如'清水帮'（茶馆业）成立了'清水和平会'，以安排本地、外地失业人员的工作，使他们度过生活危机"[2]。从上述事例来看，不论是上海洪门还是江西洪门，会员之间互帮互助的行为仍然遵守清朝时期所制定的有关规范，这表明，有清一代洪门所制定的有关扶贫济困之规范，在民国时期仍得到了较好传承，尽管其间多少有些是非不分之嫌疑。

青帮在处理内部成员之间的义利关系时，也秉持"义以为上""以义制利"的原则，宣称"吾道宗旨，信义为尊"，[3] 并和洪门一样，要求对帮内成员履行扶贫济困之义务。在青帮看来，"所谓道义者，能扶危，能济困，可互惠，可援助是也"[4]。其帮中口号是"义气团结，互帮互助，有饭大家吃，有衣大家穿，有福同享，有难同当"[5]。青帮成员在入帮伊始，就会被灌输扶贫济困之观念。青帮开香堂时所念开坛词告诉入帮者：

---

[1] 周寒僧口述，高启动整理：《我所知道的江西洪江会》，《河北文史资料》编辑部编《近代中国帮会内幕》下卷，第69—70页。
[2] 杨楚湘、陈吉林、朱花朝：《泸州袍哥》，《河北文史资料》编辑部编《近代中国帮会内幕》下卷，第352页。
[3] 卫大法师：《帮》，第9页。
[4] 陈国屏：《清门考原》，"自序"。
[5] 崔锡麟：《我所知道的清洪帮》，《河北文史资料》编辑部编《近代中国帮会内幕》上卷，第128页。

"上了粮船把道传,富贵贫贱皆一样,何分公侯伯子男,一进山门都姓潘。"并言"沾祖灵光走四方,千里不需柴米带,家里义气重如山"①。而压坛词也宣称:"家里义气传万秋,普门开放把人收。仁义道德天下走,五湖四海任君游。"② 在入帮仪式行将结束时,入帮者还须宣誓:"遵上恩下,实行家里之义气",并"昭告天地,质诸鬼神",愿遵守上述誓言。③ 此外,青帮还在帮规中告诫帮中之人:"世间第一好事莫如救难怜贫。人若不遭天祸,施舍能费几文,故济人不在大费己财,但以方便存心,残羹剩饭,亦可济人之饥,敝衣败絮,亦可救人之寒。"④ 要求帮中之人切记"三祖传留安清道,时行方便为紧要;义气千秋传万古,吃亏容让无穷妙"⑤。按照青帮帮规,徒弟穷困,师父须救济资助;师父有难,徒弟须救助供养;同帮弟兄,也必须互相救助。为显示对义气的重视,青帮还有一项特别规定,即"帮徒们若遇自己亲属被帮中人敲诈,应当站在同帮兄弟一边,或虚张声势以恫吓,或假充好人以劝解,直至达到目的,这样才叫'义气'"⑥。

对青帮成员而言,"清帮的最主要的秘密是'三帮九代',这是绝密的暗号,也是清帮中成员互相联系的暗号"。⑦ 青帮成员只要"记牢三帮九代,腰中不带柴和米,走遍天下有饭吃"⑧。因为"你如答得对上号,码头大哥便知道你是自己人,立刻会以礼相待,招待你食宿三天,临行还会送你路费到下一码头。这是在帮兄弟困难时跑码头混饭的重要法宝。所以在上大香堂时,师父在发给'三帮九代'时对徒弟们说:这是'终

---

① 陈国屏:《清门考原》,第 153 页。
② 同上书,第 193 页。
③ 卫大法师:《帮》,第 26 页。
④ 吴继荣:《近三百年来的清帮》,(台湾)大方文化事业公司出版(无出版时间),第 198 页。
⑤ 郭绪印:《清帮秘史》,第 78 页。
⑥ 吴雨、梁立成、王道智:《民国帮会面面观》,《河北文史资料》编辑部编《近代中国帮会内幕》上卷,第 17 页。
⑦ 崔锡麟:《我所知道的清洪帮》,《河北文史资料》编辑部编《近代中国帮会内幕》上卷,第 134 页。
⑧ 同上书,第 132 页。

身饭碗'"①。

青帮有关扶贫济困的规定,通常情况下都会得到遵守。清代的一份官方文件即曾记载,青帮"以先入者为长辈,次入者为幼辈。……辈不知若干人,均以口号字第为凭,随地联络。所至不携分文,可得居处饮食。遇事群起应之,口号所通,趋救立至,不必素相识也"②。民国时期亦然。1930年中原大战时,青帮"大"字辈首领刘长荣率军随傅作义与蒋介石大战,在山东汶上县傅军战败,北撤至汶河一带,遭到当地红枪会截击,不少部队被解决。但刘长荣所带一营,"因他有清帮关系,一露出帮内的秘密暗示,红枪会中的同帮即认为自家人,不仅不加阻害,并且筹助给养,沿途护送,因是得以安然北撤"。而刘长荣本人也颇愿意扶贫济困,"只要是对他有所请求,办到办不到,总是张罗去办","他家里经常有无职业的帮里人住闲,由营内顶个兵名字吃闲饭,甚至于作奸犯科的亡命徒,以清帮来找他,他也庇护"③。江苏镇江青帮首领向春亭也曾言,他靠青帮起家后,上门来求助的人日益增多。只要确认来求助者是"家里人",如果是"路过这里缺了盘川,就给买一张到达目的地的车、船票,再给十元八元的零花钱;有的是慕名来拜望结识,甚而带了别码头朋友的介绍信,这就须看来的身价,酌情招待一番,不可稍有吝啬;有的要求介绍职业,有的要求协助解决什么问题,都须看人看事,分别对待。而对外地来的,最低限度必须请吃一顿肴蹄蟹包的早茶,再派一名徒弟陪着逛逛金山、焦山,致送一二十元的川资;有的住两三天的,还需包销旅馆饮食。总之,既上了门,必须招待周到,使其满意而去"。就算是有人冒充"家里人",但只要不过分无赖下流,也就不揭穿他,还给点钱,不让其完全失望。④ 而绥远青帮,如果遇到帮中之人有婚

---

① 崔锡麟:《我所知道的清洪帮》,《河北文史资料》编辑部编《近代中国帮会内幕》上卷,第134页。
② 吴雨、梁立成、王道智:《民国帮会面面观》,《河北文史资料》编辑部编《近代中国帮会内幕》上卷,第17页。
③ 卢健飞、王明远、刘吉悌:《绥远清帮和伪蒙疆民生会》,《河北文史资料》编辑部编《近代中国帮会内幕》上卷,第500—501页。
④ 向春亭口述,杨方益整理:《我在清、洪两帮》,河北文史资料编辑部《近代中国帮会内幕》上卷,第106页。

丧之事，也是常常会得到帮内人的帮助，如身为青帮成员的大北旅社老板于化门和张子含都多张罗过。对失业者和无住处者，绥远青帮有时候也会想法办法予以解决，如作为青帮成员，陈建勋经常让帮内的人在其所开设的振大旅社住闲。①

值得一提的是，外出的青帮成员之所以会得到"家里人"的帮助，靠的就是前文所述的"三帮九代"。据王冶秋同志回忆，他因为工作需要在拜青帮"大"字辈首领张树声为师父后，"甚觉新鲜，很想试一试，检验一下是否灵验"。一次，他和赵力钧外出经过万县，就做了一次检验。他回忆道：②

> 一日，二人随冯（玉祥）先生外出经过万县，抽空出来选了一家酒馆，挑了一张靠窗户的桌子坐下，挂起"招牌"，各把一双筷子横在各自的酒杯前方。店小二见二人身着官服，又挂了招牌，知来头不小，趋上前来道："请二位老大稍等片刻，我去请当家的。"不一会，一位身穿黑色绸缎长袍的中年人走近桌旁，正襟躬身道："敢问二位老大在门槛没有？"（即是否在帮）按规矩，二人起身离座，正襟躬身应答道："不敢，沾祖师爷的灵光。"（即在帮之意）那人接着问道："贵前人是哪一位？"（这是在探明"海底"，前人即师父）王冶秋答道："不敢。在家，子不敢言父；在外，徒不敢言师。敝家师姓张，名上树，下声。"（徒弟说师父名讳，须分三次说出）"声"字尚未说完，只见那人纳头便拜，口中不停念道："小人有眼无珠，有眼无珠。"弄得二人有些不好意思，便将他拉起，说道："老板不要客气，我们只是路过此地，请弄些新鲜酒菜，吃完还要赶路。"那人坚持把二人让进雅间，说道："今日前辈光临敝店，晚辈三生有幸，定要敬前辈几杯。"于是一番吩咐安排，并进屋抱出一坛陈年老酒。三人谈天说地，交杯换盏，好不痛快！经过这次"实践"，王冶

---

① 卢健飞、王明远、刘吉悌：《绥远清帮和伪蒙疆民生会》，《河北文史资料》编辑部编《近代中国帮会内幕》上卷，第497页。

② 王可：《王冶秋与青帮头子张树声》，《文史春秋》2006年第4期。

秋对青帮有了新的认识,对张树声的影响力有了切身感受。

从王冶秋同志的回忆可以看出,青帮所谓的"三帮九代",的确可以帮助青帮成员们解决外出所遇到的困难。当然,能否像崔锡麟所说的那样,成为"终身饭碗",似乎还有待进一步观察。因为青帮扶贫济困的规定要得到贯彻,是要受制于一定的条件的。也就是说,不是任何青帮成员都有条件来扶贫济困的。正如绥远青帮卢健飞等人所言,要扶贫济困,"必须帮内那些有头脸的人去提倡,才能办到,一般地想这样做是不容易的。特别是外来的帮内人,更必须找到这样有头脸的人,才有可能得到帮助。如果只是向一般的帮内人露出暗示,也无济于事(虽有的穷朋友互相同情,但多有心无力),甚至有的故意不认"①。卢健飞等人所谓的"有头脸的人",就是有一定经济实力的人,这意味着,近代会党义气观的贯彻实施,必须以一定的物质基础作保证,否则只能是画饼充饥。如前述的刘长荣,经济条件不好时,对帮内人的帮助很有限,发达之后,他"对帮内的徒子徒孙们,也就显示着比别人有'家里义气'了"。他的徒弟张占鳌开照相馆本钱少,他给张凑借。徒孙李双顺想买一辆人力车没有钱,他帮助买。隔帮徒孙韩令文所开澡堂失火,无力重修,他也给筹借。"至于对其他帮内帮丧助婚赠旅费的事,还不少,只要找到他面前,总要多少想点法。"②

从上述我们可知,近代会党在践行义气价值观时,有时候是遵照社会主流的"义"的观念,如帮助婚丧之事,但有时候为了"义气",可以不分是非,不顾合法非法,甚至是六亲不认。这种做法,虽然较好地向成员们展示了会党组织团结互助的义气观,但却是以牺牲亲情、人性、正义为巨大代价的。例如,民国时期青帮,除了前述的"帮徒们若遇自己亲属被帮中人敲诈,应当站在同帮兄弟一边,或虚张声势以恫吓,或假充好人以劝解,直至达到目的"这一规定导致其成员为了"义气"而

---

① 卢健飞、王明远、刘吉悌:《绥远清帮和伪蒙疆民生会》,《河北文史资料》编辑部编《近代中国帮会内幕》上卷,第497页。

② 同上书,第502—503页。

牺牲了亲情外,还在开香堂收徒时,订有另一条帮规:遇到要案不能解决时,秉承义气原则,要做到"朋友能替生和死"。该规定同样导致了成员不得不付出牺牲亲情、人性、正义的巨大代价。下面一个案例就充分证明了此点。据载,安徽南陵县青帮"大"字辈张荣的徒孙阮益丰有一次误抢了驻泾县的六县专员公署一批物资,结果被已为青帮成员的专署刑警队队长倪建虹捕获。倪得知阮为张荣徒孙后,遂派人告知了张荣,张即指派一名为赵光玉的青帮成员去顶替。赵无家眷,只与老母相依为命,虽不愿去顶替,但无奈帮规约束,最后只好去顶罪了,终被处死,其老母也活活饿死街头。① 由此可见,近代会党所谓的义气观,与儒家倡导的"义"不尽一致。儒家认为,"义者,宜也"(《中庸》),"义,人之正路也"(《孟子·离娄上》),也即是说,人的行为应该遵循正当、适宜之原则,而近代会党所强调的"义气",显然不尽符合这一原则,且如果长此以往,姑且不论其是否有碍"亲亲""孝悌"等儒家家庭伦理,即便人所应该具有的"羞恶之心"也将丧失殆尽,而在儒家看来,"羞恶之心"恰恰是人类正义的一个基本来源。② 由此观之,青帮等近代会党的所谓"义气",有时候对人类正义的实现是有妨碍作用的。

二 近代会党扶贫济困义气观的功能

扶贫济困的义气观,对于会党组织而言,具有诸多功能,包括吸引众多民众加入会党从而不断壮大组织、解决组织成员的实际生活困难、加强组织凝聚力等。

(一)从会党与民众互动的角度看,扶贫济困的义气观,有助于吸引众多民众加入会党从而不断壮大会党组织、解决会党组织成员的实际生活困难

以洪门而言,早在乾隆年间天地会初创之际,人们"要入这会的缘故,原为有婚姻丧葬事情,可以资助钱财;与人打架,可以相帮出力;

---

① 李方:《嚣张一时的南陵清帮》,《河北文史资料》编辑部编《近代中国帮会内幕》下卷,第590—591页。

② 蒙培元:《略谈儒家的正义观》,《孔子研究》2011年第1期。

若遇抢劫，一闻同教暗号，便不相犯；将来传教与人，又可得人酬谢，所以愿入这会者甚多"①。道光时期，加入天地会的人进一步增多，究其原因，多是只要加入了天地会，"虽素不谋面，一闻口号，即呼为兄弟，钱财可通，患难以共，假托义气，故愚民多堕其局中"，甚至"吏役兵丁，半皆羽翼"。"似此潜滋暗长，无巢穴之区，而都市邑廛皆其布散之所；无啸聚之众，而兵民胥役皆其心腹之人。"② 到了近代，扶贫济困的义气观依然成为会党吸引众多民众的一个重要原因。道光二十九年（1849）十月，湖南新宁县李沅发组建了把子会，③ 响应者众，连县中胥吏皂隶都参与其间。把子会之所以有如此多的人参加，主要原因是该年五月，新宁县境"雨水过多，谷价昂贵，富户不肯发卖，本县并不劝谕减价，又不开仓平粜，绅士只把宾兴义谷出借，为数不多，八月收获后，又勒索重利，贫民无力偿还"，④ 民众生活因此陷入绝境。李沅发在民不聊生之际，以"劫富济贫"名义创建"把子会"，正好满足了民众借集体之力来摆脱困境的愿望。换言之，民众加入把子会，就是因为该组织能扶贫济困。咸丰元年（1851），福建漳州、泉州的小刀会声言"入会则上至省城下至广东，皆有资粮相助，免至乏食。不数日间，入会者已近数万人"⑤。而清廷在上谕中也明确指出，福建省"向有红钱、闹公、小刀、江湖等会，首伙积匪不过数人，余皆随声附和：或族姓孤单虑遭欺侮，

---

① 《大学士和珅奏呈严烟供词并请敕福建等省总督查缉天地会创始人片》，乾隆五十三年六月十六日，台湾档，中国人民大学清史研究所、中国第一历史档案馆合编《天地会》第1册，第111页。

② 《湖广道监察御史冯赞勋奏请缉拿广东等省会党折》，道光十一年五月初四日，军录，中国人民大学清史研究所、中国第一历史档案馆合编《天地会》第6册，第519页。

③ 对于把子会的认知，学术界目前还有争议，有学者认为该会是天地会与民间宗教青莲教融合的产物，不能算作会党类属。但广西师范大学历史系教授马冠武等认为，从组织宗旨和行为等方面来看，把子会就是天地会。参见马冠武《论雷再浩李沅发起义》，《广西民族学院学报》（哲学社会科学版）2002年第2期。

④ 裕泰：《将把子会首领李沅发解京讯办》，道光三十年五月二十九日，黎青《清代秘密结社档案辑印》第9册，言实出版社1999年版，第3161页。

⑤ 陈庆镛：《请旨严饬地方官迅速查办漳泉各处小刀会》，咸丰元年正月二十六日，黎青《清代秘密结社档案辑印》第9册，第3189页。

或善良富户希冀保全，畏祸入党，并非甘心从贼。乡愚无知，实堪悯恻"①。在广东，咸丰四年（1854）六月一份关于何六等人于东莞石龙镇起事的奏报表明，民众会因贫富不同而对天地会持截然相反的态度："自去年十月起至本年三、四月间，不但良歹多有入会，其不入会者，只系绅士富户及大生理铺户人等，其余多被协（胁）从。因会中人众，若不暂入，往来甚为不便。"②从该奏报可以看出，不愿加入天地会的都是"绅士富户及大生理铺户人等"，这些人基本上不存在生计问题，所以他们无须借助天地会之力来缓解生存压力；而贫者则不然，他们冒着受法律严惩的极大风险加入天地会，绝对不仅仅是为了解决往来方便的问题，贫困的经济处境才是其主要动因。换言之，加入天地会有助于解决紧迫的生计问题。这使东莞天地会的影响辐射到了邻县，增城"城厢内外居民，暗往石龙投贼者，不知凡几，绅耆既不约束，县营亦若罔闻。……乃既不查拿，并无示谕，贼党恃以不恐，愚民趋之若狂"③。而香山县林谦的记载进一步印证了天地会扶贫济困的说教与价值取向对普通民众的强大吸引力。"近日匪徒以邪说惑众，倡立亚妈、舅父、红棍、掌扇、草鞋等名色，背弃君亲，充塞仁义，数月之间，从之者如水之溃下，不可遏止。人心糊涂，莫甚于此。市井一二无赖，藉有伙党以为豪……小民一朝拜会，其体面甚于中状元。"④

曾国藩曾针对士兵大量加入哥老会的现象，指出："近年以来，各营相习成风，互为羽翼，抗官哗饷"，皆由于"营官于勇之饥寒困苦漠不关心"。⑤

---

① 《内阁明发着王懿德饬属迅速歼擒小刀会首要各犯、胁从者悉予免罪上谕》，咸丰三年五月初八日，上海师范大学历史系中国近代史研究室、中国第一历史档案馆编辑部编《福建上海小刀会档案史料汇编》，福建人民出版社1993年版，第137页。

② 《何六等石龙起事缘由》，广东文史馆、中山大学历史系合编《广东洪兵起义史料》（上册），广东人民出版社1996年版，第214页。

③ 《增城团练节略》，广东文史馆、中山大学历史系合编《广东洪兵起义史料》（上册），第218页。

④ 林谦：《林谦遗稿》，广东文史馆、中山大学历史系合编《广东洪兵起义史料》（中册），广东人民出版社1996年版，第889—890页。

⑤ 李瀚章编撰，李鸿章校刊：《曾文正公全集》第4册，《曾文正公批牍》卷三，中国书店2011年版，第305页。

并言"哥老会人数极多",其间"恶人固多,好人亦复不少"。① 曾国藩此言表明,士兵加入哥老会,主要是为借哥老会之力来解饥寒之苦。对此,曾国藩更曾直言:"此辈非尽甘心为匪之人,大约初入会之时,有两种议论最为诱人:一曰在营会聚之时,打仗则互相救援,有事则免受人欺。一曰出营离散之后,贫困而遇同会,可周衣食;孤行而遇同会,可免抢劫;因此同心入会。"② 薛福成亦言:"窃查哥老会名目,始起于四川,而流行于湖广。厥后湖南营勇立功最多,旋募旋撤,不下数十万人。而哥老会之风,亦遂于湖南为独炽。其初立会之意,只在互相救援,互济贫乏而已。迨入会者众,不免恃势滋事。"③ 无独有偶,王闿运在《湘军志》中也言及:"哥老会本起四川,游民相结为兄弟,约缓急必相助。军光,而鲍超营中多四川人,相效为之,湘军亦多有。"④ 王闿运言语虽短,却包含了丰富的信息:其一,哥老会发源于四川;其二,湘军中的哥老会是由鲍超营中的四川人所传;其三,哥老会能在湘军广为传播,是因为哥老会能"缓急必相助",使长期在外作战的湘军士兵们在危难处境中有所依靠。清末的资产阶级革命派也对洪门扶贫济困义气观及其功能予以了评价。著名的资产阶级革命派代表人物刘揆一在评论哥老会时,认为"其执法好义,多可赞叹"⑤。

在海外,三合会"不但以倾覆满政府为宗旨,又有贫病死丧、互相援助之义。其会员之友情,不仅在生时,并及于死后,遇无近亲经纪其死丧者,诸友即代营其葬仪,送还其遗骸,虽骨已腐朽,犹不忘还之中土,以是侨民钦其义,入会者益多"⑥。如美国华侨,经常会受到美国流氓、官员、警探等人的欺凌,于是"为了生存自卫,为了互助互济,为

---

① 李瀚章编撰,李鸿章校刊:《曾文正公全集》第7册,《曾文正公书札》卷31,中国书店2011年版,第124页。
② 同上。
③ 丁凤麟、王欣之编:《薛福成选集》,上海人民出版社1987年版,第395页。
④ 王闿运:《湘军志》(一),岳麓书社1983年版,第18页。
⑤ 刘揆一:《黄兴传记》,饶怀民《刘揆一集》,湖南人民出版社2008年版,第139页。
⑥ [日]平山周:《中国秘密社会史》,第29页。

了举办文教、福利,许多堂口因而纷纷成立",最后竟达几十个之多。①故此,孙中山在论述天地会时指出:"其固结团体,以博爱施之,使彼手足相顾,患难相扶,此最合江湖旅客、无家游子之需要也。"②

其他会党也同样因为其扶贫济困的义气观而吸引民众加入其间。如道光二十四年(1844),广东揭阳县黄悟空组建双刀会,"扬言入会者不抽租,不劫杀,愚民为所惑,趋之如鹜"③。咸丰十年(1860)前后,浙江诸暨出现了一个名为莲蓬党的会党组织,其创始人为何文庆,该人为"知外科医,善拳勇,结引不逞及新、嵊、台流亡,以办团为名,曰莲蓬党,给镴牌为符,故众称镴牌党。置刑具,设狴犴,听断诉讼。以其能扶贫穷,植巽懦,归之者数千人"④。

光宣年间,扶贫济困的义气观仍是吸引广大民众加入会党的重要原因。同治年间,左宗棠率领湘军进入新疆,哥老会也随之进入新疆,并在光绪年间得到很快的发展。据载,"湘军进疆后,凡所到之地,皆有哥老会之组织,起初仅为湘军中之官兵,嗣后逐渐传入当地绿营官兵,又由军界传入政界,以后工、农、商、学界以及无业游民、地痞流氓之中皆有哥老会之组织"⑤。而哥老会在新疆之所以会广为传播,是因为那些入疆之人身处塞外"无所凭藉以生存,因而多结成兄弟以自卫,及至哥老会党传播新疆后,咸以会党乃忠义集团的结合,与之联络或加入不仅获得生命财产的保障和安全"⑥,"且以其秘密团结,注重义气,实行互助,失业群众更是趋之若鹜。"⑦光绪二年(1876),《申报》报道称,左宗棠在调查福建提督被兵勇所杀事件时,竟然发觉兵勇"大半皆系哥老

---

① 司徒丙鹤:《司徒美堂与美洲洪门致公堂》,《河北文史资料》编辑部编《近代中国帮会内幕》下卷,第158—159页。

② 孙中山:《孙中山选集》,人民出版社1956年版,第195页。

③ 民国《潮州志·大事志》,第34页。

④ 《诸暨六十年掌故》,转引自周育民《太平天国时期秘密会党研究的几个问题》,《历史教学》1988年第10期。

⑤ 中国人民政治协商会议全国委员会文史资料研究委员会编:《辛亥革命回忆录》第五集,文史资料出版社1981年版,第510页。

⑥ 张大军:《新疆风暴七十年》第一册,(台湾)兰溪出版社1980年版,第115—116页。

⑦ 曾问吾:《中国经营西域史》,新疆地方志总编室,1986年,第548页。

会中之人，不与会者寥寥无几"。究其原因，是因为士兵们加入哥老会后，"在营充勇之时，彼此相顾，如同兄弟，患难同当，安乐共享，及至裁撤之后，不能归田务农回里安分者，有此与会凭据可以周流各省，即遇素不相识之人，彼此暗号既同，便行招往公所供给日用，饮助川贵。又往他处，若遇不在会中之人欺侮者，亲往诣于与会之人，即可代为设法报复。故一与此会，得有凭据，即可如此，是以营中之人未有不愿与此会者也"。总之，"自各省肃清，各营裁撤之后，此等之人到处皆有。在彼等乡愚无知，不过求其游历各处，能如游方诸僧，可以到处挂单，到处募化而已"①。

光绪元年（1875），刘坤一在其发布的《哥老会匪及早改悔示》中称，哥老会到处散票诱人入会，"谓有此票则到处酒食有资，无此票则自家资财不保。江湖流荡之辈固趋附不违，市镇负贩之徒亦相从而靡"②。作为资深的湘军将领，刘坤一对湘军的情况可谓了如指掌，因此其上述所言，也正好印证了左宗棠所言并非虚言。而光绪二年（1876）《申报》所登载的另外一篇报道的观点与左宗棠的观点惊人一致，认为士兵们愿意加入哥老会，就是因为加入哥老会后，"在营之日，同心合力，甘苦相共；出营之后，可以到处周流，有人照顾，不至为会外人欺侮"。③ 光绪三年（1877），李鸿章为哥老会煽动营勇滋事，上奏朝廷称"淮军勇丁向因稽查严密，尚无入会情弊"，但担忧"近年淮军各营饷源枯竭，每岁仅能发饷，九关弁勇苦累实深。盛军驻防津沽附近地面，操练既勤又累，岁修筑新城炮台各巨工，继以开河屯田，终年不少休息，筋力过劳，口粮又少，故会匪易于煽惑"④。李鸿章此言显然有为自己减轻责任的意思，但同时又不得不承认哥老会"以同财结义为名，入会者各给寸布为记，

---

① 《论哥老会》，《申报》光绪二年七月初四日，第1页。
② 《哥老会匪及早改悔示》，光绪元年（缺具体日期），欧阳辅之编《刘忠诚公遗集》卷2《公牍》，沈云龙主编《近代中国史料丛刊》第26辑，（台湾）文海出版社1968年影印本，第5351页。
③ 《论近日会匪邪术各事》，《申报》光绪二年七月十四日，第1页。
④ 《直隶总督李鸿章为报哥老会编动营勇滋事已经剿平事奏折》，光绪三年正月十六日，《历史档案》1998年第3期。

间有混入营伍者",①这恰好证明了哥老会"同财结义"精神在淮军士兵们处境艰难的情况下,对他们有着较大吸引力。光绪十九年(1893)广西巡抚张联桂上奏称,咸同之后,会党在广西逐渐复兴并不断发展,"究其所由,只因军兴以后,游民散勇无地无之,若辈平日既无恒业,衣食靡所取资,狼性难驯,困而思逞,或持斋诵经,或拜会结盟,粤之会匪,大都类是"②。张联桂此言表明,那些身处贫困之境的民众之所以铤而走险,加入会党,就是因为会党能扶贫济困,助其摆脱困境。哥老会能在僻处西北的新疆传播,也是因为这个原因。宣统二年(1910),湖广总督瑞澂、湖南巡抚杨文鼎联名上奏称,清末的湖南已"为会匪之渊薮",究其根由,是因为"值连年饥馑之余,穷民生计日艰,裹胁最易"③。瑞、杨之奏折进一步表明,民众之所以加入会党,就是因为会党能助其摆脱困境。江西的情况也大体如此。"江西界连六省,会匪常出没其间,以卖票为敛钱,以甘言为诱惑,乡愚利其所费无几,买票一张,既可以保身家,又可以到处吃饭,趋之若鹜,深信不疑,虽文告频频,终莫能解其惑。"④

哥老会这种扶贫济困的义气观一直得到传承。民初,甘肃武威等地方的老吆会(哥老会的变称)为吸引民众加入,大肆传播哥老会"同患难,共生死,扶老济贫,疏财仗义,为民除害,若加入了老吆会,就一视同仁,兄弟相称"。在此宣传鼓励下,"一时参加的有保镖的、保庄院的、耍拳的、站衙门的,特别是营伍中的帮会活动为最盛"⑤。河南亦是如此。"清末和民国年间,不少常出外活动的人加入洪帮,是为了赖以作

---

① 《直隶总督李鸿章为报哥老会煽动营勇滋事已经剿平事奏折》,光绪三年正月十六日,《历史档案》1998年第3期。

② 《广西巡抚张联桂筹剿会匪折》,光绪十九年正月初六日,庾裕良、陈仁华《广西会党资料汇编》,第367页。

③ 《宣统二年七月中国大事记》,《东方杂志》第7年第8期,宣统二年八月二十五日发行。

④ 《江西巡抚吴重憙奏拿办都昌会党缘由片》,光绪三十二年九月十六日,军录,中国第一历史档案馆、北京师范大学历史系《辛亥革命前十年间民变档案史料》(上册),中华书局1985年版,第314页。

⑤ 张百川:《洪帮在武威》,《河北文史资料》编辑部辑《近代中国帮会内幕》下卷,第114页。

保护，免去被抢劫、欺压之祸。"如在外地受困时，只要"以暗语通气接头，可受到当地洪帮组织的帮助"。① 在四川，袍哥成员如流落在外，生活没有着落或缺乏旅资，只要拿出名片，在当地找到自己公口的本字号（仁字找仁字、义字找义字）的红旗管事，请求周济，就会得到当地公口的帮助。如遇招待不周，接济不当，或者受到轻视，当事人回去后将情况反映上去，以后该公口就会被同样对待。即便袍哥成员因为犯罪逃亡，请求帮助，当地公口即便知道求助者是逃犯，甚至是杀人犯，也不能拒绝帮助，而会照样提供旅资，并派人护送出境，否则，"以后这个公口的兄弟伙，甚至这个码头的各公口的兄弟伙，都会同样受到轻视、嘲笑、白眼，从此这个码头就红不起来"②。此外，在遇到天灾人祸或寒冬年节，袍哥都会以钱财衣服粮食，救济那些贫穷孤寡、老弱病残，助他们度过灾荒。③

青帮正如前说述，"以师生为父子之义，一系相传，大受无知识界中一般无亲无友无依无归分子之欢迎，爱之如珍宝，藉之为护符，不独可结许多亲友，而又得潜伏势力相助。故人都乐于进帮"。④ 不仅如此，那些上流社会的人也因为青帮可以保护自己或得到青帮势力相助而自愿加入青帮。袁克文就是个极好的例子。袁克文作为袁世凯二子，因为反对袁世凯称帝而对其兄袁克定将来继承皇位不利，故遭到了其兄的威胁，连袁世凯都无法保证其人身安全。后在袁世凯的帮助下，袁克文逃到了上海，拜青帮"礼"字辈的张善亭为师，成了青帮"大"字辈人物，使袁克定对其无可奈何。⑤ 青帮对成员的保护能力之强由此可见一斑。正因为如此，所以不少有身份有地位的人都愿意加入青帮。上海大和轮船公司的买办朱筱竹经过开香堂、拉台子（请客）的礼节，拜了"大"字辈的张仁奎为师父。朱向他人解释他加入青帮的原因时称，"像我这样吃水

---

① 周声远：《我所知道的帮会情况》，《河北文史资料》编辑部编《近代中国帮会内幕》上卷，第210页。
② 蔡墩：《话说哥老会》，《河北文史资料》编辑部编《近代中国帮会内幕》下卷，第254页。
③ 同上书，第246页。
④ 陈国屏：《清门考原》，"自序"。
⑤ 陈惕敏：《我的老师袁寒云》，中国人民政治协商会议上海市委员会文史资料工作委员会编《旧上海的帮会》，上海人民出版社1986年版，第117页。

上饭的人，三教九流，无所不有，没有张老太爷的牌头，就玩不成了"。加入青帮后，就可以得到"老头子的游扬和同门的帮助"。像朱筱竹这样希望得到青帮庇护或帮助而拜张仁奎为师的商人尚有不少，包括商行银行兼办的大业公司总经理李桐村，上海银行分行经理徐尔康，上海电话公司总工程师华某，中国旅行社总经理陈香涛，胶济铁路管理委员会委员长葛光庭等。此外，还有一些政府官员也拜在张仁奎门下，包括中央造币厂厂长韦敬周，江苏印花烟酒税局局长盛昇颐，苏北海门警察局局长陈楚均，以及朱绍良、蒋鼎文等。就连军阀韩复榘也经葛光庭介绍，拜张仁奎为师。① 有人对张仁奎所办仁社社员的入社目的作了分析，认为有五种目的，"一如陈光甫、李桐村，喜欢玩弄女性，有了张仁奎的后盾，就不怕流氓敲竹杠；二如朱筱竹、陈香涛，吃的是江湖饭，有了张仁奎的靠山，跑码头可以吃得开；三如蒋鼎文、朱绍良、韩复榘，继承了张仁奎的衣钵，可以借帮会为号召，加强他们的势力；四如钱新之、韦敬周，扯了张仁奎的旗号，可以得到安全保障；五如张竹平、葛福田，有了张仁奎的关系，可以多轧几个有钱有势的朋友，在业务上得到便利"②。有权有势者尚有求于青帮，普通百姓就更容易被青帮扶贫济困的义气观所吸引了。

　　加入会党，的确有助于解决一些具体的生活困难。在大中城市，加入会党有助于找到工作。以上海为例。在上海诸多码头，"如果不是青帮的人，绝对不可能加入同伙一起在码头干活"③。纺织业、洗浴、演艺等行业也是如此，如果没有青帮的关系，很难在这些行业找到工作或立足，所以纱厂"男工十之七八都参加了青红帮，拜有老头子"。④ 周信芳等不少演艺界艺人为在上海立足、维持生计，也被迫加入了青帮。⑤ 对此现

---

　　① 洪维清：《张仁奎与仁社》，中国人民政治协商会议上海市委员会文史资料工作委员会编《旧上海的帮会》，第111—112页。
　　② 同上书，第114页。
　　③ ［日］末光高义：《支那的秘密结社和慈善结社》，伪满洲评论社1931年版，第25页。
　　④ 朱邦兴、胡林阁、徐声合编：《上海产业与上海职工》，上海人民出版社1984年版，第122页。
　　⑤ 程锡文口述，杨展成整理：《我当黄金荣管家的见闻》，中国人民政治协商会议上海市委员会文史资料工作委员会编《旧上海的帮会》，第148页。

象，包惠僧曾慨叹："在上海各工厂、工场、码头、公共场所，以及任何一个角落里都有青帮、红（洪）帮的组织活动，尤其是青帮，是上海的地头蛇，大而言之如公司企业、工厂工场，小而言之如里弄摊贩，如果没有青帮的关系，必然动辄得咎，一事无成。"① 长期在上海从事工人运动的李启汉亦曾言："工头多半是在青帮……工人们有几个不在青帮呢？"②

除了上海，青帮在不少地方也拥有较大影响力。如在天津，青帮的势力不小。1926 年率部击败冯玉祥的国民军，被任命为直隶军务督办兼直隶省长的褚玉璞，属于青帮"通"字辈，试图组建清一色的青帮政府，凡是不在青帮的，一概不用。有一批人为了在褚玉璞处谋得一份差事，不得不急忙拜在袁克文门下。③

在海外，如果不加入洪门，亦很难找工作。马超俊即曾回忆称，其到达旧金山后，"进厂三月，去拜访致公堂领袖——即洪门大哥——黄三德先生。黄是我们的同乡，在美国华侨，黄为大姓，他邀我去，我不能不去，不去就没有路子可走，也根本不能找到工作。时势所迫，遂加入致公堂组织"。④

不过必须指出的是，会党帮助一些社会成员找到工作并非完全符合儒家所言的"义"，因为在儒家看来，"道义价值作为善，是以道德原则理想、理性、精神境界、人格尊严等等表现出来的，它们集中、深刻地表现出人性中自主性、自制性、自觉性、意志等主体品格"⑤。而不少人加入会党，并非出于自主、自觉、自愿，而是出于对会党所拥有的暴力的恐惧，是被迫的，如周信芳等演艺界人士就是如此，不少工厂工人也是如此。陈独秀曾言："上海社会是哪一种人最有势力？从表面上看来，政治的经济的大权不用说都在西洋人手里，但社会底里面却不尽然。大

---

① 包惠僧：《包惠僧回忆录》，人民出版社 1983 年版，第 88 页。
② 陈卫民：《解放前的帮会与上海工人运动》，《史林》1993 年第 2 期。
③ 陈惕敏：《我的老师袁寒云》，中国人民政治协商会议上海市委员会文史资料工作委员会编《旧上海的帮会》，第 120 页。
④ 郭廷以、王聿均编：《马超俊、傅秉常口述自传》，第 7 页。
⑤ 张奇伟：《儒家"义利之辨"的实质和现实意义》，《求索》1996 年第 3 期。

部分工厂劳动者,全部搬运夫,大部分巡捕,全部包打听,这一大批活动力很强的市民都在青帮支配之下。……他们的组织,上海没有别的团体能比他大,他们老头子的命令之效力强过工部局。他们所做的罪恶实在不少,上海底秩序安宁可以说操在他们的手里。"①

在农村,会党也能为民众解决某些困难。例如,1929年浙南地区发生了严重灾荒,由此导致1930年龙泉县一带粮食紧张,米店缺货,地主豪绅乘机囤积居奇,全县出现粮荒,不少的贫苦农民生存极其艰难。当地青帮组织立刻出面,号召饥民起来暴动,民众纷纷响应,一场由青帮发动并以青帮会众为主要成员的武装暴动因此而在浙南地区爆发。② 而在海外,在加入洪门后,"华侨由于取得团体的保护,才能在小城市开业谋生;而失业饿饭,生老病死,送骸骨归国,也得到团体的救济扶持"③。

到了民国中后期,"扶贫济困"的义气观仍是吸引人们加入会党的重要因素。"五圣山"是1923年4月成立于上海的一个洪门组织,1946年,该组织决定在杭州开设一个码头。为吸引人们加入,杭州五圣山码头极力宣传"咱们洪门弟兄讲仁讲义,互爱互助,遇难而破,遇急而解,走遍天下,都是咱们洪门弟兄……"一年之中,就吸收会员达六七千人之多,甚至一些军政官员也加入其间。④ 在甘肃,"九·一八"事变后由朱绍良主政,苛捐杂税繁多,再加上此前几年全省遭遇大灾,"使人民没有喘息的机会,尤其遭大灾后的甘肃人民,真是火上泼油,灾上加灾,无法生活,许多人把希望寄托在帮会身上。社会各界,不少人都参加到帮会中来了,尤其各机关小职员和大部分小学教员以及农民群众,大都参加了帮会"。甘肃"帮会在全省各地的力量,由民国二十年(1931)至三

---

① 陈独秀:《独秀文存》,安徽人民出版社1987年版,第597页。
② 张敏卿:《从青帮到红军——浙南青帮组织的历史变迁》,《兰台世界》2005年第4期。
③ 司徒丙鹤:《司徒美堂与美洲洪门致公堂》,《河北文史资料》编辑部编《近代中国帮会内幕》下卷,第159页。
④ 蒋成言:《洪门在浙江》,《河北文史资料》编辑部编《近代中国帮会内幕》下卷,第52—53页。

十年（1941）新参加帮会的，在农村中，农民约占 10% 以上；在工人中间，尤其是在交通工人中，如司机、公路、铁路及其他工厂的工人加入帮会约占 30%；商界中约占 20% 以上，尤其是行商和车轮商，各地的非农非商和军政教育各界约占 10% 以上；乡镇长和保安团队官兵约占 30% 以上；对以往乡村和大山深林中旧有的帮会没有计算在内，这些地方以往政府政令不及，他们唯一的保障就是帮会，男女都是帮会分子，陇东陇南大山深林中都有"[1]。甘肃哥老会中华山山主闵铸九这段回忆，虽不一定完全真实，却也大致能反映出 20 世纪 30 年代甘肃不少民众为了寻求帮助、摆脱困苦处境而纷纷加入会党。

江西萍乡的情况和甘肃有类似之处。"萍乡地区参加清、洪帮的人数众多，帮会的触角伸向社会的各个阶层，各个角落，上至地方上的党政要人，下至工、农、兵、学、商各界人士，有的县长、区长、乡长、保长、商会长、县参议员、政府官吏、乡绅伪军、封建把头、戏剧科技人员、富户殷商子弟、刑警稽查、乡丁保丁、赌徒、烟毒贩子、妓院、戏院和饭店老板、星相医卜、船民脚夫、流氓打手，甚至正当商人、肩贩、教师、工人等，有的也参加了清、洪帮会组织。"他们参加清、洪帮的动机和原因不一，其中包括以下几个原因：一是"怕受欺侮，怕敲竹杠，寻找靠山，保障自己的切身利益"；二是"借重帮会牌头，希望多交几个有钱有势的朋友，以便在工作上有人帮着说话，业务上得到便利，生活上互相帮助"；三是"当时社会上流传着所谓参加帮会的'好处'，什么'义气千秋'，'千里不要柴和米，万里不要点灯油'，'帮丧助婚，济困扶危'，'行要让路，坐要让位'等等。许多人为了保产、保家、保自身"，因此参加了会党。[2]

四川民众加入袍哥会的也非常多。燕京大学社会学家廖泰初 1947 年发表的一篇英文论文认为，四川成年男性 70% 以上是这个组织的成员。而据 1949 年《四川帮会调查》和 1950 年《重庆帮会调查》，重庆袍哥有

---

[1] 闵铸九：《洪帮在甘肃的活动》，《河北文史资料》编辑部编《近代中国帮会内幕》下卷，第 109 页。

[2] 徐桂生：《清洪帮在萍乡的活动》，《河北文史资料》编辑部编《近代中国帮会内幕》上卷，第 173—174 页。

"五百余社",袍哥人数"占全市人口百分之七、八十,真正职业袍哥估计将近十万人"。其中,在保甲人员中占90%,在同业公会会员中占70%,在职业公会会员中占80%,在军警人员中占50%,在特务人员中占90%,在各行庄商号学徒和店员中占20%,在土匪、小偷、流氓以及妓院、舞厅、茶旅馆、澡堂老板中占100%。1949年据有关部门的统计,"全川人口有袍哥身份者在百分之七十以上",职业和半职业袍哥"有一千七百万人"。① 从上述统计资料来看,基层社会成员加入袍哥的特别多,尤以迫切需要寻求保护的特种行业的从业人员为甚,究其原因,是因为"作为小商民小市民来说,参加进来是为得到弟兄伙的照应,少受别人的欺侮,若遇有婚丧苦难时,大帮小凑,得到一些解决"②。川省袍哥特别善于利用办丧事来加强组织凝聚力和吸引民众加入。自古以来,丧事最能体现儒家所倡导的孝道,故一直最为民众所重视,尽可能办得风光体面。在近代四川,袍哥中的有钱人如果家有老人亡故,只要"把要办丧事场面的大小,告诉管事五哥,即吩咐每天派兄弟伙轮流值班,接待客人,不论烟、茶、酒、饭、围鼓、玩友、开奠、送葬等都安排周密细致。贫困的兄弟伙死了老人,首先向本堂口的执事大、三、五爷磕头拜孝,说明衣、衾、棺、椁无钱办理,请求帮助解决。公口的舵把子通知管事五哥,拖人情单子,找兄弟伙凑人情,并招呼兄弟伙送情,帮忙,不吃酒饭。有的公口制备若干套孝衣,兄弟伙穿起来送葬,显得风光气派,使人称赞羡慕"。正因为如此,在近代四川,"凡子弟成人,当家理事,出门经商或四海宦游,都愿意参加哥老会"③。川省民众愿意加入袍哥的另外一个重要原因是避害,特别是当时社会不宁,"加入了袍哥的组织,到各码头拿了言语,自然各地的内场人都会帮助的",④ 可免遭抢劫等伤

---

① 王笛:《乡村秘密社会的多种叙事——1940年代四川袍哥的文本解读》,《四川大学学报》(哲学社会科学版)2015年第3期。王纯五认为,四川省的袍哥人员在最多时达到了约近300万人,参见王纯五《袍哥探秘》,巴蜀出版社1993年版,第42页。
② 屈仁声:《洪帮"西陵社"与王泉山》,《河北文史资料》编辑部编《近代中国帮会内幕》下卷,第214页。
③ 蔡墩:《话说哥老会》,《河北文史资料》编辑部编《近代中国帮会内幕》下卷,第245页。
④ 卫聚贤:《袍哥入门》,重庆说文出版社1947年版,第2页。

害。如"四川的雷波、马边、屏山、大小凉山一带,是土匪最多的地方,经常杀人越货,人们不敢通行,但对袍哥兄弟不敢伤害,特别是持有各地大爷名片或介绍信的人,更是另眼看待,保障其安全"①。由于袍哥能解决民众一些现实的生活问题,故近代四川流行一句话:"有地皆公口,无人不袍哥。"②

为寻求安宁而加入会党的绝非川省民众,其他地方亦然。如在安徽南陵县,"抗日战争时期,当时社会秩序非常混乱,兵匪不分。一般小商贩、流动贩(翻公路做生意的),长感到自危,纷纷找清帮老头子,作为庇护,花点小钱,图个安稳"。结果,青帮的门徒遍及南陵。③

由上述可见,在社会秩序遭到严重破坏,民众生活因而没有很好保障,而政府又无法顾及的情形下,会党组织因其"扶贫济困"的义气观而能对民众产生强大的吸引力,甚至"愚民奉之如神"。④ 正如哥老会中人所言:"一个公口,对弟兄困难能大家帮忙解决,对弟兄纠纷能大家合力排解,无人私下埋怨,无人告状打官司,那么这个公口才有威信,越办越红火。"⑤ 此言表明,会党扶贫济困的义气观实际上具有义与利、公与私两方面的双重效应。于私,可以通过让渡一定的"利"给组织成员或非成员,帮助他们解决现实生活中遇到的困难,助其渡过难关,摆脱困境;于公,借助让渡"利"的行为,向组织成员与非成员有效展示了会党组织"讲义气"的价值观,并因此让组织成员更加信赖组织,而让非成员愿意加入组织,从而有效壮大了组织力量,这和程颐所言"义与利,只是个公与私也"(《二程集·语录十七》)有异曲同工之妙。不过,

---

① 范绍增:《我与四川袍哥及川军混战》,《河北文史资料》编辑部编《近代中国帮会内幕》下卷,第395页。

② 蔡墩:《话说哥老会》,《河北文史资料》编辑部编《近代中国帮会内幕》下卷,第245页。

③ 李方:《嚣张一时的南陵清帮》,《河北文史资料》编辑部编《近代中国帮会内幕》下卷,第590页。

④ 樗园退叟编辑:《盾鼻随闻录》卷一,《粤寇纪略》,中国史学会主编《太平天国》第四册,上海人民出版社1957年版,第353页。

⑤ 唐祝武、李祝三、蒋相臣:《重庆袍哥史话》,《河北文史资料》编辑部编《近代中国帮会内幕》下卷,第265页。

"就一般的倾向而言，儒家思想家们重义轻利，重视和强调人的精神方面，强调人的自主性和群体性，而轻视人的物质方面，轻视人的自然性和个体性，把它们置于第二的位置"①。而近代会党虽然标榜"讲义气"，必要时可以为了义气放弃利益，但综观近代会党的组织目标和组织行为，我们可以发现，他们更重视满足组织成员对物质方面的需求，这主要是因为其组织成员多来自社会底层，解决生活资料匮乏是他们面临的最急迫的任务。即如王充所言："让生于有余，争起于不足。谷足食多，礼义之心生。"（王充《论衡·治期》）董仲舒亦言："利以养其体，义以养其心。心不得义不能乐，体不得利不能安。"（《春秋繁露·身之养莫重于义》）会党只有先满足了组织成员对物质利益的需求以维持生存，才可能让他们有条件去"讲义气"。

不过，需要指出的是，会党在吸收成员时，对吸收对象会有所选择。早在清末民初，哥老会即明确规定"先须查明入会者之身家是否清白，如不查明而妄行介绍，可由保举令之退会。……往年三网五子不许入会，其余如剃头者曰'扫青生'、抬肩舆者曰'天平生'、优伶曰'跳板生'等，皆不准入会"②。具体而言，有下列情况者，不准入会：③

①家庭败坏，门风不正者，不准入会。

②本人道德败坏，作风不好者，不准入会。

③凡具有偷盗扒窃、妻子偷人、母亲再嫁等奸盗淫邪行为，以及从事衙役、娼妓、鸨母、吹鼓手、跟班、看门、烧水烟、修脚、擦背、男旦、男妓、演宫娥、彩女、幺姑等被社会认为是下九流职业的人，都不能入会。

④有清一代妇女不准入会（民国后期才有所放松）。

⑤理发工因替清王朝强迫汉人剃发，裁缝因为为清王朝强制汉人缝制象征奴隶的马蹄袖衣服，故不准入会。

到了民国中后期，这种选择性吸收会员的情况依旧存在。如杭州洪

---

① 张奇伟：《儒家"义利之辨"的实质和现实意义》，《求索》1996年第3期。

② 平山周：《中国秘密社会史》，第87—88页。

③ 蔡墩：《话说哥老会》，《河北文史资料》编辑部编《近代中国帮会内幕》下卷，第233页。

门组织五圣山在广收会员时,"其对象以社会'上层'为主,'中级'为副,下层的(指地痞流氓及其他)要加以甄别,不可盲目吸收"。之所以如此,是因为"这样既可以收得巨额'香金'捐入'粮台'作为基金,也可藉新入门的弟兄的经济力量,充实粮台"。① 湖北沔阳洪门扶汉山在吸收会员时,严禁身家不清的所谓下九流(王八、戏子、吹鼓手、剃头、修脚、阉猪、巫婆、媒婆、私生子)入会,并为此配有两句歌诀:"身价(家)不清各自走,龙门不许虾蟹游。"② 在四川宜宾,凡是"身家不清,己事不明"者、轿夫、剃头匠、私生子、戏子等,均不得加入袍哥。③ 贵州遵义的洪门在吸收会员时,也设定了入会条件。该地洪门仁、义、礼三个堂口对参加者限制较严。"凡大资产商人、小商、学校师生、工人、机关职员、军人、大小地主、富农均可。只要是身家不清(非婚生子女)、己事不明(曾被鸡奸过)及'茶房''剃头''修脚''戏子'等,皆受歧视不能参加。"遵义洪门为此还传有六句戒语,告诫哪些人不能参加洪门:"身家不清莫乱走,己事不明莫出头,王八戏子吹鼓手,装烟倒茶下九流,冒充光棍世上有,清出包袱要人头(一说'清出包袱要乘头')。"④ 这种在吸收会员时考虑吸收对象的社会地位与经济条件的做法,反映出洪门"扶贫济困"的义气观的实践,并非无条件的,而是受到诸多社会因素的影响,尤其是受到"重利轻义"和封建等级观念的影响,而这与洪门一贯倡导和秉持的"扶贫济困"的义气观严重背离,更和儒家所倡导的"重义轻利"的价值观不尽一致。儒家认为,社会成员不论男女老幼、高低强弱、教养差异,只要尽了自己的心力,尽职尽责,就谓之"义";违背了或达不到这一点,就谓之"不义"。⑤ 会党吸收会员时拒绝吸收某些特定对象尤其是拒绝吸收那些社会地位与经济条件差

---

① 蒋成言:《洪门在浙江》,《河北文史资料》编辑部编《近代中国帮会内幕》下卷,第62页。
② 章灿宇、李典坻:《沔阳仙桃镇洪帮简史》,《河北文史资料》编辑部编《近代中国帮会内幕》下卷,第144—145页。
③ 四川省宜宾县志编纂委员会编纂:《宜宾县志》,巴蜀书社1991年版,第627页。
④ 李春银、运怀动、李祯祥:《遵义洪帮的演变与活动》,《河北文史资料》编辑部编《近代中国帮会内幕》下卷,第130页。
⑤ 许嘉璐:《关于儒学若干问题的辨识》,《北京日报》2012年6月4日。

的社会成员，显然是在有能力做到"义"的情况下，有意不去贯彻"义"之原则，属于典型的"重利轻义"行为。

值得注意的是，如果"扶贫济困"的义务过多，也会让会党组织或成员不堪重负。甘肃哥老会中华山山主闵铸九即言他在洪门的日子"实在苦不堪言"，原因就在于他是靠做点小生意维持生活，"可是帮会中的人，不是这个失业，就是那个困难，今天这个来求路费，明天那个婚、丧问题要求解决。总之，接踵而来，无暇应付"。闵铸九最后不得不退出了哥老会。① 这或许是会党在吸收会员时要考虑吸收对象的社会地位与经济条件的一个重要原因。

对于近代会党扶贫济困义气观的作用，毛泽东等中共领袖亦有论述。李立三曾指出，安源煤矿"红帮势力很大，工人中加入了红帮的很多，红帮头子是矿上的顾问，包工头大多是他们的徒弟，矿上资本家利用他们压迫工人，他们又以'义气''保护穷人''为穷人谋幸福'等欺骗工人"②。虽然李立三认为红帮（哥老会）是资本家的帮凶，但也承认他们"保护穷人""为穷人谋幸福"，而这恰恰是"工人中加入了红帮的很多"的重要原因。毛泽东认为，秘密结社的主要组成部分是游民无产者、失去了土地的农民和失去了工作机会的手工业工人，而这些人是人类生活中最不安定者，他们在各地都有秘密组织，如"三合会""哥老会""大刀会""在理会""青帮"等，并认为这类组织曾经是他们的政治和经济斗争的互助团体。③ 也就是说，游民无产者、失去了土地的农民和失去了工作机会的手工业工人之所以会加入会党，就是因为会党可以给他们提供帮助。对此，《中国论坛报》1932年1月20日曾评论道："青帮、洪帮的势力已经渗透到工人队伍中间……在我们的工厂里，一切有权势的工人都是流氓帮会分子。之所以如此，那是因为如果他们加入帮会，他们

---

① 闵铸九：《洪帮在甘肃的活动》，《河北文史资料》编辑部编《近代中国帮会内幕》下卷，第110页。
② 《李立三同志谈安源工运》，中国革命博物馆党史研究室编《党史研究资料》第1集，四川人民出版社1980年版，第226页。
③ 毛泽东：《中国社会各阶级的分析》（1925年12月1日），《毛泽东选集》第1卷，人民出版社1991年版。

便肯定有工作做，流氓帮会分子是不怕失业的。"① 不过，尽管近代会党具有扶贫济困之功能，但毛泽东等中共领袖仍然将会党视为一种落后的社会组织，仅仅是一股可以争取革命的力量，而非革命的依靠力量。这一认识，和孙中山先生对会党的认识如出一辙，孙中山先生在评价会党时曾言："彼众皆知识薄弱，团体散漫，凭藉全无，只能望之为响应，而不能为原动力也。"②

（二）从组织内部成员之间互动的角度看，扶贫济困也成为会党首领用来提高个人声望，加强对组织的掌控的重要手段

从南到北，从东到西，无不如是。史料多有这方面的记载，兹列举几例。咸丰年间浙江金钱会首领赵启，"设饭铺于其乡，善技击，结交皆拳勇辈，遇贫乏则赠以资财，以是名震江南北，渐至闽疆，亡命之徒，往依者众，人皆称'赵大哥'"③。福建小刀会首领黄德美，"锦宅社之豪富也。慷慨好施，济贫赤无赖之流。有向求借，无不允从"。后黄德美揭竿而起，"一时闻风响应，各社倾心"④。上海小刀会首领刘丽川亦然。"丽川，广潮州人，在邑无家室，轻施与，以故同乡人咸悦服推重之。尝为夷商通事，后落魄无生计，抄袭方书为人治疡颇验，遇贫苦不受馈，由此名藉甚；小刀会起，推以为首。"⑤ 在广东德庆，当地会党首领"梁献甫，家中赀，任侠，群盗趋附涎"⑥。近代江苏著名会党首领"范高头，既系巨枭，又为会首，平时以财结众，甘受笼络者不可以数计"⑦。另一位江苏会党首领徐宝山"时假仁义煽结人心，赈济贫民，收纳亡命。凡

---

① ［美］伊罗生：《流氓帮会与工人阶级》，李谦编译，章克生校，《史林》1990 年第 2 期。
② 孙中山：《孙中山全集》第 6 卷，中华书局 1985 年版，第 233 页。
③ 刘祝封：《金钱会纪略》，《近代史资料》1955 年第 3 期。
④ 连城璧口述：《记双刀会乱事（之一）》，洪卜仁主编《闽南小刀会起义史料选编》，鹭江出版社 1994 年版，第 137 页。
⑤ 黄本铨：《枭林小史》，中国史学会主编《太平天国》第六册，第 545 页。
⑥ 《德庆州志》卷 15《旧闻志第一·纪事》，光绪二十五年刻本，肇庆市端州报社 2002 年印刷，第 769 页。
⑦ 《江苏巡抚吴陈夔龙奏拿获盐枭会党首要审明拟办折》，光绪三十二年八月二十八日，军录，中国第一历史档案馆、北京师范大学历史系《辛亥革命前十年间民变档案史料》（上册），第 272 页。

营中弁兵备革者,该匪必罗致之,或以资财恤其家室,或派盐船使其管驾"。① 陕西会党首领张云山平日为人仗义,"重然诺,报不平,与人交推心置腹,解衣食无所吝,故人乐而从之"②。

进入民国后,替会员排忧解难依旧是会党首领提高个人声望极为重要的手段。袍哥首领在此方面极具代表性。在袍哥内部,"有钱有势的大爷,对一般经济困难的兄弟伙,经常施以小恩小惠,出手越大越漂亮。遇上外地袍哥闯了祸,跑来避风头,要尽量掩护营救,出钱出力。对一般过往的袍哥客伙,招待应酬,慷慨大方。遇有困难危险事情,挺身负责,不推托畏缩"。"重庆早年的大爷如吕兰生,民国以后的如陈兰亭、范绍增、冯什竹、唐绍武等人都是。"③ 以陈兰亭为例,陈"很讲江湖义气,门前常有不少穷困弟兄候其进出时要求周济,在中下层社会中颇有声名"。④ 由于"龙头大爷们平时对一般会众既施以小恩小惠,那么,大爷们遇到危险,一般会众自然要舍命相救"⑤,替首领"出面顶头背祸,滚案受刑,抓生替死,报仇拼命。绝不拉稀摆带,不喊黄掉底"。而且这些小兄弟"越是肯代人受过,越受大家尊敬,越嗨得开"⑥。

此外,调解袍哥成员之间、邻里之间的口角纠纷也是袍哥首领提高个人声望的重要手段。袍哥成员之间或邻里之间发生口角纠纷时,如果争执不下,即会请袍哥首领出面"吃讲茶",理亏者出茶钱。如果双方互不认输,出面调解的袍哥首领便会把双方的理由讲清楚,然后会自认对兄弟伙管教无方,自己把茶钱出了,以"不看僧面看佛面"的姿态表示:"把今天的事情丢塔(罢了),今后和好如初,不许再提。梁山弟兄,不

---

① 中国史学会编:《辛亥革命》(三),上海人民出版社、上海书店出版社2000年版,第404页。

② 张应超:《张云山与通统山》,中国会党史研究会编《会党史研究》,学林出版社1987年版,第276页。

③ 唐绍武、李祝三、蒋相臣:《重庆袍哥史话》,《河北文史资料》编辑部编《近代中国帮会内幕》下卷,第265页。

④ 同上书,第281页。

⑤ 秦宝琦:《中国地下社会(第2卷):晚清秘密社会卷》,学苑出版社2005年版,第282页。

⑥ 唐绍武、李祝三、蒋相臣:《重庆袍哥史话》,《河北文史资料》编辑部编《近代中国帮会内幕》下卷,第265页。

打不亲，袍哥人不讲不明，理明气散，那里说那里丢，那里讲明那里休。今后双方若再提此事，就是不给我的面子。"而纠纷双方往往都会看在首领的面子上，平息纠纷。① 这样一来，既保持了内部的团结，又提高了首领的盛威，可谓一举两得。

需要注意的是，袍哥首领通过替成员排忧解难，不仅提高了自己个人的声望，加强了组织内部的凝聚力，而且这些首领还能通过自己的领袖地位谋得经济上的好处。蔡兴华是开县临江寺袍哥首领，在他当上"大爷"后，先后开了桐油铺、盐铺、烟茶馆、"饭客铺"（饭馆兼客栈），生意较前有了较大发展。②

此外，还有不少投身于反清革命的近代会党首领也以"讲义气"而出名。防城起义中的王和顺"少负奇气，以行侠尚义闻"。③ 惠州七女湖起义中的邓子瑜"自小行侠好义，日与其乡之秘密会党游，深得众心"④。黄冈之役中许雪秋"慷慨好客，有小孟尝之号"⑤。

青帮首领亦注意扶贫济困以展示"讲义气"的精神。杜月笙就以"讲义气"而闻名上海滩，他能成为上海青帮三大亨之一，徒子徒孙众多，与此不无关系。有一次，章太炎的侄子在上海租界因犯事被捕，杜月笙知道后，把章侄救出来了。但杜月笙并没有因此在章太炎面前居功自傲，反而在见章太炎时以学生之礼毕恭毕敬地拜见，并在章不知情的情况下给了章两千现大洋的银票。不仅仅是章太炎，杜月笙在帮助其他人时，也不喜张扬。"他对别人帮助，往往自己不出面，如送人一笔钱，或帮人解决一个困难问题，做了以后，不承认是自己做的。"⑥ 他在接济

---

① 蔡墩：《话说哥老会》，《河北文史资料》编辑部编《近代中国帮会内幕》下卷，第244—245页。

② 王笛：《乡村秘密社会的多种叙事——1940年代四川袍哥的文本解读》，《四川大学学报》（哲学社会科学版）2015年第3期。

③ 《南军都督王和顺》，冯自由《革命逸史》第2集，新星出版社2009年版，第323页。

④ 《惠州革命军首领邓子瑜》，冯自由《革命逸史》第4集，新星出版社2009年版，第752页。

⑤ 丘权政、杜春和：《辛亥革命史料选辑》（上册），湖南人民出版社1981年版，第279页。

⑥ 范绍增口述，沈醉整理：《关于杜月笙》，《河北文史资料》编辑部编《近代中国帮会内幕》上卷，第344页。

人时，除了自己、对方，不得有第三方人在场。杜月笙晚年光景并不太好，虽如此，他毅然将多年来别人写给他的各种欠条全部烧毁，并告诫后人不得追讨余债。别人到底欠了杜月笙多少钱，不得而知，其中，仅仅王新衡一人，就欠杜月笙500根金条。另一位青帮"大"字辈首领张树声平时也是十分尊崇"义气"，认为"民族精神团结之根本，在'义气千秋'四字"。这成为他声名远播、信徒广众的重要因素。① 山东济宁青帮"通"字辈首领吴敬亭"待人接物颇能仗义热情，一时官商两面，三教九流，交游十分广泛。在结识的人们中如遇有急难者，常不辞劳怨，热心奔波。每逢别人有棘手之事，亦能多方斡旋，全力相助。因而在亲朋邻里中颇得好评"②。

有些青帮首领很注意通过替手下人排忧解难，来让其为自己的利益服务。上海青帮"大"字辈的袁克文曾以自己的亲身经历告诫其徒弟陈惕敏："你既进了家门，切不可轻视下流社会，因为下流社会的知识虽然简单了些，但只要不轻视他们，对我们就很有帮助，这是我在上海孝祖后的经验。我自对你张爷爷孝祖之日起，随时随地都有人做我的临时保镖，这些义务保镖都是上一流的人来保护我的。因为我对他们不分贵贱一视同仁，他们都服从我的指挥。有一天我忽然想到南市城隍庙去玩，刚说出这句话，其中一个义务保镖说，'我去布置一下，使大家安心'。他出去了一会回来对我说'布置好了，等您吸足了烟，我们就随您去玩'。我抽好烟，带着他们到新北门下车，就见到有人和去布置的人耳语，我一路走，一路看着玩，也一路留神注意我的前后左右都有人在暗中保护我。"如果不是袁克文平时善待那些普通青帮成员，是很难得到这些人的自觉自愿的保护的。③

当会党首领一旦丧失了扶贫济困的能力，他在组织中的地位就有丧失的可能。前述的甘肃哥老会中华山山主闵铸九就是因为已无力帮助会

---

① 王可：《王冶秋与青帮头子张树声》，《文史春秋》2006年第4期。
② 李鼎茂：《我所知道的济宁安清帮及安清道义会》，《河北文史资料》编辑部编《近代中国帮会内幕》上卷，第617页。
③ 陈惕敏：《我的老师袁寒云》，中国人民政治协商会议上海市委员会文史资料工作委员会编《旧上海的帮会》，第118页。

中兄弟，而主动退出组织，放弃了首领地位。与闵铸九遭遇类似的还有成都望镇袍哥首领雷明远。在雷明远经济实力较强时，经常有一帮弟兄住在他家白吃白住，后来他所租佃的四十亩土地被业主收回，导致家庭经济破产，再也无力供养兄弟们吃喝，他的"声名逐渐动摇了"，在组织中无法领导弟兄们，由首领"几乎一变而为贤大爷了"。①

必须指出的是，并非所有的会党首领都能扶贫济困，有的反而借机敲诈会众。如广东郁南县三合会首领们借"盟誓结义，患难相交，生死与共，抵抗一切外来势力，保护自己生命财产"的誓言，行敲诈勒索会员之实。他们勒收会费"按山取柴"，有交稻谷60斤至100斤的，有交几百斤或几千斤的，才可入会。还有的为了交会费，有卖牛的，有卖猪的，甚至还有借贷筹集会费的。有一位商店老板不愿入会，三合会一些人就在其店铺门口悬挂屎煲进行恐吓，迫使该老板不得不交纳会费，加入三合会。②而有些哥老会首领则"利用拜兄的权势地位，对兄弟伙进行无休止的盘剥，如请会、做生、孩子满月、满岁、满十、送神还愿、为父母做寿，为祖宗超度，请春酒，修房造屋、搬迁等敛财名目繁多"。③青帮首领也不例外，黄金荣即是其中的典型。黄金荣贪财，在上海青帮中是出名的。"自从60岁生辰后，黄金荣每年要做一次生日，借祝寿为名，公开向门生敲竹杠。门生中稍有地位的人，至少送100元礼金，多的往往送500元或1000元。……这样每年一次的寿诞，除去办酒席等各项开支，至少可赚一两万元。"此外，黄门弟子每年端午、中秋和春节也要送礼，一个门生通常都要送上几百元的节礼，这也是一笔可观的收入。④

不过，必须指出的是，从袍哥首领通过替成员排忧解难谋得经济上的好处，到袁克文的告白，这些史实告诉我们，会党首领所谓的"扶贫

---

① 王笛：《乡村秘密社会的多种叙事——1940年代四川袍哥的文本解读》，《四川大学学报》（哲学社会科学版）2015年第3期。

② 陈良桂：《记解放前夕的连滩三合会》，郁南县文史资料委员会《郁南文史》第8辑，郁南县文史资料委员会1989年版，第70—71页。

③ 蔡墩：《话说哥老会》，《河北文史资料》编辑部编《近代中国帮会内幕》下卷，第253页。

④ 吴雨、梁立成、王道智：《民国帮会面面观》，《河北文史资料》编辑部编《近代中国帮会内幕》上卷，第11页。

济困",不仅是用来提高个人声望、加强对组织的掌控的重要手段,而且在某种程度上也成了会党首领谋取私利的工具。

(三)从会党与官府互动的角度看,近代会党组织扶贫济困的义气观,有时会与清政府官吏及清军见利忘义的行为形成鲜明对比,从而成为民众支持会党起事的重要原因

咸丰四年(1854)率清军镇压潮州会党起事的潮州府知府吴均对此深有体会。吴均在镇压会党起事的过程中,根据自身的体会,给各属官吏建言道,地方官要想维持一方治安,建立良好的社会秩序,必须"明义利。地方官执法惩奸,所以尽除暴安良之义也。而无知之徒,妄相窥测,谓官府可以利动,而招摇之端起矣;谓犯罪可以利免,而撞骗之机作矣。浸假而书差藉此勾通,丁役群思染指,而强房族衿,乘此敛钱科派,图便己私,由是而良民之受害更深一层。奸民之为非,有恃无恐,而本官之声名遂为若辈之所损。民间因而藐视,遇事掣肘难行。此皆由义利之辨不明,而疑似之间易惑故也"①。吴均所言绝非虚词,他在率队镇压潮阳陈娘康和海阳吴忠恕起事的过程中,亲身体验了政府官吏及清军见利忘义的行为对民众所造成的极坏影响,直言:"凡壮勇、书差、家丁人等,俱系随官办事之人,而约束不严,则皆足以偾事。即如壮勇,临时受雇,本无纪律,一至乡间,乘本官顾料不到,肆行抢掠,激成事端;或围捕紧要之时,伊等志在掠取财物,转置要犯于不顾,俾得乘间脱逃;又或误雇他乡之人,夙怨未平,见而即斗;或误收同会之人,暗通消息,不肯拘拿。此皆壮勇不遵约束之弊也。至于书役、家丁人等,日在本官左右,潜窥意旨,往往招摇撞骗,唯利是图。在乡民以为门路的真,而若辈亦遂忘其所以。迨至事机窒碍,全不能行,于是物议沸腾,谣言四起,公事因而愈坏,此又书役、家丁暗违约束之弊也。"② 从吴均所言可知,吴均认为潮州府会党起事规模巨大,与清政府官吏及清军见利忘义的行为有着直接关系。正是他们"肆行抢掠"或"招摇撞骗,唯

---

① 吴均、云帆:《潮属办案论致各属官吏》,广东文史馆、中山大学历史系合编《广东洪兵起义史料》(中册),第1071页。
② 同上书,第1072页。

利是图",才"激成事端","公事因而愈坏"。在镇压会党起事的过程中,清军见利忘义之事并非仅限于潮州,其他地方的清军亦然。在厦门,小刀会撤离后,官军一进入厦门,便肆行抢劫。《北华捷报》所登载的一份私人信函表明,官军进入厦门后,"就在城里肆意横行。在抢劫期间,抢劫那些被认为曾经跟叛军有过瓜葛的住家和店铺,是完全许可的"①。在广东,参与镇压会党起义军的赵沅英在《红兵纪事》中写道,官兵借镇压会党起义军之机,"兵入人家,搜索财物,美恶兼取,几无遗留,以为此贼巢之物也,取之无伤,官纵之不禁"。即便新会县令要求重点保护的人家的财物,官兵亦"入搜悉取之而去",以致新会县令不禁喟叹:"民既苦贼,又苦兵。"后官兵"由都会一路上江门,谓此地为贼大营,既焚吕氏诸祠堂,民商财物亦掠取殆尽,铺户门多破,比贼劫尤甚"。②

"刚正之气足以慑服乎人心,夫然后可言办事也。"清政府官吏及清军见利忘义的行为,使所谓的"刚正之气"荡然无存,民众自然就很容易归入标榜"扶贫济困"的会党阵营。咸丰年间会党起事规模巨大,与此不无关系。

必须指出的是,近代会党组织践行扶贫济困的义气观,多始于组织内部,并且将此种行为贴上"道义"的标签。之所以如此,这或许与会党片面理解儒家"亲亲、尊尊"的原则有较大关系,他们误以为"亲亲、尊尊"就是只为"家里人"或"自己人"的利益着想。此外,也是与近代会党的组织性质分不开的。虽然不少近代会党组织打出了"反清复明"的旗号,但这并不意味着其就变成了政治性组织,总体而言,近代会党仍然属于民间互助性质的秘密结社。③ 因此,近代会党践行扶贫济困的义气观多始于组织内部,也就有其必然性了。

会党组织及其成员尽力帮助困难会员之举,被会党标榜为"讲义气",以凝聚人心、增强组织团结。而如果会员在得到帮助之后,背弃甚

---

① 《1853年11月12日寄自厦门的一份私人信函摘录》,《北华捷报》第175期(1853年12月3日),洪卜仁主编《闽南小刀会起义史料选编》,第163页。

② 赵沅英:《红兵纪事》,中国科学院历史研究所第三所编《近代史资料》1955年第3期,第115页。

③ 蔡少卿:《中国近代会党史研究》,中华书局1987年版,第11页。

至出卖组织,则会被视作忘恩负义之举而遭到组织唾弃和惩罚。上海小刀会就曾为此张贴告示,悬赏缉拿出卖组织的蒲兴裕。该告示称:"曩年该蒲兴裕为妖军所拘执,呼请洪门兄弟援助,经竭力营救获释,乃得保全其身家信誉。客岁该蒲兴裕听从妖军之言,竟至忘恩负义,贪图官爵,投靠妖孽,有耻不雪,受恩不报,弃洪门兄弟于不顾,诚非始料所及。"不仅如此,"该蒲兴裕之父兄已投奔妖军头目吉尔杭阿。受其贿赂,唆令蒲逆来犯我小东门,夺取炮台。该逆反复无常,背信弃义,实已丧尽天良,岂得容其苟活以残民乎?"故"招仁义之士,缉拿妖孽"①。而从前述的光绪年间的有罚规的洪门《三十六誓》抄本来看,到光绪年间,洪门对背信弃义之举,仍会予以"洗身"等严厉惩处。

三 清政府对近代会党扶贫济困义气观的应对之策

对于民众参加会党的原因,至迟在嘉道时期,清政府既已有所反思。嘉庆二十年(1815)九月,福建道监察御史孙升长为严禁广东三合会事上奏清廷称:"近闻广东省有三合会名目,其始不过纠结无赖贫民,欺压乡里,吓诈财物。但此会一立,入其会者可以帖然无事,不入其会,则未免横被欺凌,眠食难安。所以刁诈之徒,多借此会以欺弄愚民。而良善之家被其挟制,亦不得不从,以图安身之计。胁从日众,渐至盈千累万,蔓延各府、州县俱染此习。"② 孙升长此言明确无误地表明,民众加入会党,主要是为了互相帮助以安身立命,尽管其手段与方法有悖于社会规范。道光十一年(1831)五月,湖广道监察御史冯赞勋为缉拿广东等省会党事给朝廷的奏折中,表达了类似的观点:"其尤可虑者,闻匪徒结拜多年,勾连凡五六省,名曰三合会,人数不可纪极。……入其会者,授以口号,各执图一张。虽素不谋面,一闻口号相符,即呼为兄弟,钱财可通,患难以共,假托义气,故愚民多堕其局中。吏役兵丁,半皆羽

---

① 《太平天国统理政教招讨大元帅刘示》,《北华捷报》1854年2月25日,中国科学院上海历史研究所筹备委员会编《上海小刀会起义史料汇编》,第18—19页。

② 《福建道监察御史孙升长奏请严禁广东三合会折》,嘉庆二十年九月二十八日,录附奏折,中国人民大学清史研究所、中国第一历史档案馆合编《天地会》第6册,中国人民大学出版社1987年版,第508—509页。

翼。一二良善之家，倘不入会，则无以自全，故胁从者亦复不少。"① 孙升长、冯赞勋作为监察御史，虽然明白民众加入会党的原因是因为民众被会党扶贫济困的义气观所吸引，但并未提出有效的对策。虽如此，同时期还是有些地方官结合地方实际提出了一些应对之策。下面谨以两广地区为例，对此略加阐述。

道光十一年（1831）六月，两广总督李鸿宾针对广东地方民众为互相帮助以安身立命之现实，提出了应对之策。李鸿宾认为，"惟是粤东广州一带，人民稠杂，家鲜恒产，游手坐食之民素无依赖，遂致作奸犯科，肆行无忌，今欲杜其邪匿之渐，当筹所以养其廉耻之源"。为此，李鸿宾提出了以下建议：第一，允许贫民开荒垦植，解决生存问题。"溯查乾隆年间，叠奉上谕，粤东高、雷、廉、琼等府山场荒地，听民开垦，概不升科，并令地方官给予印照，永为事业。此后民间垦种颇多。惟广州等府州，犹有报升之例，小民虑升科受累，是以官山旷土，率多抛弃。应请嗣后广州、惠州、潮州、肇庆、韶州、嘉应、罗定、南雄、连州等府州属，所有山头地角，照高、雷、廉、琼四府成例，悉听本地无业贫民报官给照垦植，成熟之后，作为世业，永不升科。庶地利日增，民间粒食有资，不致流于匪僻。"第二，加强对民众的教育，化民成俗。李鸿宾认为，除了从经济上满足民众的生存需要之外，还应该加强对民众进行思想意识教育，要"饬地方官认真教导，择里中通晓文义，老成醇谨之人，充当党正、乡约，令其余朔望日，在本乡宣讲圣谕。并令各村广设义学，延师训迪。该地方官又于坐堂判断，或因公下乡之时，与小民谆谆告诫，董劝兼施，俾父诫其子，兄勉其弟，日进善良，似于化民成俗之方，可冀渐有实效"②。

李鸿宾试图从经济和思想观念两个方面努力，来杜绝民众加入会党的现象。但这两个方面的措施既无新意，更不完善，因此在会党扶贫济困义气观的吸引下，加入会党的民众仍然不断增加，以致在咸丰年间达

---

① 《湖广道监察御史冯赞勋奏请缉拿广东等省会党折》，道光十一年五月初四日，录附奏折，中国人民大学清史研究所、中国第一历史档案馆合编《天地会》第6册，第518—519页。

② 《两广总督李鸿宾奏请听穷民开荒以杜结会折》，道光十一年六月二十九日，录附奏折，中国人民大学清史研究所、中国第一历史档案馆合编《天地会》第6册，第521—522页。

到了高潮,并最终酿成了咸丰年间会党的大规模起事。

咸丰年间,会党起事四起,给政府的统治造成了较大危害,清政府进一步思谋应对之策。首先,清政府在颁布的告示中明确告诉民众,会党及其武装为"盗贼",加入与支持会党,是一件因小失大之事,得不偿失。在告示中,清政府指称有些民众与会党分子"或素来相识,因情面而容留;或有暗地勾通,贪小利而帮助。此则开门揖盗,引火烧身,其害不可胜言,亟宜早为猛省。试思盗贼之名,人人所恶。今有人指尔为盗,尔未有不怫然变色者。既知恶其名,岂可再引为同类?况尔等暗中帮助,所得几何?设或将来拿获到官,供攀同伙,身家性命,被其株连,是以干净之身,流为盗贼之党,甚为不值"①。

其次,清政府以社会主流文化的代表,站在社会道德的制高点,在颁布的告示中对"义"作了界定。"试思人生在世,不过名利两途:帮官者谓之义士,帮贼者谓之贼奴。名之邪正,迥然各别。"也就是说,只要帮助政府,就是"义",并且可以名利双收;而只要帮助会党,就是"贼",就会陷于"不义"之境,并且"名既不端,利也无几,更为不值"。② 这两个措施,主要偏重于从名利观的角度来对民众进行说服教育,更实际,更有针对性。不少会党分子后来脱离会党队伍,与此不无关系。

最后,针对"愚民被匪徒勾结,多反得财起见"之现象,告诫民众,"独不思人家田地、财产,大半从辛苦积来。尔能勤苦谋生,无者亦可有,少者亦可多。乃不学他人辛苦,又不自守本分,却觊觎妄想。在尔纵夺到手,在人岂便甘心。一经争斗,甚至请兵剿捕,身家莫保,财产何存?试观十余年来,匪徒劫夺,至今谁在?"此言意在告诉民众,会党所获之财为不义之财,民众若取之,便为不义,且后患无穷。③

---

① 《晓谕各乡毋与枫洋匪徒交通示》,陈坤编撰《潮乘备采录》,广东文史馆、中山大学历史系合编《广东洪兵起义史料》(中册),广东人民出版社1996年版,第1076页。
② 《谕各乡严行稽束示》,陈坤编撰《潮乘备采录》,广东文史馆、中山大学历史系合编《广东洪兵起义史料》(中册),第1078页。
③ 《善后条约告示》,方炳奎《磨盾集》,广东文史馆、中山大学历史系合编《广东洪兵起义史料》(中册),第1124页。

第三节 会党对民众的"劫富济贫"之义

一 近代会党对民众的"以义制利"

如果会党仅仅在组织内部实施扶贫济困,显然不能完全体现"义"的精神。因为儒家不但主张要对亲朋"义以为上",而且也主张关心民众疾苦,做到"博施于民而能济众"(《论语·雍也》)。此外,必须注意的是,儒家虽然主张重义轻利,但不反对求利,只是强调求利时要合乎道义,即如孔子所言:"富与贵,是人之所欲也,不以其道得之,不处也;贫与贱,是人之所恶也,不以其道得之,不处也。"(《论语·里仁》)要求做到"见利思义"(《论语·宪问》),更要"因民之所利而利之"(《论语·尧曰》)。孟子和孔子的观点类似,认为:"非其道,则一箪食不可受于人;如其道,则舜受尧之天下,不以为泰。"(《孟子·滕文公下》)"非其义也,非其道也,禄之天下,弗愿也;系马千驷,弗视也;非其道也,非其义也,一介不以与人,一介不以取诸人。"(《孟子·万章上》)孟子还主张首先解决人们基本的生活条件问题:"是故明君制民之产,必使仰足以事父母,俯足以畜妻子,乐岁终身饱,凶年免于死亡;然后驱而之善,故民之从之也轻。"(《孟子·梁惠王上》)荀子在义利观上也认为:"义与利者,人之所两有也,虽尧舜不能去民之欲利,然能使其欲利不克其好义也。虽桀纣也不能去民之好义,然能使其好义不胜其欲利也,故义胜利者为治世,利克义者为乱世。"(《荀子·大略》)明确主张"先义后利""以义制利"。需要指出的是,近代会党组织都具有非制度性品性,所以生存环境极为恶劣,如果扶贫济困的伦理观长期局限于组织内部,不但有悖于"义以为上""以义制利"的原则,更重要的是无法取得民众的支持,从而妨碍组织力量的壮大,并有可能导致组织的最终消亡。因此,会党将扶贫济困之伦理观扩展至组织外而惠及民众,也就成为必然,此点突出表现为会党在掠取组织外的生存与发展资料时,注意"以义制利",区分贫富,尽量做到只掠夺富人,而不抢掠穷人财物,并能救济贫民。天地会即是此方面的典型。

在天地会看来，"抑强扶弱，乃人类之美德"，① 所以在开展组织行动时比较注意秉持"以义制利"的原则。这一点我们可以从天地会举义时的表现看出来。以广西、广东为例。道光二十六年（1846），张嘉祥率天地会会众起事于合浦。"张虽事劫掠，颇举（与）群贼异，富者出资则免劫，贫者秋毫无犯。其旗帜大书曰'杀官留民，劫富救贫'。故人为之语曰'济弱扶强张嘉祥'。"② 对于张嘉祥劫富救贫之举，清末永淳县生员玉鸣凤曾如此评价道："张家祥者，一公道贼也，专向富户打单勒银，贫者并不扰及。尝自言：'上等之人少我银，中家之人高枕睡，下等之人跟我去！'"③ "公道贼"一语，高度体现出张嘉祥所部"抑强扶弱""以义制利"的行动原则。道光二十八年（1848），陈亚贵率众起义后，四处打单，但只"向各巨商及当铺、盐埠索资斧"，"不伤居民"，④ 并将"掳富户钱搬不尽者，沿途分送"。⑤ 同期其他举义的广西天地会起义军也多有劫富而不扰贫之举。对此，咸丰元年（1851）广西巡抚邹鸣鹤上奏称："（天地会）贼匪打单开角，又多扰富户，罕及贫民。故被贼之处虽多，蹂躏太甚之处较少。"⑥ 咸丰年间，广西天地会起义大规模爆发后，仍注意"以义制利"，劫富济贫。如咸丰三年（1853），黄鼎凤在率部攻占贵县县城后，即没收富室豪强的财产，开仓取谷，救济贫苦百姓。咸丰七年，黄又联合了以李锦贵为首领的壮族农民起义军，一举攻占上林县城，随即开仓济贫，官府财主的粮食全部被没收分光。⑦ 在广东，咸丰四年（1854）七月，陈吉、梁楫、吕敬等率天地会会众起义于顺德县之龙山、

---

① 戴魏光：《洪门史》，第 16 页。
② 民国《邕宁县志》卷 34《兵事志·前事五》，第 111 页。
③ 太平天国革命时期广西农民起义资料编辑组：《太平天国革命时期广西农民起义资料》（下册），中华书局 1978 年版，第 329 页。
④ 民国《荔浦县志》卷 3《纪事》，第 77 页。
⑤ 太平天国革命时期广西农民起义资料编辑组：《太平天国革命时期广西农民起义资料》（上册），第 59 页。
⑥ 《邹鸣鹤奏报广西各府扰累情形查明分别抚恤难民折》，咸丰元年十一月十一日，军录，中国第一历史档案馆《清政府镇压太平天国档案史料》第二册，光明日报出版社 1990 年版，第 513—514 页。
⑦ 饶任坤：《大成国隆国公黄鼎凤》，《广西民族学院学报》（哲学社会科学版）1979 年第 4 期。

龙江，旋占顺德县城，"贼推陈吉为首，纵狱囚，焚署舍，掠卖官谷四万五千余石，城内外富家，遍受逼勒"①。同时出示安民，严禁抢掠民众，违者"杀无赦"。葛耀明（葛高老藤）等率起义军攻占乐昌县城，勒令富家"缴纳金票"，又严令部下"不妄杀人"，②注意保护民众利益。而德庆州的天地会起义军在筹集粮饷时，"遍括富室，劫绅士为之助，揣其肥瘠勒输金粟"，不扰贫民。③

除天地会外，其他会党也注意"以义制利"。在浙江，宁波双刀会只劫夺地主富户粮食，曾于一夜之间连抢十多家，将夺得的粮食储藏备用，并救济贫民，以致时有民谣称："双刀会，穷人会，推倒官府勿解税。"④而金钱会面对粮荒，为保护民众的生存权利，倡行平粜，禁止富户偷漏粮食外运。⑤在福建，厦门小刀会在起义前后都曾实行"强派殷户"的措施，如在起义后，厦门有一家大商行，被强派了四千元，那些"有钱的……全部怕叛军会强迫他们捐献"，因此他们"始终远远离开交战的双方"，只有"下等阶级同他们亲如兄弟"。⑥林俊起义军则高举"救民除暴"大旗，所到之处纪律严明，"市廛交易如常"，对富户则勒银派饷，赢得了人民的拥护。⑦而哥老会"其理想则为侠义，故严禁窃攘，不害良民，惟袭劫不义之豪富与不正之官吏"⑧。

值得注意的是，会党帮助民众，有时候不一定是体现在物质方面。在民众遇到为难之事时，会党也愿意出面解决。杜月笙就多次出面调解工潮，对一些社会影响较大的劳资纠纷和企业罢工的适当解决，发挥了一定作用。1932年1月，招商局全体船员要求享受与机关职工同等待遇，

---

① 广东文史馆、中山大学历史系合编《广东洪兵起义史料》（下册），广东人民出版社1996年版，第1385页。
② 广东文史馆、中山大学历史系合编《广东洪兵起义史料》（上册），第9页。
③ 广东文史馆、中山大学历史系合编《广东洪兵起义史料》（下册），第1604页。
④ 郭豫明：《上海小刀会与宁波双刀会》，《浙江学刊》1992年第5期。
⑤ 邹身城：《太平天国时期浙江的会党》，中国会党史研究会《会党史研究》，第140页。
⑥ 唐天尧：《关于一八五三年闽南小刀会起义的几个问题》，中国会党史研究会《会党史研究》，第162页。
⑦ 邵雍：《林俊起义述略》，《近代史研究》1988年第2期。
⑧ ［日］平山周：《中国秘密社会史》，第76页。

发给年终双薪，被局方拒绝，遂发动罢工。杜月笙出面调解，最后达成三条协定：第一，发给船员年终双薪；第二，不得无故开除船员；第三，如局方承认局员职工会，则对船员联合会也同样承认。同年4月，《时事新报》资方强迫工人兼印《大晚报》，被工人们拒绝，资方遂找借口开除了八十多位工人，并另招一批失业工人顶替。6月1日，《申报》《新闻报》《时报》一千多位工人举行同盟罢工，要求《时事新报》资方恢复被开除工人的工作，并照发被开除期间的工资。资方不但拒绝了上述要求，反而请来警察逮捕了《时事新报》报馆的二十多位工人。在杜月笙调解之下，被捕的工人被全部释放，资方口头答应对被开除的工人发放解雇费。① 有的时候，罢工工人首先想到的并不是请杜月笙出面调解，而是请国民党上海市党政机构出面调解，在调解无果的情况下，才不得不请杜月笙出面调解。1933年8月，英商会德丰公司以生意不好为由，开除了一百多位工人。国民党上海市党部和社会局均出面调解，无果。该公司全体工人于是在9月19日举行罢工。后经杜月笙出面调解，达成协议如下：第一，对被解雇的二十位工人发给退职金；第二，其余八十多位工人全部复职；第三，罢工期内，工资照发。1935年7月4日，法租界公董局限令四万多名人力车夫须在月底前登记，每人收费五角，遭人力车夫强烈反对。公董局下令扣押了数百辆人力车。人力车夫们请求国民党上海市党政机关出面调解，没有结果，人力车夫遂举行罢工，并前往公董局请愿，遭到巡捕阻拦，双方发生了暴力冲突，十余名人力车夫被捕。后杜月笙出面调解，公董局发还了被扣的人力车，人力车登记一律免费，并且登记日延长两个月。② 我们可以看到，上述工人罢工事件，经杜月笙出面调解后所达成的有关协议较好保障了工人们的切身利益。国民党上海市党政机构无法办到的事，杜月笙却办到了，这无疑会更增强人们对杜月笙和青帮的信赖。

不过，杜月笙也有调解失败的时候。1934年9月，为抗议资方大批

---

① 朱学范：《上海工人运动与帮会二三事》，中国人民政治协商会议上海市委员会文史资料工作委员会编《旧上海的帮会》，第11—12页。

② 同上书，第12—13页。

解雇和开除工人,美商上海电力公司的一千四百多名工人举行罢工。罢工工人提出了不准无故开除工人、罢工期间工资照发等七项要求,遭资方拒绝。罢工一直持续到 11 月下旬。杜月笙虽然出面调解,但罢工工人的要求资方基本没有接受,仅仅同意借给罢工工人一个月工资,罢工以失败告终。① 这次调解的失败,表明会党帮助民众解决困难,是受到外在条件的制约的。

必须指出的是,杜月笙出面调解工潮不图利。他在调解工潮时有一句口头禅:"某老板不拿钱出来,我出钱,我说话算数。"有一次他调解法商电车公司的劳资纠纷,资方没有答应他代工人提出的条件,他就自己拿出几千元给了工人。②

在日常生活中,会党也愿意出面帮助民众解决一些民间纠纷。如在四川泸州,人与人、邻居、行业之间如果发生了口角、纠纷,都会请当地的袍哥大爷出面调解,在茶馆评理。理屈者,会责令其认错并开茶钱;如果双方理由各有曲直,都不认输,袍哥大爷就会把双方的曲直讲清楚,然后自己把茶钱付了,要求双方和好,不许再提旧事。"这样评理,双方不伤和气,很能平息争议,又得人心。"③

从近代会党与民众的关系来看,会党在一定条件下,还是能较好处理义与利的关系的,并由此在民众面前较好地彰显了其"讲义气"的组织精神与价值取向,从而赢得了民众程度不等的支持与欢迎。尤其是在贫富不均的历史条件下,"劫富济贫"是相当有号召力的。如黄鼎凤就是因以"劫富济贫"相号召,所以"从者日众",在短短时间内,其组织所在的覃塘地区远近七十余里的农民踊跃加入黄鼎凤所部,入会者多来自贫苦农民,也有部分手工业者和开采银矿的矿工及蓝民。④

---

① 朱学范:《上海工人运动与帮会二三事》,中国人民政治协商会议上海市委员会文史资料工作委员会编《旧上海的帮会》,第 12—13 页。
② 同上书,第 15—16 页。
③ 杨楚湘、陈吉林、朱花朝:《泸州袍哥》,《河北文史资料》编辑部编《近代中国帮会内幕》下卷,第 352 页。
④ 饶任坤:《大成国隆国公黄鼎凤》,《广西民族学院学报》(哲学社会科学版) 1979 年第 4 期。

二　近代会党"以义制利"原则的偏颇

诸多会党组织劫富不劫贫，并能救济贫民，一定程度上表明，这些会党组织在谋利时把"义"放在了首位，而这与儒家"利民""济民"的"以义制利"精神是相通的。但必须指出的是，尽管会党谋利时注意区分贫富，但如果仅以贫富作为对利益的正当性与非正当性区分的唯一标准，那显然是错误的，从而难免使其"以义制利"的义气观偏离儒家"以义制利"原则的本原精神。以厦门小刀会抢劫富户和商户为例。厦门小刀会起义军"自（咸丰三年）四月初六日海澄发难，所至地方，文武闻风逃遁，空城以待，故贼得从容占据。初八日旋攻漳州城，初至犹不扰百姓，数日后肆抢陈光远绸缎铺……贼在厦门粮食乏绝，强派居民，有数千金者勒数千金，凡稍有富名，需索殆尽；其前兴泉永道张熙宇任内帮办获匪之绅士，尤被荼毒，靡有孑遗，惨何可言"①。其实并非所有的富户或商户的财物都是不义之财，因此厦门小刀会在劫富济贫的口号下，大肆抢劫富户和商户，也不一定就是正义举动。而厦门小刀会显然忽视了这一情况。由是观之，会党"劫富济贫"的义气观包含有明显的绝对平均主义意识，正是这一意识，使会党将劫掠社会富有成员的财富视为正常，而不管其劫掠行为是否伤害了这些社会成员的正当利益。此举显然与儒家强调以适宜手段谋取正当利益的"以义制利"原则的本原精神是不尽一致的。

此外，必须注意的是，会党并非任何时候都能坚持"以义制利"的原则，有些地区的会党组织有时候会毫无原则地进行抢掠。以广西为例。咸丰四年（1854），广西平南县的天地会"大哥为主盟，出盗粮，坐大馆，以号召党众。晚哥则带人马，为劫杀先锋。……始则打单捉参，继且挖骸烧屋，惨害百端，黯无天日。故俗谚云：'竖起大旗洪胜堂，打单无钱就烧庄，亚头老晚是虎狼，财主佬儿作参汤。'"② 同年"五月，覃

---

① 《陈福建会党情形》，咸丰三年七月十六日，《清代秘密结社档案辑印》第 9 册，第 3224 页。

② 光绪《平南县志》卷 18《纪事》，第 11—12 页。

七率匪千余,扰玉属佛堂山、张峰堡各处,至中旬来踞沙坡墟,胁人拜会转红,不从者即抢掠焚杀"。① 咸丰七年(1857)八月,会党攻陷苍梧县城。"贼入城,争夺民房,男女老幼尽行掳赎,不能赎者,荼毒备至,投之于江。"② 咸丰十年(1860)六月,"土匪合姚新昌股匪,破官社练营,遂连陷会二里各村堡。……凡容、平两县界地村堡,尽为贼踞掳,捉男妇千余,输钱者给赎,否则立死"③。

会党这种毫无原则的抢掠行为直至光绪末期仍在有些地区存在,不过与咸同之际的会党起事时期的抢劫相较,这一时期的会党劫掠行为多源于生活的困顿。据江西巡抚吴重熹奏称:"光绪三十一年(1905),钟金胜、钟增辉先后听从在逃之钟亚仰等,连抢连州童姓、周姓、王姓、家妇女幼孩共四口,均各卖钱分用。十二月间,在逃之余绍兴即朝兴,起意纠邀钟金胜、钟增辉、叶定山(三点会头目)并在逃之钟亚奇等二十余人,扮作弁勇,冒充保安局勇,借查匪为名,伙劫广东翁源县桂山勇厂,得赃分用后,闻查拿严紧,该匪等外出逃避。雇用王典勋即老王作火夫,与被拿格毙之三点会头目钟粲元,同住李茂古家内,谭猪仔先在李茂古佣工,曾与王典勋先后各自听从李彬古登伙窃刘金古等家耕牛器物,并拦劫不知名过客银钱油谷等件。"④

辛亥革命后,会党仍不乏见利忘义之为。新疆阿克苏哥老会首领高绍在革命后被委任为炮队哨官,"该高绍怙恶不悛,纵兵为盗,坐地分赃,其赃贼均窝藏家中,无由破坏"⑤。绥来县朱明远和朱明从兄弟开设哥老会码头,该码头"在乌鲁木河开设客店窝寄盗贼,凡县属沙湾一带被窃牲畜多由该兄弟承受,户民敢怒而不敢言,其在乌鲁木河伪充官长,采办粮料,强派民间车马为之挽运,又盗卖私盐,不听禁止"⑥。江西会

---

① 民国《陆川县志》卷21《兵事编》,第8页。
② 同治《苍梧县志》卷18《纪事》,第43页。
③ 光绪《平南县志》卷18《纪事》,第45页。
④ 《江西巡抚吴重熹奏拿获三点会头目分别惩办折》,光绪三十二年十一月二十七日,《辛亥革命前十年间民变档案史料》(上册),第320页。
⑤ 杨增新:《补过斋文牍·乙集二·呈报阿克苏炮队哨官窝盗殃民业照军法枪毙文》,(台湾)文海出版社1965年版,第437页。
⑥ 张大军:《新疆风暴七十年》第一册,第157页。

党在辛亥革命后打着"民团"的旗号，以"筹饷"为名，在各地肆行烧杀勒索。如当时"丰城县会匪邹澜而、曾春林等，冒充队官，抽厘敛钱，散卖票布"。新城县中田乡的会党，"平素赌博，开烟馆，无所不为，猖獗异常，乡人被彼辈鱼肉者不可胜计"。① 辛亥革命后，湖南会党"或藉军政府之名，肆意招兵募饷，或结滇黔交界之土匪，竟行掠劫，此戢彼兴，人民亦颇受惊恐"②。总而言之，"反正以后，渠辈不识共和大义，佥谓共和时代，开会结社，人民可以自由，遂明目张胆，遍布乡间间，拉人入会，掳掠庄村"。③

直至20世纪三四十年代，仍有不少会党组织成员重利轻义，大肆掠民。金堂县袍哥即是典型。他们除在本地抢劫外，还外出抢劫。其首领贺松公开身份是乡长，暗中则是一个坐地分赃的土匪头子，他"唆使兄弟伙到处抢劫"，他则"坐地分赃"。此外，他手下的人"依仗贺的势力，狐假虎威，横行乡里，大干伤天害理之事"。而贺松也利用这些人"残暴欺压百姓，攫取非分无义之财"。④

会党毫无原则的抢掠行为与盗窃行为表明，会党所标榜的"义气观"，在现实生活中因种种原因而常常没有得到很好遵守，有时候甚至是毫无道义可言，其所谓的"义气"并不真正代表社会底层民众的利益，也不代表一种正确的社会价值取向和价值观。通过上述事例，我们可以发现，在"利"的诱惑面前，会党所标榜的"义气观"非常脆弱，甚至成了摆设，即便其组织内部，也"有背盟负义，趋入歧途，倒戈相向者"，⑤ 其所谓的"讲义气"有时候仅仅是一种吸引民众加入其间的手段或谋取利益的手段而已。而儒家则坚决反对类似会党的这种"放于利而行"的行为，认为"义之与比"（《论语·里仁》），即使谋利，也

---

① 杜德风：《怎样看待李烈钧镇压江西会党》，《江西社会科学》1985年第2期。
② 郭孝成：《湖南光复纪事》，中国史学会主编《辛亥革命》（六），上海人民出版社、上海书店出版社2000年版，第145页。
③ 《湘中乱党何多》，《民立报》1913年3月26日第1版。
④ 王笛：《乡村秘密社会的多种叙事——1940年代四川袍哥的文本解读》，《四川大学学报》（哲学社会科学版）2015年第3期。
⑤ 《中国致公党简史》编辑委员会：《中国致公党简史（1925—2009）》，中国致公出版社2010年版，第230页。

要做到"义以为上"(《论语·阳货》)。就处理义与利的关系而言,近代会党并非一个真正为民谋利的群众性团体,而更多带有狭隘互助性的特点,为了小团体利益,甚至不惜牺牲多数人的利益。

第四节　会党对国家的"舍生取义"之义

一　近代会党内部的舍命复仇

对于义与利的关系,除了"义以为上""以义制利"等原则外,儒家还积极倡导"舍生取义",并将其作为重要的处世原则。对此原则,儒家强调,当"生"与"义"发生冲突时,如果"二者不可得兼,舍生而取义者也"(《孟子·告子上》)。并指出"重死而持义不桡,是士君子之勇也"(《荀子·荣辱》)。而且在儒家看来,义有轻重之分,"凡是关系到维护国家、民族和人民的重大利益以及维护高尚的道德理想等重大原则问题,均视为大义、大节。如果大义受到严重危害,或者个人利益和大义发生尖锐矛盾时,则应当毫不犹豫地牺牲个人利益,服从大义的要求,即使牺牲生命亦在所不辞"①。正因为如此,"舍生取义"之原则,不但能够制约社会个体和社会群体层面的义利关系,也能够制约涉及国家层面的义利关系,因此千百年来对中华民族一直有着非常重要的影响,成为我国民众崇尚道德价值和维护民族与国家利益的精神支柱与动力源泉。

学术界谈及"舍生取义"原则对近代会党义气观的影响时,多认为会党对该原则的贯彻仅仅停留于为组织成员或为会党组织本身而自我牺牲的层面。这一观点也不是全然没有道理。综观近代会党史,可以发现,当会党成员遭遇人身安全问题时,其他成员会冒死解救或替其复仇。此种事例不胜枚举,仅以光绪年间为例。光绪十年(1884),香港三合会准备袭击港英当局的办公厅、汇丰银行和维多利亚监狱,营救被关押的近百名三合会弟兄,后因缺少武器,这项预定计划才未实现。② 光绪十八年

---

① 张景贤:《略论孔子和孟子的义利观》,《历史教学》2003 年第 3 期。
② 邵雍:《中法战争期间的会党动向》,《学术论坛》1991 年第 3 期。

(1892),"江西、湖南交界之醴陵,捕获四哥老会中之人,二人已杀,二人则尚在审问,于是有一千会员蜂起劫狱,救出二人"。① 光绪二十三年(1897)五月,桂林府属兴安县哥老会首领唐燕亭等被捕,"据兴安县知县卜永春禀称,该县地方谣传匪党声言替唐燕亭等复仇起事……当提讯生擒犯匪王绍青系唐燕亭手下正先锋,本拟集党迳赴兴安复仇,因惧兴安、全州兵力甚厚。故先于灌阳试逞,选派人四处密约各弟兄定期五月二十一夜聚齐灌阳城外,乘暗仆城,是夜正在渐集渐多,前进扑城,不料城中已经有备,又遇伏兵,致被拿获"。② 光绪三十年(1904)安徽宿县会党首领王俊坦被官府杀害,其手下会众"声称为王俊坦复仇",四处袭击清军。③ 同年,黄兴领导的华兴会起义失败,参与起义的洪江会首领马福益被捕殉难,其会党群众誓言替其复仇,光绪三十二年(1906)萍浏醴起义爆发,参加起义的洪江会成员有不少人"系怀抱'为马福益大哥复仇'的心情投入战斗者"。④

对会党这种冒死解救同党或为其复仇的举动,1912年5月,宋教仁在为日本人平山周所著《中国秘密社会史》一书作序时曾有过评价,认为"今诸党会,其行或不轨于正义,为世垢病,然其富团结力,守秩序,重然诺,急公死义,不爱其身躯"。⑤ 时人也认为"会党成员都是亡命之徒,只有义气二字,可与之生,可与之死"⑥。这些评价,一定程度上肯定了近代会党对同党"舍生取义"的义气观。

---

① [日]平山周:《中国秘密社会史》,第78页。被捕的醴陵哥老会头领为罗翊廷、邓云辉,潮龙起认为,当时前去营救二人的共计300余名哥老会分子。参见潮龙起《湘赣边界的哥老会与邓海山起义》,《南昌大学学报》(社会科学版)1997年第1期。

② 《广西巡抚史念祖查办灌阳会匪折》,光绪二十三年五月二十九日,庚裕良、陈仁华《广西会党资料汇编》,第375页。

③ 欧阳恩良:《清代民间文艺的繁荣与秘密会党伦理价值取向》,《江苏社会科学》2002年第5期。

④ 中国人民政治协商会议全国委员会文史资料委员会:《辛亥革命回忆录》(二),文史资料出版社1981年版,第244页。

⑤ 宋教仁:《宋教仁集》(下册),中华书局1981年版,第400页。

⑥ 中国人民政治协商会议全国委员会文史资料研究委员会:《文史资料选辑》第34辑,中华书局1963年版,第118页。

二 近代会党的民族大义

（一）有清一代会党的民族大义

近代会党"舍生取义"的义气观，不仅仅体现为冒死解救同党或为其复仇的举动，更突出体现为在民族危难关头，会党每每勇敢地为民族利益而牺牲了个人利益和组织利益。这一点在反对法国侵略者的斗争中表现得非常明显。早在光绪四年（1878），在清政府抗击外来侵略不力的情况下，四川就有会党组织将法国侵略者列为重点打击的对象，他们发文指出："镇华莫先于除害，中华之害起于外夷，大英、大法、俄罗斯、回鹘、日本，群焉窥伺，中原鼎沸。而中原之揽大柄、操大柄者，不思恢复大计，每每有议利者，抱薪救火而甘为牛马之羞，是何异于开门而揖盗乎？咱弟兄戮力同心，凡属夷种，悉皆荡之。"① 而以广西天地会武装为主体的刘永福黑旗军在中法战争前即已在越南境内痛击法国侵略军。光绪九年（1883）十一月中法战争爆发后，有更多的会党成员积极投身于抗法战场。时唐景崧受命入越，广招会党武装，天地会武装梁正理等13股共9000余人"皆来就抚，愿受约束，助军攻剿"，② 使景军迅速从四营扩充到十营。广西巡抚徐廷旭也在越境招募龙头山党众"共1200人为六个半营"。③ 云贵总督岑毓英则在越南兴化、山西、河内三省招募天地会武装"八九千之众，发给饷械，编列成营"。④ 此外在中法战争爆发后，香港"三合会会员，都对法国无理侵略中国感到愤慨"，⑤ 因此领导民众以各种形式反对法国侵略者，如组织在香港船舶上工作的中国工人拒绝修理在福州被击伤的法国船只，拒绝为停泊在香港的法国战舰运送食物，等等。⑥ 同时，"他们在一起商议，一致同意罢工"，⑦ 声援祖国抗

---

① 邵雍：《中法战争期间的会党动向》，《学术论坛》1991年第3期。
② 唐景崧：《请缨日记》卷8，上海古籍书店1979年版，第53页。
③ 故宫博物院：《光绪朝中法交涉史料》卷16，故宫博物院，1932年，第15页。
④ （台湾）"中研院"近代史研究所：《中法越南交涉档》，"中研院"近代史研究所1962年，第2940页。
⑤ 《马许致德贝函（1884年10月11日）》，英国殖民部文件，129/217第19557号。
⑥ 邵雍：《中法战争期间的会党动向》，《学术论坛》1991年第3期。
⑦ 《马许致德贝函（1884年10月11日）》，英国殖民部文件，129/217第19557号。

法斗争。而广东哥老会则"欲与皇家出力,剿灭洋人,冀得大功"。①

会党不仅在抗法战争中出力甚巨,在中日甲午战争期间,会党也为反对日本帝国主义的入侵作出了一定贡献。以台湾地区的抗日斗争为例。哥老会大侠吴国华、庞大斌在日军即将大举攻台湾前夕,便"各致其党,分乘小艇入援",积极与侵台日军作战。② 光绪二十年(1894),尽管当时台湾守军"系闽浙总督饬募防厦乌合之众仓猝成军,与之言战,诚不足以御敌耳。且侨人蓄志数十年,一旦犯我,此其平日之讲求整顿训练营伍可知矣。彼以夙经训练之众,我以仓猝之军与之言战,虽名将亦束手无策",③ 但广东天地会首领刘永福仍然接受了清政府委派,率领主要由天地会成员组成的黑旗军东渡台湾,协助台湾巡抚唐景崧守御台湾。"及台北陷,景崧走,台民以总统印绶上永福,永福不受,仍称帮办。日舰驶入安平口,击沉之。攻新竹,相持月馀,兵疲粮绝,永福使使如厦门告急,并电缘海督抚乞助饷,无应者。而台南土寇为内间,引日军深入,破新化,陷云林,掇苗栗,轰嘉义,孤城危棘,永福犹死守。日台湾总督桦山资纪贻书永福劝其去,峻拒之。"④ 并且"从容不迫,爰整其旅,择险要之地,层层布置",同时"命其三公子仁卿、刺史印成良统领选调旧部数营,镇守打狗海口;犹子荧、楼大令、印明光总理营务处;犹子禹、卿明府、印圣谟参谋军机,筹饷筹械接济。前敌将领如胡昆山、方兴邦、陈洪昌、刘步高、王振贵、邱启标、刘胜元、李汇青、刘世璋、陈乘莲俱冲锋破敌,奋不顾身。以上诸君均系在越南时身经百战之旧部也"。⑤ 刘永福还"令熟番以酒肉、蔬果等物招致生番,与之结纳,告以大义,其各舍死忘生",⑥ 参与抗拒日军之战。后"日军乃大攻城,城陷",刘永福被迫返回大陆,"内渡后,诏仍守钦州边境"⑦。临终前,刘

---

① 《湘粤剿灭哥老会文稿》,《近代史资料》总67号,中国社会科学出版社1987年版,第75—77页。
② 戚其章:《中日战争》第12册,中华书局1996年版,第138—139页。
③ 《刘永福等盟约》,戚其章《中日战争》,《中日战争》第六册,中华书局2005年版。
④ 赵尔巽等:《清史稿》卷463《列传》,中华书局1977年版,第12738页。
⑤ 《台南军务》,《申报》光绪二十一年六月初八日,第1页。
⑥ 《译西字信纪台湾近状》,《申报》光绪二十一年六月十九日,第1页。
⑦ 赵尔巽等著:《清史稿》卷463《列传》,第12738页。

永福仍念念不忘报效祖国,表示:"吾今已矣,行将就木,恨不能起而再统师干,削平丑类,以强祖国","不使外洋欺我中国",希望其他人能"发奋为雄,抱定强种主义,投军报效,以竟予未了之志"。只要"国基巩固,国势富强,吾虽死,九泉之下,亦将额首而颂太和"①。

在 19 世纪后半叶的反洋教运动中,会党也表现出一定的民族大义。如在义和团运动之前,湖北襄阳洪门领袖梁士宽和其后的鹿化英、邵老五,就曾经领导会众在黄龙观千户堰一带进行武装斗争,反对帝国主义分子和贪官污吏。斗争失败后,梁士宽、邵老五先后英勇牺牲。光绪二十六年(1900),在义和团运动的影响下,洪门又领导襄阳、老河口人民开展了大规模的反洋教斗争,把所有的教堂以及大买办盛宣怀和洋商合办的电报局打得稀烂。② 光绪二十九年(1903),为反对外国传教士的不法行为、维护国家主权,陕西平利县江湖会首领何彩凤公开竖起"兴汉灭洋"的旗帜,领导会众举义,后遭当局镇压,死伤数百人。③

(二)抗日战争时期会党的民族大义

会党在抗日战争中表现出来的民族大义,也值得关注。青帮在抗战伊始便显示了爱国主义情怀。1937 年全面抗战爆发后,7 月 22 日,上海市各界抗敌后援会成立,杜月笙、陆京士等多名青帮成员为主席团成员。其中,杜月笙肩负重任,担任筹募委员会主任,负责筹募援助给抗日部队的各项经费。仅仅一个多月,就筹集经费 150 余万元国币。杜还主动将自己在杜美路的住宅借给财政部劝募委员会作办公之用,并积极发动与组织上海各界力量认购救国公债 7500 万元国币,占全部发行量 1/6。同时,筹集大量毛巾、香烟、罐头食品去前线劳军。范绍增回忆说:"七七事变刚一开始,杜月笙就在上海大声疾呼,要那些还在过着花天酒地的人不要再那样醉生梦死,上海也有发生战争的可能,并着手组织上海市

---

① 李健儿:《刘永福传》,(台湾)文海出版社 1976 年版,第 271 页。
② 华中师范学院历史系中国近代史教研组调查小组:《辛亥革命时期的鄂北江湖会》,《江汉学报》1961 年第 1 期。
③ 中国人民政治协商会议陕西省委员会文史资料研究委员会编《陕西文史资料选辑》第 16 辑,陕西人民出版社 1984 年版,第 215 页。

救护委员会，大肆征募医药用品。""上海开战后，他又组织抗战后援会，向工商界摊派和征募了巨额物资和现金，为数在千万元左右。"① 杜月笙并向朱学范表示，"上海工人武装抗日，可由筹募委员会出钱，他出枪支"②。杜本人还积极向军队捐献了飞机、轮船、装甲车、通讯器材等装备。杜月笙甚至向八路军也捐献了1000具从荷兰进口的防毒面具。③ 日军占领上海后，为配合国民政府封锁长江的计划，杜月笙率先指令将自己的轮船公司的几艘轮船凿沉，以阻塞长江航道，迟滞日军进攻。在杜月笙的带动下，其他轮船公司纷起效仿，凿船沉江，为封锁长江计划的执行作出了一定贡献。其他一些青帮成员在"八一三"战事爆发后也捐献了不少物资，如"在上海的'恒社'会员捐献了大量的军用物资，如大小汽车、汽油、电讯器材、棉背心、罐头食品等，交由崔仙叔运送前方，赠献给三十二师，大大鼓舞了抗战士气"④。

相较于青帮而言，洪门在抵御外侮中的表现，有过之而无不及。洪门标榜"我洪门为复国而起，为保国而存，为富强国而力图进取，肩斯重任，宏济巨难，舍我洪门，其谁与归。我洪门人士，其奋兴乎"。⑤ 在国难当头之际，的确有诸多洪门组织体现了高度的爱国主义精神。兹以上海洪门为例。1935年3月，上海洪门"五行山"成立，其之所以命名为"五行山"，意即以金木水火土的物质力量来消灭日寇，收复东北。而其山堂香水也被命名为"五行山、卫国堂、团结香、保家水"。"五行山"的出山柬檄文更是充满了民族大义：⑥

---

① 范绍增口述，沈醉整理：《关于杜月笙》，《河北文史资料》编辑部编《近代中国帮会内幕》上卷，第371页。

② 朱学范：《上海工人运动与帮会二三事》，中国人民政治协商会议上海市委员会文史资料工作委员会编《旧上海的帮会》，第16页。

③ 邢建榕：《潘汉年与杜月笙的一段交往》，《档案与历史》1985年第1期。

④ 崔锡麟：《我所知道的清洪帮》，《河北文史资料》编辑部编《近代中国帮会内幕》上卷，第139页。

⑤ 《中国致公党简史》编辑委员会：《中国致公党简史（1925—2009）》，第236页。

⑥ 崔锡麟：《我所知道的清洪帮》，《河北文史资料》编辑部编《近代中国帮会内幕》上卷，第112—113页。

呜呼，九一八，一二八，我大好河山竟被日寇侵略，东北沦陷，沪江喋血，倭奴小鬼，俨同野兽，鲸吞我徒弟，劫掠我财富，杀害我同胞，奸淫我妇女，我无辜人民，白骨如山，血流成河。……是可忍也，孰不可忍也。石达开有言："忍令上国衣冠，沦于夷虏；相率中原豪杰，还我河山。"我洪门哥弟皆炎黄子孙，不能坐以待毙，爰创立"五行山"，高举义旗，联合中原之豪杰，聚合天下之英雄，誓扫东夷，还我河山。为此呼吁三山五岳之袍哥，协力同心，浴血奋战，灭此朝食，痛饮黄龙。

"五行山"还制定了"十条十款"，其内容与抗日密切相关。"十条：一、打倒日本小鬼；二、继续反清复汉；三、收复东三省；四、消灭满洲国；五、反对投降卖国；六、铲除一切汉奸；七、反对外国侵略；八、不做外国奴隶；九、义气团结，互相帮助；十、有福同享，有祸同挡。""十条"中，前八条直接与抗日相关，而后两条也与抗日有一定联系。"十款"有两款与抗日直接有关，即"六、不准屈服投敌；七、不准私通敌伪"。第九款"不准卖友求荣"也和抗日有一定联系。在歃血同盟时，"各人挨次饮一口血酒，表示万众一心消灭日寇，恢复东三省，痛饮黄龙"。饮酒毕，"由坐堂徐逸民大哥宣读誓词一句，全体哥弟同声宣读。誓词曰：义气团结，誓灭倭奴，如有违背本山纪律，甘愿自裁"。

1935年4月，刘师亮撰写的《汉留大观》在上海出版。该书之所以在这个时候出版，是因为"方今暴日凭陵，挟溥仪据我东北，引起远东之风云紧急，波及世界和平。欲敉平此种危机，非民族自治力量坚强不可。窃汉留乃民族自治集团，允宜复兴之必要"，[1] 而"兴汉排满，汉留之主义也。振兴民族，汉留之精神也"[2]。很显然，该书的出版，带有很明显的号召洪门成员奋起救亡图存之目的。

在日本发动全面侵华战争后，向松坡（向海潜）带头践行了上述"十条十款"的规范。他以抗日团结为号召，在上海广大工人中积极活

---

[1] 刘师亮：《汉留大观》，中外印刷公司1935年版，第4页。
[2] 同上书，第14页。

动。向松坡这样做，是有其群众基础的。早在全面抗战爆发前，向就让其手下在申新五厂、六厂、七厂、怡和洋行、和平洋行等企业的工人中做思想工作，"大讲团结抗战，要求兄弟们不仅要抱洪门的义气，还要抱中国人的义气"①。1937年8月13日日军进攻上海，"五行山"的成员为抗日捐献了大批物资，"送来的物资有大小汽车、大量石油及军用电器器材、无线电器材，以及军用服装（棉背心有几万件）和大量罐头食品"②。

抗战全面爆发后，除"五行山"之外，还有不少洪门组织也以抗日救国为己任。在重庆，1939年，"皕华山"在重庆山王庙成立，并确立该组织的宗旨为"反对日本异族，还我河山"。其山堂香水为"皕华山、抗日堂、义气香、四海水"。该组织还试图联络"五圣山""长白山""太华山"等洪门组织，建立全国统一的洪门组织，以便团结起来共同抗日。1940年4月，"天龙山"在上海义善会关帝堂举行了开山仪式，明确宣布以"复兴民族，振兴中华"为职志。③

抗战爆发后，诸多洪门成员各尽所能，积极投身于抗战事业。以上海为例，在沪洪门中有不少成员投入了抗战事业。据姜豪回忆："洪门中有很多人支援抗战，如开办伤兵医院，慰劳前线将士，救济难民等工作。也有搞游击队的，如五行山的汪禹丞和我搞过东南国民抗日自卫军。当时五行山有些弟兄在上海县、嘉定县和江阴县等处联络地方保卫团遗留下来的一部分部队，准备搞游击队，汪禹丞和我计划把他们集中起来统一指挥，曾用东南国民抗日自卫军名义，派杨鸣孝下乡联系，我并把情况通过秘密电台向国民党中央汇报。其后重庆军事委员会派人来沪同我联系，我就把几个地方的关系介绍给他们，其中江阴部分有300多人，枪百余支，主要是原来地方保卫团人员。后来听说这些部队都参加了新

---

① 朱学范：《上海工人运动与帮会二三事》，中国人民政治协商会议上海市委员会文史资料工作委员会编《旧上海的帮会》，第18页。

② 崔锡麟：《我所知道的清洪帮》，《河北文史资料》编辑部编《近代中国帮会内幕》上卷，第116—118页。

③ 佟伟：《青帮一贯道档案解密》，（台湾）灵活文化事业有限公司2008年版，第203—204页。

四军。"①

除了上海外，其他省份的洪门组织也有不少接受了中共的领导，投入了抗日斗争。如在广东，博罗县洪门会首领黄梅先受中共统一战线政策的影响，在日军占领广州后，"曾三次主动去惠（阳）东（莞）宝（安）抗日前线，找到广东人民抗日游击队东江纵队司令部，请求派员去领导他们"。另外两位洪门首领邓子庭和李觉也先后接受了共产党的领导，投身于抗日斗争。邓子庭有人枪约三十，经黄梅先介绍与东江纵队有了接触，后在东江纵队的教育下，最终加入抗日队伍。李觉有人枪约二十，加入东江纵队后，曾参与东江纵队的公庄保卫战等战斗。②

其实，对于哥老会和青帮等会党所具有的民族大义，中共早就注意到了。1936年7月15日，中共中央以苏维埃的名义发布了《对哥老会宣言》（以下简称《宣言》），明确提出："苏维埃政府是全中国被压迫人民的政府，凡属被国民党政府摧残和通缉的人民，我们负招待保护之责。因此，哥老会可以在苏维埃政府下公开存在，我们更设有哥老会招待处，以招待在白区站不住脚的英雄好汉，豪侠尚义之士。"并欢迎"各地、各山堂的哥老会山主大爷，四路好汉弟兄都派代表来或亲来与我们共同商讨救国大计"。《宣言》号召各地哥老会"不管我们过去互相间有过怎样的误会与不满，我们现在都应该忘却抛弃，我们要在共同的抗日救国的要求下联合起来，结成亲密的、兄弟的团结，共抱义气，共赴国难"。③ 7月16日，中共中央又发出了《中央关于争取哥老会的指示》（以下简称《指示》），《指示》首先对哥老会的组织性质作了分析，认为"哥老会是中国许多秘密结社（如青红帮、礼门、三合会、红枪会）中之一，是中国历史遗留下来的许多不满意当时统治的知识分子（如明末遗老，清时不得志的文人，富有民族思想与急公好义的有志之士）与所谓'下层社

---

① 姜豪：《洪门历史初探》，《河北文史资料》编辑部编《近代中国帮会内幕》下卷，第15—16页。
② 林道行供稿，黄松源整理：《博罗洪门会》，博罗政协文史研究委员会编《博罗文史》第2辑，博罗政协文史研究委员会1985年出版，第9—10页。
③ 中共中央书记处编：《六大以来》（上册），人民出版社1981年版，第766—767页。

会'结合起来的非法的群众组织。这些下层社会的分子大都是农民,手工业者,士兵,与游民,在政治上经济上是最受压迫与剥削的阶级与阶层"。并注意到了哥老会作为秘密结社所具有的两面性,认为"在哥老会代表民族利益与群众利益(如主张兴汉灭满,打富济贫,反对贪官污吏等),举行反对统治阶级的斗争时,它们常常尽着革命的作用。但它的思想与组织形式,带着极浓厚的保守的、迷信的、封建的与反动的色彩。因此,它又时常为反革命的野心家与军阀官僚所利用、收买,而成为反革命的工具。这是他们得不到无产阶级领导时所必然产生的结果"。根据哥老会的组织特性,并"根据人民统一战线的原则,哥老会是有群众的,是可以参加抗日反卖国贼的一种群众力量",①《指示》提出对哥老会策略是在争取哥老会,并明确指出:"这一策略的决定,是由于以下的几个出发点:(甲)根据人民统一战线的原则,哥老会是有群众的,是可以参加抗日反卖国贼的一种群众力量。(乙)苏维埃是一切被压迫与被剥削的人民的出路与救星。凡属在国民党统治下非法的群众团体,苏维埃负有招待与保护的责任。(丙)使全中国秘密结社中的广大群众,同情与拥护苏维埃,为苏维埃的胜利而斗争。"规定"争取哥老会的策略应该依照下列方针:(甲)推动与吸引他们参加到抗日救国的统一战线中来。(乙)在哥老会中发扬哥老会的革命传统,逐渐消除哥老会中保守的、迷信的、封建的、反动的思想与成份,使之适合于社会的与革命的发展趋势。(丙)允许哥老会在苏区内公开存在,并招待与起用在国民党区域内一切被压迫的江湖好汉,英雄豪杰之士"。《指示》还详细规定了争取哥老会团结抗日的具体措施:"(甲)注意物色与哥老会有关系的人物,最好是从前曾经参加过哥老会的同志或革命群众,首先同哥老会中的龙头大爷,特别是豪杰尚义之士,进行统一战线的谈判,并传达苏维埃对于哥老会的态度。(乙)鼓励与帮助哥老会中进步的优秀的分子,利用开山堂等方法,取得某一地区的哥老会的领导权,使他们担负起转变哥老会为革命的群众组织与领导群众参加革命的任务,吸收其中最可靠的分子加入共产党。(丙)选择干练的同志直接加入哥老会,去从内部进行工作,使哥

---

① 中共中央书记处编:《六大以来》(上册),人民出版社1981年版,第768页。

老会转变为革命的群众组织，或争取其中广大的群众到革命方面来，特别注意于这一工作同白区白军工作与利用公开活动的联系。（丁）对哥老会中有威望的龙头大爷以及一切旧道德旧习惯或宗教仪式，应采取慎重的与耐心的态度，在工作过程中逐渐的使之改良进步。"① 1940 年 12 月 30 日，为进一步做好对哥老会和青帮的抗日统战工作，中共中央发出了《关于哥老会清帮工作的初步指示》，将争取哥老会及青帮大部分人士积极参加抗日作为抗日统一战线与民众运动的重要任务之一。

从上述三个文件不难看出，中共对近代会党有着正确的认识，既看到了近代会党有着"保守的、迷信的、封建的、反动的思想与成分"的一面，但也看到了其具有民族大义、愿意抗日的一面，明确指出"哥老会是有群众的，是可以参加抗日反卖国贼的一种群众力量"。他们中不乏"豪杰尚义之士"，可以使其参加到抗日统一战线中来。这一评价，实际上间接肯定了近代会党在民族危难关头所具有的民族大义，而这恰恰是中共愿意与之建立抗日统一战线的关键因素。

由上述可见，近代会党"舍生取义"的精神不仅仅体现为营救被捕同党、替组织成员复仇，也体现为民族危难关头抵御外侮，维护民族尊严与国家利益。就此而言，近代会党对于义利关系的处理绝非仅仅限于私人关系的范畴，而是上升到了群体乃至国家的层面。而这与儒家视维护国家利益为大义的义利观是基本一致的。

不过，因近代会党组织成分复杂、成员素质总体低下等原因，并非所有会党组织和成员都具民族大义。叛国卖国的也有不少。广东天地会头目卢亚景在鸦片战争中以香港为据点，"串通香山、新安奸民"，为英国兵船采办伙食。英军实际占领香港后，卢亚景又伙同邓亚苏、何亚苏等人设立联义堂、忠义堂等名目，协助英军对抗广东团练壮勇。② 第二次鸦片战争中，英国在香港招募的近千名苦力也多是三合会成员，他们协同英法联军北上作战。1856 年 10—11 月，陈开起义军余部王亚兴等人追

---

① 中共中央书记处编：《六大以来》（上册），第 768—769 页。
② 《道光朝筹办夷务始末》第 3 册，中华书局 1964 年版，第 1404 页。

随英军进攻广东省河炮台。①

抗日战争中，更是有不少会党分子成了日寇帮凶，置国家安危与民族大义于不顾。②汪伪政权就曾设立"中华洪门联合会"和"安清总会"，专事收买会党分子，一大批会党成员因而投靠了汪伪政权。上海青帮三大亨之一的张啸林及其门徒就投靠了汪伪政府，张后来甚至还担任了伪浙江省省长。即便远在武汉的青帮头子计国桢、葛树森、李清泉等，也派人与"安清总会"联系上，在汉口设立了"安清总会"武汉分会，广收会员，为汪伪政权效力。③而"中华洪门联合会"在建立后也积极为日伪政权出力，利用媒体鼓吹"大亚洲主义"和"共存共荣"思想，甚至鼓吹"没有日本，中国就无法生存"，展现出十足的奴性与媚日情结。④广州沦陷后，一些洪门败类如李荫南、冯壁峭、郭卫民等，在广州日军特务机关长矢崎勘二少将的指使下，组建了"五洲华侨洪门西南本部"，由李荫南担任会长。该组织在日伪支持下，利用多种方法诱迫人参加，并恢复了机器总工会和下面的支部，强迫各支部所属的工人全部参加"五洲华侨洪门西南本部"，否则就会丢掉工作。甚至连广州市的轮渡码头工人和路边香烟摊贩都被迫加入了"五洲华侨洪门西南本部"，以至于该组织规模庞大，成了日伪政权统治广州的有力帮凶。⑤

总之，从近代会党对内部成员的义利关系的处理和对与民众的义利关系的处理来看，近代会党的义气观主要是一种人生价值观，它所要回答的问题是道义与物质利益的关系问题，而在回答这一问题时，近代会党深受儒家重义轻利义利观的影响，并将抽象的儒家义利观落实而为具体的组织规范与行动。不过，义利观是有阶级属性的，"不同阶级的义利

---

① [日] 佐佐木正哉：《清末的秘密结社（资料编）》，日本近代中国研究委员会1967年版，第30—32页。

② 邵雍：《日本侵略者利用中国帮会破坏抗战述略》，《上海师范大学学报》1997年第4期。

③ 佟伟：《青帮一贯道档案解密》，第81页。

④ 同上书，第206页。

⑤ 何崇校：《解放前广东最大的一个帮会——洪门忠义会始末》，中国人民政治协商会议广东省广州市委员会文史资料研究委员会编《广州文史资料》第18辑，第195—196页。

观是由不同阶级的地位决定的"。① 由于近代会党绝大多数成员来自失业、半失业阶层,因此就其义气观而言,所反映的是那些失业、半失业阶层的利益。而对这一阶层而言,维持生存是其面临的首要使命,这或多或少导致了近代会党并非任何时候、也并非所有的会党成员都是重义轻利的,如前所述,近代会党组织中重利轻义的也大有人在。此外,近代会党对"义"与"不义",也缺乏正确认识,并因此而使其行为偏离了重义轻利的义利观。例如,广西会党在和革命党合作反清期间,一些会党首领就做出了有悖于重义轻利之精神的举动,并因此而造成了不良后果。如关仁甫把运动清军的经费花掉,致使原来答应起义的东兴防军爽约。河口起义时,黄明堂所部闹饷索粮,拖延了进攻蒙自夺取敌人军火库的有利时机。梁兰泉要求多给活动经费,不遂,竟扬言行刺孙中山,故意暴露总机关住址的秘密。而哥老会"元堂"、东路巡防营哨官唐灿章、贵州著名袍哥李先春被立宪派重金收买,在贵阳"二·二"事变中指使部下杀害了五路巡防营总负责人黄泽霖,并想对军政府枢密院长张百麟下毒手。② 上述行为,显然属于见利忘义的行为,这表明,近代会党的义气观与儒家的义利观不尽一致。儒家义利观判断"义"与"不义",遵循的是德性原则,而会党判断"义"与"不义"的标准,既包含了德性原则,也包含了利益原则。近代会党大量存在的抢劫伤人等种种不义行为,即与此有着密切关系。尤其是在义与利的关系处理上,近代会党存在严重的互相矛盾之处。如前所述,其所强调的"义气观"充满了浓厚的"谋利"色彩,且其谋利行为的受益对象主要局限于组织内部,在组织不被政府承认因而处于非法境地的背景下,其谋利行为主要是集聚组织力量,采取抢劫等暴力手段或以暴力手段为基础,为满足组织成员的利益需求而从组织外谋取大量资源,并为此要求组织成员为了兄弟之义可以放弃或牺牲自己的利益,同时也可以不顾道义而掠夺他人财物。与此同时,会党为组织发展的需要,又对外标榜"劫富济贫"等价值观。就此而言,会党所谓的"义气",可分为对内与对外两个层面,对内是"义以为上",

---

① 吕世荣:《义利之辨的哲学思考》,《哲学研究》1998年第5期。
② 邵雍:《哥老会与辛亥革命》,《上海师范大学学报》1991年第3期。

义服从利；对外则视情况而定，有时义服从利，有时义让位于利，甚至有时候还会标榜"兴天下之利，除天下之害"（《墨子·非乐下》），要求个人利益不能与社会整体利益相冲突，这与儒家强调个体对社会整体的道德义务是相一致的，不过，会党更多时候强调的是个人利益服从于会党组织整体利益，只要不伤及组织利益，允许从社会谋取不法利益，如"打单"等。

对于"义"，儒家还有一个重要的主张——"禁民为非曰义"（《周易·系辞下传》），为非而有耻为"义"，即反对人们做坏事的行为均可称作"义"，做了坏事后能够自省，感到羞耻，也是"义"。近代会党有时会禁止成员做坏事，但有时候并不禁止，甚至予以纵容、支持，或者做了坏事后，并没有孟子所言的"羞恶之心"。这明显与儒家对"义"的理解相悖，以致会党内部"不义之财""不义之举""不义之人"时有发生。

此外，还必须指出的是，在儒家看来，"义"是一种自律伦理，而非他律伦理。① 也就是说，社会成员要遵守"义"的原则，必须自身不断内化"义"的原则，使其成为社会成员价值观和世界观的有机组成部分，并成为其自觉遵守的行动准则。但根据上述表述，我们可以发现，近代会党所强调的"义"，带有很明显的他律色彩，即只注意通过惩罚性或恐吓性的手段，来强制组织成员遵守关于"义"的伦理，而没有注意有意识地对组织成员进行相关教育。如此一来，会党成员在缺乏组织监督的情况下，很可能出现违背"义"的原则的行为。

由上述观之，近代会党的义气观，实际上是一种非常复杂而且矛盾的文化现象。随着时代和环境的变化，会党在不同历史时期，与不同的政治集团或社会势力发生联系，其对"义"的判断标准带有很大的不确定性，因而其"义气观"的内涵会有所改变，甚至发生本质变化。因此，要正确理解近代会党的义气观，尚需将之置于具体的、历史的、社会的情景中来作进一步深入探究。

---

① 蒙培元：《略谈儒家的正义观》，《孔子研究》2011年第1期。

第三章

儒家思想与近代会党忠君观

忠君观是近代会党价值体系的重要组成部分，综观近代一些有影响的会党举事，无论是以哥老会为领导与骨干的余栋臣起义所提出的"顺清灭洋"口号，还是唐才常率自立军起义提出的"勤王"口号，无不包含有鲜明的忠君观。虽然颇多的学者对近代会党的忠君观有所论述，但均语焉不详，由此导致目前对近代会党忠君观的认识还非常模糊，也因此使得对会党在中国近代社会变迁中作用的认识存在严重分歧，所以有必要对近代会党的忠君观进行更深入的研究。那么，近代会党忠君观产生的社会根源何在呢？近代会党又是如何践行忠君观的呢？清政府对会党的忠君之举作何反应呢？与此同时，为何又有部分会党标榜"反清复明"呢？这些均是值得深入探讨的问题。

第一节 近代会党忠君观产生的社会根源

众所周知，任何一种思想都绝非凭空产生，而只能源于现实。近代会党的忠君观也不例外，它的产生有其深厚的社会根源。从社会软控制的角度看，近代会党忠君观的产生，与清廷刻意借助儒家思想来宣扬、推行忠君观有直接关系。

一 通俗文艺作品的影响

对于通俗文艺作品对民间社会的影响，早在咸丰元年（1851），清政府在查处湖南秘密宗教案时，就有所认识。清政府发现《水浒传》"湖南各处坊肆皆刊刻售卖,蛊惑愚民,莫此为甚"①。同治五年,江西巡抚刘坤一在论及优戏在江西民间社会的影响时言道:"优戏者,即古乐府之遗意,最足以感发人心。往往有愚夫愚妇,谕之以条教号令而不肯信,董之以父兄师傅而不肯从,每于优戏场中,见有扮演古来忠臣孝子、义夫节妇,尽理尽情,可歌可泣,莫不神色飞动,且有涕泗横流,甚至散后转相告语,啧啧称道不休。"刘坤一指出,当时得到江西民众喜好的通俗文艺作品不但有《西厢记》《红楼梦》等"风流佳话"作品,而且"又有一种背乱之事,如《瓦岗寨》《鸡爪山》以及《粉妆楼》等类多后人附会之说"。"又如《专诸刺僚》等类,亦足以启人逆志。"刘坤一对这类作品在民间社会的广为流传深表担忧:"愚人不读诗书,不识义理,血气是用,更恐心为所摇。""宋江、徐勣之辈,率皆反正为国勋臣,而愚人不究其虚实,不维始终,见其草窃为雄,以为群盗无非豪杰,后世盛传其事,勃然思效其所为,如两广贼目李文茂、陈开等,初皆梨园中人,因该地方最好扮演前项优戏,遂思即真,竟为狂悖。"因此,刘坤一要求"嗣后无论城乡演戏,务择忠孝节义,藉资表扬",而禁演所谓的"淫邪优戏"。②光绪元年(1875),刘坤一调任两广总督,发现通俗文艺作品在广东民间社会亦有很大影响力,"访闻省城内外以及佛山等处地方,每有嗜利之徒刊刻小说淫词印售渔利,又因坊肆不肯出售,辄于市上道傍摆摊卖之。并访闻各属戏班所演杂剧,类多邪淫猥亵悖谬,以逾墙钻隙为风流,以犯上作乱为豪侠,往往连宵彻画,男女聚观"③。由于担心这些通俗文艺作品影响太大可能会导致民众效仿,和在江西的做法一样,刘坤一要求所属"刻字工匠以及坊肆贸易之人只许刊卖经史等项书籍,其各种淫词小说不得刊印出售。即士民之家亦宜约束子弟,不得私行购阅。至戏班搬做杂剧,只准扮演忠孝节义,劝人为善。各种戏文,其或事属

---

① 《清文宗实录》卷38,咸丰元年七月上,中华书局1986年影印本,第528页。
② 《严禁淫邪优戏示》,同治五年二月十七日,欧阳辅之编《刘忠诚公遗集·公牍》卷1,沈云龙主编《近代中国史料丛刊》第26辑,第5241—5242页。
③ 《禁售淫词小说及演唱淫戏示》,光绪二年(缺具体日期),欧阳辅之编《刘忠诚公遗集·公牍》卷2,沈云龙主编《近代中国史料丛刊》第26辑,第5377页。

诙谐，尚足以资鼓掌，至涉奸淫邪盗者，一概不准演唱"①。就刘坤一先后两次在粤赣两省禁止一些通俗文艺作品而言，可概观当时通俗文艺作品在民间社会影响之大，远非其他文艺作品可比，盖因"此等小说戏文最为易知易解，往往见闻所及，历久不忘"②。

光绪二年（1876），《申报》以《论禁戏》为题，从戏剧这样一个侧面报道了通俗文艺作品在民间社会所具有的广泛影响力。该报道称，在晚清社会，"不论富贵贫贱，知愚贤否，男女老幼，一闻有戏，不拘何地，皆趋之若鹜，赴之恐后，一律往观也"。广州一带的民众甚至"有附轮船赴香港以观剧者"。这种争先恐后观剧的场景表明，其时不少民众对戏剧的喜爱已到了痴迷程度，通俗文艺作品对民众的影响也由此可见一斑。该文作者并称"昔时戏馆之设，惟京师、保定、天津、苏州等数处，余则未闻。然予少年在滇时，往往在小县山乡，居然有借庙中戏台演戏以卖钱者"。而"自通商之后，凡西商租界，皆许伶人设馆演戏以卖钱者，始则创于香港，继则及于上海，后则至于镇江，今则又闻宁波亦有戏馆之设"③。从城市到乡村，大量开设戏馆，反映出民间社会对包括戏剧在内的通俗文艺作品的需求是非常强劲的，由此似可推断，包括戏剧在内的通俗文艺作品在近代民间社会应该是极具影响力的。而在近代通俗文艺作品中，《水浒传》《三国演义》等通俗小说作品在民间社会尤其具有广泛的影响力。对此现象，梁启超指出："自元明以降，小说势力入人之深，渐为识者所共认。盖全国大多数人之思想业识，强半出自小说。"④ 作为民间秘密结社性质的会党，亦深受这些作品的影响。罗尔纲先生在《〈水浒传〉与天地会》一文中曾言："天地会拜天地为父母，结异姓为兄弟，创立一个四海一家的革命团体，其思想来源出自《水浒传》。"并认为："《水浒传》的理想社会是'八方共域，异姓一家'，天地会的组织，正是根据这个理想建立的。"⑤ 陶成章在

---

① 《禁售淫词小说及演唱淫戏示》，光绪二年（缺具体日期），欧阳辅之编《刘忠诚公遗集·公牍》卷2，沈云龙主编《近代中国史料丛刊》第26辑，第5378—5379页。

② 同上书，第5378页。

③ 《论禁戏》，《申报》光绪二年九月初二日，第1页。

④ 梁启超：《告小说家》，《中华小说界》1915年第2卷第1期。

⑤ 罗尔纲：《〈水浒传〉与天地会》，《会党史研究》，学林出版社1987年版，第1—2页。

谈及洪门时亦指出了通俗文艺作品对洪门的影响，认为："洪门借刘关张结义，故曰桃园义气；欲借山寨以聚众，故又曰梁山泊巢穴；欲豫期圣天子之出世而辅之，以奏廓清之功，故又曰瓦岗寨威风。盖组织此会者，缘迎合中国之下等社会之人心，取《三国演义》《水浒传》《说唐》三书而贯通之也。"① 梁启超也有类似的观点，认为："今我国民绿林豪杰，遍地皆是，日日有桃园结拜，处处为梁山之盟，所谓'大碗酒，大块肉，分秤称金银，论套穿衣服'等思想，充塞于下等社会之脑中，遂成为哥老、大刀等会。……小说之陷溺人群乃至如是，乃至如是！"② 通俗文艺作品对近代会党的影响，由此可见一斑。需要注意的是，《三国演义》《水浒传》中的刘关张、梁山好汉等人物，多具浓厚"忠君"思想，近代会党效仿他们，也包括了效仿其"忠君"观念，故广西著名艇匪首领张钊、田芳等向清政府投诚时称："梁山三劫诏书，竟成栋梁；瓦岗累抗天兵，终为柱石。自古英雄，其义一也。"③

二 清廷大力宣扬儒家孝道观和程朱理学

和历代封建王朝相比，清朝对忠君思想的推崇是历史上少见的，尤其是注意向民间社会不断灌输忠君思想。其向民间社会灌输忠君思想，主要是通过宣讲儒家的有关学说来完成，而其中又以大力宣扬儒家的孝道观为首要，试图通过宣扬孝道观，移孝作忠，来达到宣扬忠君思想之目的。何以如此呢？对此，陈独秀曾言："孔子之道，以伦理政治忠孝一贯，为其大本，其他则枝叶也。"④ 换言之，清廷"移孝作忠"这一做法是有儒家的相关理论作为其根据的。在儒家看来，"君子之事亲孝，故忠可移于君；事兄悌，故顺可移于长"（《孝经·广扬名》）。⑤ "事君不忠，非孝也。"（《大戴礼记·曾子大孝》）"忠者，其孝之本与！"（《大戴礼

---

① 汤志钧编：《陶成章集》，中华书局1986年版，第423页。
② 梁启超：《论小说与群治之关系》，《新小说》1902年第1卷第1期。
③ 广东文史馆、中山大学历史系合编《广东洪兵起义史料》（上册），第131页。
④ 陈独秀：《复辟与尊孔》，《独秀文存》，安徽人民出版社1987年版，第112页。
⑤ 该书为儒家十三经之一，传说是孔子自作，但早在南宋时就有人怀疑是后人附会而作。清代纪晓岚则指出，该书是孔子"七十子之徒之遗言"，成书于秦汉之际。

记·曾子大孝》）当然，更重要的是，在儒家看来，以孝治天下，可使"天下和平，灾害不生，祸乱不作"（《孝经·孝治》）。对中国社会这种移孝作忠的做法，黑格尔曾评价道："中国纯粹是建筑在这样一种道德结合上，国家的特征便是客观的家庭孝敬。"① 马克斯·韦伯也认为，在中国，"孝是引出其他各种德性的元德"。② 对移孝作忠，曾国藩亦曾宣称"欲全孝必思全忠"。③ "君子之孝，尤重于立身，内之刑家式乡，外之报国惠民。"④ 其所谓"报国"者，实则"忠君"耳。

  移孝作忠并非始于清朝，至迟在汉代，就开始了"以孝治天下"的政治实践，并最后完成了"移孝作忠"的历史和逻辑过程。⑤ 此后，经一千多年的传承，"移孝作忠"的策略一直得到封建统治者的高度重视。清朝亦然。为践行移孝作忠的治国策略，早在清初，顺治帝即根据儒家的孝道观，编辑了《孝经衍义》和《御注孝经》，并规定了每月两次的"六谕"宣讲制度。而康熙帝对孝道的重视尤甚，颁布了以儒家思想为指导的由十六条政治—道德准则组成的"圣谕"，其中第一条即规定"敦孝弟以重人伦"，并要求"每遇朔望两期，（州县）务须率同教官佐贰杂职各员，亲至公所，齐集兵民，谨将《圣谕广训》，逐条讲解……至于四外乡村，不能分身兼到者，则遵照定例，在于大乡大村，设立讲约所"，⑥ 以确保孝道忠君观念务必传达至每个臣民。雍正二年（1724），雍正帝亲自撰写了以礼教思想为核心的《圣谕广训》，对康熙十六条"圣谕"进行详细解释，"通饬各直省地方官，于每月朔望，剀切宣讲，务使乡曲愚民，咸知向善，列圣相承。谆谆告诫，不啻再三"⑦。乾隆、嘉庆朝对孝

---

  ① ［德］黑格尔：《历史哲学》，上海人民出版社1990年版，第232页。
  ② ［德］马克斯·韦伯：《儒教与道教》，商务印书馆1995年版，第208页。
  ③ 李瀚章编撰，李鸿章校刊：《曾文正公全集》第2册，《曾文正公奏稿》卷9，中国书店2011年版，第292页。
  ④ 李瀚章编撰，李鸿章校刊：《曾文正公全集》第5册，《曾文正公书札》卷2，中国书店2011年版，第37页。
  ⑤ 参阅柳恩铭《思想政治教育的文化传承与创新研究》，广东人民出版社2009年版。
  ⑥ 田文镜：《钦颁州县事宜》，许乃馨辑《宦海指南五种》，光绪十二年九月荣录堂重刻本，第8页。
  ⑦ 《清穆宗实录》卷135，同治四年四月上，中华书局1987年影印本，第187页。

道观的宣讲也是不遗余力。①

　　道光以降，由于民众起义频仍，尤其是太平天国起义爆发，封建的忠孝观受到了巨大冲击，"以致人心风俗，败坏滋深。不但乡里小民，日趋邪僻。竟有身列胶庠，觍然四民之秀，亦竟离经畔道，而肆无忌惮者"②。为消除民众起义对忠君思想的消极影响，道光三十年（1850），裕泰等人借雷再浩、李沅发起义后的善后事宜，上奏要求"设义学，访延明经之士，岁时讲求教课，总以辟邪说为要，随时化其桀骜，启其愚蒙。并令选择绅士，于朔望宣讲《圣谕广训》，使之潜移默化，返朴还淳"③。咸丰元年（1851），由于太平天国的爆发，"两江总督陆建瀛奏请崇正学以黜邪教"，咸丰帝遂"降旨饬令各地方课士授徒，均以御纂《性理精义》《圣谕广训》为讲习之本，良由士为民倡，士习端则民风自归淳正"。并指出："近年两广盗贼肆行，据奏多系会匪煽惑，乡曲愚民习闻异说，致罹法网，朕甚悯焉。因思正人心必先息邪说，息邪说必先广化导。"咸丰帝特意要求重印《圣谕广训》，"命英武殿勒石拓印，颁行天下。各直省将军、督抚、府尹、学政，督饬地方文武官员及各学教官，钦遵宣布，无论官绅士庶均准摹勒刊刻，以广流传"。以期"山陬海澨，乡塾颛蒙，口诵心维，涤瑕荡秽，咸晓然于名教之可乐，邪说之难容。父师以是为教，子弟以是为守，正道既明，群情不惑，一切诞妄之言无从煽诱，薄海苍黎，涵濡圣化，风俗蒸蒸日上"④。同治元年（1862），清廷再次倡导宣讲《圣谕广训》，颁谕各处"城乡市镇，设立公所，宣讲《圣谕》，务使愚顽感化，经正民兴，正学昌明，人才蔚起"。⑤ 同治二年（1863）清廷又一次颁谕，指出"宣讲《圣谕》，尤为化导之本"，要求"各省学臣，督饬教官，实力宣讲《圣谕》，考其勤惰，分别劝惩，庶几经明行

---

① 参阅常建华《清代的国家与社会研究》，人民出版社2006年版，第70—81页。
② 《清穆宗实录》卷135，同治四年四月上，第187页。
③ 裕泰：《酌筹新宁善后事宜八条》，道光三十年五月二十九日，黎青《清代秘密结社档案辑印》第9册，第3164页。
④ 《清文宗实录》卷38，咸丰元年七月下，第529页。
⑤ 《清穆宗实录》卷52，同治元年十二月中，中华书局1987年影印本，第1424页。

修，邪慝不作"①。同治四年，清廷再一次指示要求将《圣谕广训》"宣谕中外，实力奉行，毋得虚应故事"②。并指示"顺天府五城及各省督抚大吏，严饬所属地方官，选择乡约，于每月朔望，齐赴公所，敬将《圣谕广训》各条，剀切宣示。其距城较远各乡，即著该地方官选择品行端正绅耆，设立公所，按期宣讲，仍由该地方官随时考察，毋得日久玩生。教谕、训导等官，课士而外，惟当与诸生讲论孔孟之道，以砥砺其身心。其各省学政，按临处所，亦当督同学官，随时阐扬正教，认真开导，俾士民各端趋向，有所遵循。倘有地方州县及各学教官，虚应故事，奉行不力者，即由该管督抚、学政据实参处，以维风化而振愚蒙"③。

除了大力宣扬儒家的孝道观外，清廷还竭力推崇程朱理学，之所以如此，是因为程朱理学把三纲五常看成是天理良知，人之本性，尤其是在封建皇权受到民众起义严重威胁的情况下，程朱理学客观上有利于强化皇权主义观念。早在清前期，清廷便大量重刊《性理大全》，辑刊《朱子大全》，并由皇帝亲自组织编写理学著作，向全国推广。晚清亦是如此。咸丰年间，咸丰帝大事召集儒家学者编撰程朱理学讲义，以期"父师以是为教，子弟以是为守，正道既明，群情不惑，一切诞妄之言，无从煽惑"。④ 为此，当时以曾国藩为代表的一大批儒臣撰写了大量道德文章，四处宣讲程朱理学，志在使全国民众无一不处于忠君思想的影响之下。曾国藩曾言："凡仆之所志，其大者欲行仁义于天下，使万物各得其分；其小者则欲寡过其身，行道于其妻子，立不悖之言以垂教于乡党。"⑤

三 会党对关帝的信仰及清廷对关帝信仰的控制

(一) 清前期会党对关帝的信仰

我国民间社会对关帝的信仰由来已久。自《三国志》最早出现关羽传记以后，关羽的故事经戏剧、说书等通俗文艺作品广为传播，以至神

---

① 《清穆宗实录》卷88，同治二年十二月中，中华书局1987年影印本，第861页。
② 《清穆宗实录》卷135，同治四年四月上，第187页。
③ 同上。
④ 《清文宗实录》卷38，咸丰元年七月下，第529页。
⑤ 李瀚章编撰，李鸿章校刊：《曾文正公全集》第5册，中国书店2011年版，第26页。

化，关羽因此被民间视为无所不能的万能之神。而且"关羽几乎兼备了中国封建社会'大丈夫'的全部美德，以勇立功，以忠事主，以义待友，立业、立身、立名，正契合了封建社会各阶层人的心理"。① 因此，更为社会各阶层所敬仰。

早在近代以前，会党就很信仰关帝，视关帝为榜样。乾隆元年（1736），福建绍武县就出现了名为"关圣会"的会党组织。② 乾隆十三年（1748）四月，江西建昌府南丰县民饶令德邀约宜黄、广昌二县民人肖其能、唐维瑞等人结拜盟誓，建立"关帝会"组织。③ 同样在乾隆年间，刘关张在天地会的盟书誓词中即已成为天地会的效仿榜样。④ 最迟在嘉庆年间，关公即已成为洪门崇拜的偶像。据史料记载，嘉庆十一年（1806）九月，籍隶广东南海县之梁大有、钦州之何有信，纠集广西宣化县的方仕纶等人，在宣化县结拜天地会。"梁大有用红纸书写关帝牌位，将拜位之人写一名单，梁大有上前拈香，何有信、方仕纶二人分列左右，余俱随后跪拜。"⑤ 嘉庆十六年（1811），清政府在广西东兰州破获姚大羔天地会，缴获所藏天地会《会簿》，《会簿》里面所记"真主联"写道："日光月明天主现，君王房在四川边。项羽拥衾，千载说仁义之风；关公秉烛，万古表精忠之名。"⑥ 而在"盘问兄弟"里，也提到了关羽："又问：桥是何人所造，答曰：是朱红、朱夸二人所造。又问：兄弟尔从桥上过桥下过？答曰：桥下过。然何桥上又不过？答曰：有三人把守。是何人把守？答曰：桥头有关帝圣君，桥中有观音

---

① 刘晔原：《关公信仰与传统心态》，《文史知识》1987 年第 1 期。
② 庄吉发：《从清代律例的修订看秘密会党的起源及其发展》，《台湾师范大学历史学报》1990 年第 18 期。
③ 邹睿：《清前期秘密会党空间分布研究》，《华中师范大学学报》（人文社会科学版）2013 年第 3 期。
④ 《天地会盟书誓词》，中国人民大学清史研究所、中国第一历史档案馆合编《天地会》第 1 册，第 161 页。
⑤ 《广西巡抚恩长奏何有信结会及班国邦挟嫌图害等情折》，嘉庆十二年九月初八日批，军录，中国人民大学清史研究所、中国第一历史档案馆合编《天地会》第 7 册，第 197 页。
⑥ 《广西巡抚成林为搜获东兰州天地会成员姚大羔所藏〈会簿〉呈军机处咨文》，嘉庆十六年五月初七日发，军录，中国人民大学清史研究所、中国第一历史档案馆合编《天地会》第 1 册，第 5 页。

娘娘，桥尾有土地伯公。"① 从上述答问可以看出，嘉庆年间的天地会已然将关羽和观音娘娘、土地公义气并列为天地会的保护神加以崇拜。嘉庆二十二年（1817），广东佛山人梁老三纠集湖南衡阳人李泳怀等，在广西恭城县结拜忠义会。"梁老三摆设案桌，用红纸写忠义堂三字，粘贴桌边，又供设关帝神位，旁插纸旗五面，并点油灯数盏。"从其入会仪式的会场陈设来看，关帝是其供设的唯一神祇，② 很显然，关帝成了梁老三忠义会崇拜的主神。嘉庆二十五年（1820），广西灌阳县蒋五益添弟会被破获，其所藏会单亦显示了对关羽的崇拜："此刀不是非凡刀，关公流（留）下忠义刀。"③

道光年间，会党对关公的崇拜程度有增无减。此点可以从道光八年（1828）传抄的田林县《天地会文书抄本》得到印证。在该抄本中，有着大量关公崇拜的记载。首先，从该抄本所记载的天地会入会仪式的陈设物来看，已陈设有关帝的牌位，其牌位并配有讴歌关羽对联一副："关千秋弟兄深情，振万古君臣大义"。横批："万古纲常"。此外还有一副对联讴歌关帝："英雄天下无双士，忠义古今第一人。"横批为"盖世英雄"。④ 其次，该抄本中有不少歌颂关公的诗句，例如：⑤

披发

若入堂前上红头，即与万兄说根由。
四海访人来结义，交传好似刘关张。

---

① 《广西巡抚成林为搜获东兰州天地会成员姚大羔所藏〈会簿〉呈军机处咨文》，嘉庆十六年五月初七日发，军录，中国人民大学清史研究所、中国第一历史档案馆合编《天地会》第1册，第11页。
② 《湖南巡抚巴哈布奏李泳怀在广西恭城县结会折》，嘉庆二十二年五月十四日，朱折，中国人民大学清史研究所、中国第一历史档案馆合编《天地会》第7册，第369页。
③ 《两广总督阮元等奏遵旨查办灌阳县添弟会折》，嘉庆二十五年九月二十二日，军录，中国人民大学清史研究所、中国第一历史档案馆合编《天地会》第7册，第390页。
④ 《天地会文书抄本》，庾裕良、陈仁华《广西会党资料汇编》，第496页。
⑤ 同上书，第505—517页。

灵王庙

高溪庙内有关公，长板救主赵子龙。

炎王庙前来分手，不却（觉）今朝又相逢。

拜香

一拜天地君亲师，二拜五祖众神祇。

三拜桃园三结义，四拜明主早登基。

又

兄弟结义在桃园，同心协力忠义全。

今日得会众兄弟，犹（如）古城会圣贤。

五人结拜饮酒之其三

桃园结义刘关张，秉烛读书万古扬。

不是曹公心合汉，便是流名万古香。

（二）近代会党对关帝的信仰

到了近代，关帝依然是会党重要的崇拜偶像与精神寄托。近代洪门组织内部文件中有着大量颂扬关羽"忠义"精神的诗句。以福建的千刀会为例，其留传的六首诗歌中，有三首与关羽有关。第一首云："忠同日月义同天，兄弟结拜是桃园，兄弟不必来盘问，少读诗书说不全。"第三首云："平阳城内有关公，青铜宝镜在斗中，鳌等算盘千斤秤，纸墨笔瓦化为龙。"第六首云："你刀不是杀人刀，乃是关公起义刀，过五关斩六将，不伤洪家半分毫。"① 而在其他洪门组织的内部文件中，颂扬关羽的诗句就更多了。譬如，"千里路上保皇嫂，仁义美名万古扬；过五关，斩六将，鼓响三声斩蔡阳。"② "刘皇请我到华堂，关张义弟伴君皇。"③ "主

---

① 曹大观：《寇汀纪略》，邓之诚、谢兴尧等编《太平天国资料》（五），沈云龙主编《近代中国史料丛刊续编》第 36 辑，第 809 页。

② 朱琳：《洪门志》，第 199—200 页。

③ 《请入忠义堂诗》，李子峰《海底》，第 80 页。

子出头建大功,军师妙算伴真龙。忠义堂前排阵势,今日桃园效关公。"①"今晚新香会旧香,桃园结义刘关张。"② 洪门甚至还为关帝庙写了多副对联来歌颂关公的丰功伟绩与赤胆忠诚:"生蒲州,仕豫州,守荆州,战徐州,万古神州有德;兄玄德,弟翼德,释孟德,擒庞德,千秋圣德无双。""赤面秉赤心,骑赤兔追风,驰驱时不忘赤帝;青灯观青史,仗青龙偃月,隐微处不愧青天。""匹马斩颜良,河北英雄皆丧胆;单刀会鲁肃,江南豪杰尽寒心。"③ 此外,在洪门问答书中,也有不少关公崇拜的词句。例如:

"船舱安乜神圣?""安关圣帝君。左有关平太子,右有周仓大将。"④

"(木杨城)可有龙楼凤阁?""未有龙楼凤阁,只有红花亭点将一座。""有何物在此?""万样俱全。""有何为证?""有诗为证。""有诗为证:滴血盟心本姓洪,木杨城内拜关公。"

"木杨城内有几多间庙?""有三间庙。""三间庙何名?""观音庙、关帝庙、高溪庙。""有何为证?""有诗为证。""有诗为证:……关帝庙诗对:历朝义勇是关王,洪家兄弟效忠良。"⑤

在近代洪门中,以哥老会对关公的崇拜最著。关公是哥老会供奉的主神,哥老会开山堂必挂关公圣像。⑥ 此点我们可以从袍哥开香堂时一窥究竟。袍哥开香堂时,香堂正中悬挂的就是关公圣像,仪式开始时,由正副龙头率全堂兄弟恭迎圣驾,赞《迎圣令》:⑦

---

① 《拆城诗》,李子峰《海底》,第83页。
② 《会香诗》,萧一山《近代秘密社会史料》,第308页。
③ 《关帝庙联》,李子峰《海底》,第140页。
④ 萧一山:《近代秘密社会史料》,第241页。
⑤ 同上书,第247页。
⑥ 同上书,第45页。
⑦ 同上书,第48—49页。

> 恭迎圣驾，銮卫遥临；
> 桃园千古，帝君一人；
> 恭维圣帝，万世人杰；
> 大义参天，于今为烈。

在宣布完《镇山令》后，全体与会者须肃静拈香敬神，对关公圣像行三跪九拜叩礼。山堂正式成立，所有新入会人员均进入香堂，跪在关公圣像前，歃血拜盟。在吟唱《请宝裁牲令》等诗歌后，香长把香交给新入会者，众人持香向关公圣像叩首，将香插入炉中，当神立誓礼毕，赞《送圣令》，仪式基本结束。① 此外，哥老会的另一个分支江湖会，也将关羽视为主神，该组织开香堂时要"当天发誓：'关夫子在云端，弟子跪平川；对汉室若有三心二意，死于顺刀之下，有何为证，红香为证。'然后砍红香，喝雄鸡血酒"。② 直至民国末期，哥老会在举行入会仪式时，仍以关公为主神。从广西大洪山的入会仪式来看，其会场正中悬挂关公画像，并在画像前烧香点烛，供奉京果牲仪。③ 贵州遵义的哥老会在开香堂时，也要设置"关圣帝君"牌位，烧香点烛摆祭品。④ 根据袍哥和江湖会等的开香堂仪式，我们不难看出，关羽在近代会党组织中已经被符号化了，关羽不仅是他们的崇拜偶像，而且是他们加强会员之间团结、提高组织凝聚力的核心象征，甚至是他们生存与发展的精神支柱。

除了洪门之外，其他一些会党组织也有以关羽为崇拜偶像的。嘉庆十年（1805），绰号王瞎子的王时发在江西临川县首创边钱会，该组织为以乞丐为主体的秘密社会组织，"会内规约系用钱一文分为两半，暗做记认，一边交为首之老大收藏（称为坐令），一边交老满头收执（称为行令），为聚散通信凭据。结拜之时，乞丐出米一升，窃贼出鸡一只及钱一、二百文，

---

① 王纯五：《袍哥探秘》，第53—58页。
② 华中师范学院历史系：《江湖会资料选辑》，第24—25页。
③ 林好津：《我所知道的钦州洪帮》，《河北文史资料》编辑部编《近代中国帮会内幕》下卷，第141页。
④ 李春银、运怀动、李祯祥：《遵义洪帮的演变与活动》，《河北文史资料》编辑部编《近代中国帮会内幕》下卷，第130页。

同买酒肉，写立关帝牌位，传香跪拜"①。咸丰、同治年间活跃于广东揭阳五房山区的大刀会，也"奉关云长为主神，旨在抗官抗税"②。到了近代，在农历五月十三日关羽生日这一天，青、红帮甚至还组织名为"关圣会"的活动，其成员于当天齐集庙中举行仪式，纪念关羽诞辰。

（三）清政府对关帝信仰的控制

由上述可以看出，关羽忠于朝廷的精神对近代会党有着不小的影响。但有清一代，清政府将关帝信仰置于政府的控制之下。政府对关帝信仰的控制并非始于清朝，最迟始于宋朝，封建政权即已介入对关羽的神化及信仰。宋徽宗崇宁元年（1102），关羽被封为"忠惠公"，大观二年（1108）晋封为武安王；宣和五年（1123）又被加封为"义勇安武王"。到了元代，元文宗天历元年（1328）九月，文宗皇帝孛儿只斤·图帖睦尔加封关羽为"显灵义勇武安英济王"。明万历二十八年（1600）更是加封关羽以帝号，称"协天护国忠义帝"，四十二年（1614）封称为"三界伏魔大帝神威远震天尊关圣帝君"，由此导致"关庙自古今，遍华夷"。③ 清王朝也和宋、元、明三朝一样，极力将关帝信仰置于政府的掌控中。早在皇太极崇德八年（1643），清廷就在盛京建立了关帝庙，并赐"义高千古"匾额。顺治元年（1644），定祭关帝之礼。顺治九年（1652），清王朝敕封关羽为"忠义神武灵佑仁勇威显护国保民精诚绥靖翊赞宣德关圣大帝"，允准各地建立武庙祭祀关羽。雍正三年（1725），又令各地政府"择庙宇之大者，置（关帝之）主供奉后殿"，④ 允许关羽的庙宇数量不受限制，以致造成全国关庙林立。据统计，清末民初，仅仅北京城祭祀关帝的庙宇即达267座之多，占老北京寺庙的百分之十六。

---

① 宫中朱批奏折，江西巡抚先福嘉庆十六年四月十二日奏，转引自周育民《太平天国时期秘密会党研究的几个问题》，《历史教学》1988年第10期。乾隆十二年，福建福安县也出现了以吴和荣为首的边钱会，该组织将制钱对半夹开，每人各执一半，作为入会凭据，因此取名边钱会。参见庄吉发《清代天地会源流考》，台北故宫博物院，1981年，第22页。

② 张扬：《清代揭阳会党组织及活动鳞爪》，政协揭阳县委员会编《揭阳文史》第1辑，政协揭阳县委员会1985年版，第5页。

③ 刘侗、于奕正：《帝京景物略》卷三，北京出版社1963年版，第91页。

④ ［美］杜赞奇：《文化、权力与国家——1900—1942年华北农村》，王福明译，江苏人民出版社1996年版，第130页。

就连新疆、西藏等边疆和少数民族地区,都建有壮丽的关帝庙。① 甚至"八旗兵所到的地方,没有不立关帝庙祭关羽的"②。此后,清廷不断封赐关羽多种名号,"乾隆三十三年(1768),以壮缪原谥,未孚定论,更命神勇,加号灵佑"。后又改曰"忠义",封关羽为"忠义神武灵佑关圣大帝"。"嘉庆十八年(1813),以林清扰禁城,灵显翊卫,命皇子报祀如仪,加封仁勇。""道光中,加威显。"③

咸丰年间,在镇压各地会党起事的过程中,清政府更加重视对关帝信仰的主导权。"咸丰二年(1852),加护国。明年,加保民。"④ 咸丰四年(1854),清政府又将对关帝的祀典提高到与孔子并列之高度。⑤ 咸丰六年(1856),咸丰帝在上谕中称:"四年六月,广东省城各门外逆匪突起,攻扑城垣,仰荷神灵默助,连获大捷,省城得保无虞。韶州、新会、三水、龙川各府县,均被股匪围扑,婴城固守,亦赖关帝显灵,得以保全,朕心实深寅感。允宜加崇封号,藉申虔敬。"⑥ 清廷宣扬关帝显灵助清军,不但把关帝置于会党的对立面,凸显关帝与清廷立场的一致性,而且进一步强化了清廷对关帝信仰的主动权与正统地位。此外,清朝还将每年的五月十三日关羽诞辰日列为国家祀典,每年都遣太常寺官致祭。后又增春、秋二祭。"各直省关帝庙亦一岁三祭,用太牢。……陈设礼仪,略如京师。"⑦ "无形中,社会受了莫大的影响。乃至没有甚么地方不祭关羽,没有甚么地方没有关羽庙。"⑧ 各类以关羽显灵、圣迹图等为主题的书册大量出版,如柯汝霖编的《关帝年谱》、崇德弟子编的《关圣帝君本传年谱》、张镇编的《关圣帝君年表》等,同时还大量上演颂扬关羽的"忠义剧";民众凡逢病灾都会到关帝庙烧炷香、求个"关帝灵签",

---

① 陶金:《关帝信仰与老北京的关帝庙》,《中国道教》2003 年第 3 期。
② 梁启超:《中国历史研究法补编》,中华书局 2010 年版,第 172 页。
③ 赵尔巽等:《清史稿》卷 84,《历代帝王陵庙》,中华书局 1976 年版,第 2541 页。
④ 同上书,第 2541 页。
⑤ [美] 杜赞奇:《文化、权力与国家——1900—1942 年华北农村》,第 130 页。
⑥ 《清文宗实录》卷 191,咸丰六年二月下,中华书局 1987 年影印本,第 46 页。
⑦ 赵尔巽等:《清史稿》卷 84,《历代帝王陵庙》,第 2541—2542 页。
⑧ 梁启超:《中国历史研究法补编》,第 172 页。

过年了要请张"关老爷"的年画贴在家里,①而以关公为保护神的行业众多,其中以下层民众就业的工商业为多。②如此,中国民间社会形成了内容丰富的关公文化。特别需要注意的是,"历代王朝通常按照儒家'法施于民则祀之,以死勤事则祀之,以劳定国则祀之,能御大灾则祀之,能捍大患则祀之'的标准,设置符合政权秩序稳定需求的祀典。通过彰显祀典中神灵的道德形象,为各个阶层树立榜样,将王朝政权以及儒家认可的价值观念,通过神灵信仰,激发民众的认同感"③。清政府在建构关帝祀典的过程中,即将关帝儒家化了,使民间社会对关帝的解释虽然多种多样,"但最为普遍的乃是赞扬他深明大义和忠于朝廷"④。在清廷主导了关帝信仰的情势下,很难说近代会党对关帝的信仰不会受到清廷的影响。

四 清廷实施忠君教育的其他措施

清政府实施忠君教育的举措远不止上述,还有其他一些措施。其中一个重要的措施就是对立有战功的将士予以奖励,以激励其更忠实地为清廷效力。对曾国藩率领的湘军,清廷就采取了这一措施。咸丰二年(1852)十二月,曾国藩"奉命帮办团练,即邀同县生员罗泽南、刘蓉、王鑫数人至省,招募湘勇千人,认真训练",后"数逾万人",士兵"实不尽湘乡之籍"。"频年以来,或在江西、湖北随征,或在本省南路防剿。薄效涓埃之力,屡邀高厚之恩。计一县之中,数年之内,文员保举道府以下至州县佐杂者数十人。武弁保举参、游以下至千、把、外委者数百人。悉荷恩旨俞允。而罗泽南、李续宾均蒙赏加藩司之衔,锡以二品之封。"⑤而在镇压太平天国起义后,清军"各营所保提镇将及万人,副参以下更难数计"。⑥清廷对清军将士的封赏,使清军"所有微臣感激下

---

① 陶金:《关帝信仰与老北京的关帝庙》,《中国道教》2003年第3期。
② 李乔:《中国行业神崇拜》,《百科知识》2006年第6期。
③ 周天庆:《论儒家知识分子在民间信仰中的角色》,《世界宗教文化》2011年第4期。
④ [美]杜赞奇:《文化、权力与国家——1900—1942年华北农村》,第131页。
⑤ 李瀚章编撰,李鸿章校刊:《曾文正公全集》第2册,第291页。
⑥ 《论散勇宜筹处置事》,《申报》光绪二年七月初五日,第1页。

忱","惟有勉策驽骀,誓除丑逆"。①

清政府实施忠君教育的另一个重要举措就是建立昭忠祠和贤良祠。至迟在雍正二年(1724),清廷即根据儒家礼仪规范,下旨建立昭忠祠:"周礼有司勋之官,凡有功者,书名太常,祭于大烝。祭法,'以死勤事则祀之'。于以崇德报功,风厉忠节。自太祖创业后,将帅之臣,守土之官,没身捍国,良可嘉悯。允宜立祠京邑,世世血食。其偏裨士卒殉难者,亦附祀左右。褒崇表阐,俾远近观听,勃然可生忠义之心,并为立传垂永久。"根据这一谕旨,清政府于是建祠于京师崇文门内,"六年,祠成,命曰'昭忠',颁御书额,曰'表奖忠勋'"②。从雍正三年(1725)开始,清廷陆续将若干已故官员入崇文门内昭忠祠供祭。"凡祠祭诸臣,大都效命戎行,守陴徇义,或积劳没身。"而其目的就是"褒忠节,劝来者"。③ 除京都建立昭忠祠外,"雍正初,各省立忠义祠,凡已旌表者,设位祠中,春、秋展祀。乾隆四十一年(1776),定明代殉国诸臣,既邀谥典,并许入祠。又诸生、韦布、山樵、市隐者流,遂志成仁,亦如前例。嘉庆七年(1802),始令各省府城建昭忠祠,或附祀关帝及城隍庙,凡阵亡文武官暨兵士、乡勇,按籍入祀。八旗二品以上官已祀京祠者,仍许阵亡所在地祠祀,合五十人一龛,位祀正中,兵勇则百人或数十人一位,分列两旁,驻防位绿营上。春、秋二奠,有司亲莅,用少牢,果品、上香、荐帛、三献如仪。同治二年(1863),允曾国藩请,江宁建昭忠祠,祀湖南水陆师阵亡员弁。已复抗节官绅亦许崇祀,并建专祠。妇女殉难者,亦别立贞烈祠云"④。尤其值得指出的是,为了在民众中间倡导忠君观念,清廷还特意为史可法、瞿式耜、张同敞等抗清保明的忠明之臣平反昭雪,立传建祠。而对那些清初降清诸人,则痛加贬抑,立为贰臣。⑤

在镇压太平天国起义后,为表彰湘军对清廷的效忠,自同治六年始,

---

① 李瀚章编撰,李鸿章校刊:《曾文正公全集》第2册,第291页。
② 赵尔巽等:《清史稿》卷87,中华书局1977年版,第2595—2596页。
③ 同上书,第2600页。
④ 同上书,第2601页。
⑤ 张晓粉:《关帝信仰形成原因探究》,《宗教学研究》2006年第4期。

清政府在南京建立金陵军营官绅昭忠祠、湘军陆师昭忠祠、金陵楚军水师昭忠祠，并特意在湘军的发源地之一、曾国藩的老家湘乡也修建了昭忠祠，以表彰和纪念为镇压太平天国起义而战死的湘军将士。在两地昭忠祠落成后，为配合清廷的忠君教育并彰显自己及湘军的忠君，曾国藩亲自撰写了《金陵军营官绅昭忠祠记》《金陵湘军陆师昭忠祠记》《金陵楚军水师昭忠祠记》和《湘乡昭忠祠记》等文，除褒扬湘军的赫赫战功之外，还大力宣扬清军官兵和绅士尤其是湘军将士的忠君行为。曾国藩在《湘乡昭忠祠记》一文中宣称，湘军将士"前者覆亡，后者继往；蹈百死而不辞，困厄无所遇而不悔者，何哉？岂皆迫于生事，逐风尘而不返与？亦由前此死义数君子者为之倡，忠诚所感，气机鼓动，而不能自已也。君子之道，莫大乎以忠诚为天下倡。世之乱也，上下纵于亡等职欲，奸伪相吞，变诈相角，自图其安而予人以至危，畏难避害，曾不肯捐丝粟之力以拯天下。得忠诚者，起而矫之，克己而爱人，去伪而崇拙；躬履诸艰而不责人以同患；浩然捐生，如远游之还乡而无所顾悸。由是众人效其所为，亦皆以苟活为羞，以避事为耻。"① 在《金陵湘军陆师昭忠祠记》一文中，曾国藩还宣称："我湘人锐师东征，非秘非奇，忠义是宝。"② 而在《金陵楚军水师昭忠祠记》一文中，曾国藩更是宣称："惟夫忠臣谋国，百折不回，勇士赴敌，视死如归，斯则常胜之理，万古不变耳。"③

除湖南、南京外，在江西等地也建有湘军的昭忠祠。咸丰六、七年（1856、1857）间，刘长佑曾率领湘军大举援赣，与太平军激战，湘军死伤惨重。"援江事竣，刘长佑追念分甘共苦之情，痛悯润草涂原之烈，捐资于（临江府）大坪墟建造昭忠祠以妥忠魂。"咸丰十一年（1861），"贼犯临郡，祠宇毁于兵燹。同治元年（1862），又经刘长佑咨会前抚臣沈葆桢于江西积欠楚军饷银内提出一千两并经贵州臬司席宝田捐银四百两统交临郡绅士邓作楫、刘韵等重建祠宇于临江府城内"。同治六年

---

① 李瀚章编撰，李鸿章校刊：《曾文正公全集》第7册，第344页。
② 曾国藩：《金陵湘军陆师昭忠祠记》，盛康辑《皇朝经世文续编》卷94，沈云龙主编《近代中国史料丛刊》第85辑，第3925页。
③ 李瀚章编撰，李鸿章校刊：《曾文正公全集》第7册，第360页。

(1867),江西巡抚刘坤一特意为此事上奏清廷,"将续建祠宇并捐银二百两添置田租,仍付道士罗赐增经管并责成清江县时加照料,春秋致祭,仰副朝廷褒奖忠节之至意"等情况上报清廷。① 同治十年(1871),两广总督瑞麟、广东巡抚李福泰在广州越秀山山麓重建昭忠祠,"自国初迄同治己巳,凡在本省祀事及本籍服官他省殉难者咸入祀,而兵勇民人亦得群附焉"②。此外,楚军水师,吴淞外海水师,台湾淮楚军,苏州、武昌、保定、庐州、巢湖、济南、无锡各地淮军,江宁、京口旗营,武昌武毅军,成都嵩武军,锦州毅军,等等,均建有昭忠祠。③

除了昭忠祠外,清廷还很重视修建贤良祠。最迟在雍正八年(1730),清廷命建立贤良祠,下诏称:"古者大烝之祭,凡法施于民,以劳定国者,皆列祀典,受明禋。我朝开国以后,名臣硕辅,先后相望。或勋垂节钺,或节厉冰霜,既树羽仪,宜隆俎豆。俾世世为臣者,观感奋发,知所慕效。庶明良喜起,副予厚期。京师宜择地建祠,命曰'贤良',春、秋展祀,永光盛典。"④ 京城的贤良祠建于地安门外西偏,怡亲王允祥等一批已故官员供祭于内。雍正十年(1732),清廷下诏建立各省贤良祠:"各省会地建祠宇,凡外任文武大臣,忠勇威爱,公论允翕者,俾厝祀典,用劝在官。如将军蔡良,提督张起云,总兵苏大有、魏翯国,足称斯选。"要求"定制,春、秋祭日视京师,以知府承祭,品物仪节亦如之"⑤。需要指出的是,有些已被供祭于昭忠祠的官员,也可以同时被供祭于贤良祠内,如拉布敦、傅清、曾国藩等。建立贤良祠的目的,正如清廷诏令所言,"俾世世为臣者,观感奋发,知所慕效"。和昭忠祠一样,贤良祠也成了清廷对民众实施忠君教育的一个重要工具。

此外,清廷还为那些功臣建专祠,以表彰其对清王朝的效忠。早在顺治十一年(1654),清廷即下诏在京城为孔有德建祠,康熙三年

---

① 欧阳辅之编:《刘忠诚公遗集·奏疏》卷4,沈云龙主编《近代中国史料丛刊》第26辑,第543—545页。
② 光绪《广州府志》卷67《建置略祀》,第7页。
③ 赵尔巽等:《清史稿》卷87,第2608页。
④ 同上书,第2601页。
⑤ 同上书,第2603—2604页。

(1664），又建遏必隆祠于安定门外。此后雍正朝、乾隆朝、嘉庆朝、光绪朝和宣统朝都在京城为一些有功之臣建立了专祠。"凡京师专祠，岁春、秋仲月吉日，遣太常卿分往致祭。"① 自湖广建忠节祠以祀左都督徐勇始，各省也为一些官员建立了专祠。至晚清，官员们的专祠建设达到高峰，盖因近代时局动荡，内忧外患不断，战争连绵不绝，产生了一大批所谓的忠臣义士，"于时各省纷请立专祠"。仅光绪年间，"扬州、黄州祀吴文镕，安徽、江西、闽、浙、甘肃祀刘典，江南、江西、福建、台湾祀沈葆桢，江苏、福建、山东、湖南祀郭松林，江、浙、直隶、山东、河南祀吴长庆，后复祀朝鲜。闽、浙、陕、甘、新疆、江宁祀左宗棠，四川、湖南、江西、安徽、江苏祀鲍超，陕、甘、吉林祀金顺，大理、镇南祀杨玉科，江西、广西、云南、新宁祀刘长佑，云、贵、广西祀岑毓英，安徽、山东祀周盛波，后复与盛传、戴宗骞合祀济南。湖广、江西、江宁、浙江西湖祀彭玉麟，福建、安徽、吉林祀穆图，江苏、陕、甘祀杨岳斌，南昌、贵阳祀席宝田，湖南、江西、江宁祀曾国荃，河南、安徽、湖北、直隶、甘、新祀张曜，安庆、江宁、青县祀周盛传，山东、江苏祀陈国瑞，山东、陕西祀阎敬铭，湖南、甘、新祀刘锦棠，安徽、福建祀刘铭传，山东、四川祀丁宝桢，山东、杭州、长沙、兰州祀杨昌濬，江、浙、河南、直隶、山东祀李鸿章，直隶、奉天、河南、安徽祀宋庆，安徽及芦台祀聂士成，湖南、江西、安徽、江宁祀刘坤一，广西、云、贵祀冯子材，安徽、湖南祀曾国华，甘、新祀陶模，直隶、安徽祀马玉昆，安徽祀英翰，湖南、宣城祀邓绍良，江南祀萧孚泗，江宁祀陶澍、林则徐、邹鸣鹤、福珠洪阿，清、淮、徐州祀吴棠，姚广武等附之。徐州祀滕学义、唐定奎，淮安祀张之万，杭州祀阮元、蒋益澧，淮、扬祀章合才，南昌祀吴坤修，东乡祀罗思举，河南祀倭仁，温县祀李棠阶，西安祀刘蓉、曾望颜，天津祀怡贤亲王、文谦、丁寿昌、灵寿，保定祀成肇麟，顺天蓟州祀吴可读，宝坻祀潘祖廕，新疆祀金运昌，奉天建三贤祠，祀文祥、崇实、都兴阿，又祀左宝贵、依克唐阿、长顺。吉林祀金福、延茂、富俊、希元，福建台湾祀王凯泰，四川西充祀武肃亲王豪

---

① 赵尔巽等：《清史稿》第10册，卷87，志62·礼6·吉礼6，第2605页。

格,临桂祀陈宏谋,贵阳祀曾璧光、韩起、黎培敬"①。

昭忠祠、贤良祠及众多专祠的建立,其终极目的就是通过褒奖官员们的忠君行为,来为民间社会树立起生动形象的忠君榜样,这比起刻板的灌输与教化更能激励广大民众效忠清廷。正如同治六年(1867)刘坤一为江西省城所建专祠情事上奏朝廷所称:"仰恳天恩俯准敕部将省城现建张芾、江忠源、江忠义专祠同昭忠节孝贞烈各祠列入江西祀典秋春,官为致祭,以垂久远而昭激励。"②正是由于受到这些官员们忠君行为的深刻影响,在湘乡等地,尽管"海宇粗安,昭忠祠落成有年,而邑中壮士效命疆场者,尚不乏人"。对此,曾国藩慨叹:"能常葆此拙且诚者,出而济世,入而表里,群材之兴业不可量矣!"③

当然,清政府实施忠君教育的举措远不止上述,还有其他一些措施。譬如,为褒扬忠君行为,清政府特意设节义局、忠义局,修忠义录,专门委派人员采访忠义的官绅、士民、妇女,予以表彰;对一乡一邑绅民妇女死伤尤多者,允准建昭忠节孝祠,等等。④仅以旌表节妇烈女而言,"军兴以来,各省殉难绅民妇女,无不立沛恩施,分别旌恤"。⑤这方面的事例不胜枚举,兹以广东为例。咸丰九年(1859)十月二十七日,清廷在上谕中要求旌表番禺县知县李福泰之妻李朱氏,因其"咸丰七年(1857)十一月间,广东省城被扰,在署自缢殉难,实属深明大义,节烈可嘉"。并指示广东当局,"其同时及先后殉难之旗民男妇人等,均着该将军、督抚查明请旌"⑥。咸丰十一年(1861),为及时旌表节妇,清廷又谕令"劳崇光、耆龄严饬各州县地方官、教谕等,查明绅民妇女义烈可嘉及守节可旌者,如有勒抑不报情弊,即将书吏门斗严行惩办。倘官为徇庇,亦即从严参处,以儆贪邪

---

① 赵尔巽等:《清史稿》卷87,第2606—2608页。
② 欧阳辅之编:《刘忠诚公遗集·奏疏》卷4,沈云龙主编《近代中国史料丛刊》第26辑,第599—600页。
③ 李瀚章编撰,李鸿章校刊:《曾文正公全集》第7册,第344页。
④ 张艳:《略论咸同时期清政府的道德教化政策》,《临沂师范学院学报》2007年第2期。
⑤ 《清文宗实录》卷342,咸丰十一年二月上,中华书局1987年影印本,第1073页。
⑥ 陈坤编,郑洪桂辑录:《粤东剿匪纪略》卷3,广东文史馆、中山大学历史系合编《广东洪兵起义史料》(中册),第718—719页。

而维风化"①。

值得注意的是，那些在镇压会党起事过程中丧生的绅勇也得到了建祠祭祀的待遇。仅以咸丰年间的广东南海县为例，该县建有多个这类设施。咸丰五年（1855），"陈金缸（釭）居芦苞，蔓延到新村等处。花县土匪纠贼数千，焚掠南浦乡殆尽。南海监生谢文耀、花县生员谭沛熙等，与三水贡生谢大德以勇联同各属团练合叫之。其阵亡人等，大吏令于南海之白沙墟建祠祀焉"②。同年，南海县四堡绅士上书广东当局，请求在大沥汛东建立忠义祠，"以祀四年红匪之乱战殁绅士仇国安、仇鸾飞、刘遇昌、邝守良、张瑞、刘垲清、刘遇鸿、陈药洲、仇璇阶、潘朝凤、潘怡三、潘上文共十二人，练勇曹洪正、陈逮等百六十七人"。两广总督叶名琛为该祠题写了祠名，并撰写楹联。③ 而在大榄堡彰善书院内则建有义勇祠，"祀咸丰乙卯阵亡义勇周谦厚、张瑞、朱胜君、游雄国、李行义、黄大鹏、黄相才、黄源宗、吴怡光、黄峻达、吴辉宇、游荣开、陈伯坚、陈达仁、陈允昭、邹成章等十六人"。④ 此外，在南海县横江乡和大圃堡杨柳冈也修建有忠义祠，分别用来祭祀咸丰四年、五年（1854、1855）在对天地会起义军作战中死去的22人和115人，并在大圃堡杨柳冈建有崇祀祠。⑤ 除了南海县之外，广东其他县也建有专为祭祀镇压会党起事而丧生的绅民人等。如在香山县黄梁都沙龙圩，于咸丰五年（1855）建有义勇祠一座，用来"祀难死黄绪林、黄龙喜等四十九人"⑥。在花县，则建有宋大夫祠，用来祭祀咸丰七年（1857）为镇压会党起事"在籍殉难郎中宋蔚谦。同时遇害者甘肃武监生千总衔王承猷、本邑武生尽先千总钟鸿灏附祀于侧"⑦。

清政府在会党起事的有关地点建忠义祠，专门祭祀那些在对会党起

---

① 《清文宗实录》卷342，咸丰十一年二月上，第1073页。
② 光绪《广州府志》卷82，第28页。
③ 同治《南海县志》卷5，第8页。
④ 同上书，第6—7页。
⑤ 同上书，第9—10页。
⑥ 光绪《香山县志》卷6，第43页。
⑦ 广东文史馆、中山大学历史系合编《广东洪兵起义史料》（下册），第1366页。

事中死去的人们，在社会影响方面可谓一箭双雕。既将反抗清廷的会党置于朝廷和社会的对立面，强化了会党的非制度性特征；同时，又安抚了那些死难者家属与乡亲，赋予那些为清廷死去的人们以崇高地位，从而进一步强化了人们的忠君意识。

总之，在清政府的刻意施为之下，清朝官员及民众无不处在忠君思想影响之下，会党及其成员自然也不例外。如张钊、田芳等向清政府投诚时称："切思英雄过合（原编者抄件如此，过合，疑为遇合），有迟早之不同；官吏用心，有优劣之各异。故梁山三劫诏书，竟成栋梁；瓦岗累抗天兵，终为柱石。自古英雄，其义一也。"① 张钊、田芳等以投效朝廷的瓦岗英雄、梁山好汉自喻，其忠君思想由此可见一斑。

第二节　近代会党对忠君观的践行

近代会党既然受到忠君观的影响，那么他们是如何践行忠君观的呢？总体而言，其对忠君观的践行，不仅仅体现于和平时期对清廷统治的服从，更可以从其协助清廷镇压民众起义的行为中窥探究竟。

一　近代会党忠君观的践行

咸同之际，不少地区民众起义频发。尽管学界普遍认为洪门持"反清复明"之宗旨，但面对此起彼伏的民众起义，组织成分异常复杂的洪门在立场上却出现了严重分化。有的洪门组织积极发动或参加了反清起义，如广东有何禄、陈开、李文茂、陈金刚等率众举义，广西有吴凌云、黄鼎凤等率部起事，上海、福建等地则有小刀会起义，湖南的洪门组织则有不少参加了太平军。此外，台湾等地也有洪门反清起义。但与此同时，也有不少洪门组织非但不参与起义，反而背弃洪门宗旨，投身于清军，为维护清王朝的统治积极出力。譬如，当太平军与清军在桂林等地激战之际，两广地区上千名洪门会员主动加入了清军阵营，帮助清军对付太平军，给太平军造成了不小损失，以至于太平军愤然以洪门的"常

---

① 广东文史馆、中山大学历史系合编《广东洪兵起义史料》（上册），第131—132页。

识"对此举进行了严厉批评:"查尔们壮丁,多是三合会党。盍思洪门歃血,实为同心同力以灭清,未闻结义拜盟而反北面于仇敌者也!"① 特别需要注意的是,不少洪门会员原先是参与反清起义的,但后来却投降清廷,反过来积极协助清军镇压民众起义,其对清廷的效忠,比那些未参与反清起义而主动协助清廷的洪门会员有过之而无不及。张嘉祥即是其中的典型。张嘉祥曾为广西天地会首领,于贵县率天地会起事,道光二十九年(1849),受清军招抚,改名张国梁,"旋奉檄剿土寇颜品瑶、潘赤大、李树青等",② 死心塌地为清廷效忠,成了镇压两广天地会起义的急先锋,廉州天地会义军首领颜品瑶就是在战场上被张嘉祥亲手所杀。"后又助剿颜品喜,异常出力",③"南宁浔梧间群盗皆肃清",④ 深得清廷赞赏,认为其"投诚以来,效命行间,屡能杀贼立功"⑤。同时,他还利用自己在天地会中的名头,招降了大量天地会的旧友与太平军为敌,并在与太平军作战时,"率锐卒为前锋,先登陷阵,以勇略著闻。初,以二百人破太平军数万于新宁,授守备"。⑥"咸丰二年(1852)四月,洪秀全窜全州,大学士赛公调公(张嘉祥)赴湖南,破贼于道州蛇皮岭。追至长沙壁西岸岳麓山,与提督秦定三、总兵和春等联营至南路新开铺。贼见援军四集,会城守御又严,遂全队走湖北。公复追至武昌,破其洪山寺之垒。……是冬,武昌陷。贼即弃之东下,向帅追之,公为前锋,师行甚速。三年(1853)正月抵九江,无舟不得渡,咨江督以运漕回船载之至。则洪秀全已踞江宁城,乃结营孝陵卫。诸大将亦接踵至。官军屡与贼战,公辄临阵先登,勇冠一时,尽平钟山贼垒。……未几,解丹

---

① 《颁行诏书》,中国史学会编《太平天国》第 1 册,上海人民出版社 1957 年版,第 167 页。
② 陈继聪:《忠义见闻录》卷 3,沈云龙主编《近代中国史料丛刊三编》第 23 辑,(台湾)文海出版社 1987 年版,第 142 页。
③ 民国《邕宁县志》卷 34《兵事志·前事五》,第 111 页。
④ 陈继聪:《忠义见闻录》卷 3,沈云龙主编《近代中国史料丛刊三编》第 23 辑,第 142 页。
⑤ 《赛尚阿奏报千总张国梁及投诚之宁正冈与颜品瑶股激战有功请予鼓励片》,咸丰元年七月十三日,中国第一历史档案馆编《清政府镇压太平天国档案史料》第二册,第 315 页。
⑥ 民国《邕宁县志》卷 34《兵事志·前事五》,第 111 页。

徒之急，却东坝之，攻克高淳，取太平，又败贼于栖霞街、观音门等处"。① 随后几年，张嘉祥与太平军一直对敌。"时大江南北诸军，贼所尤畏者，惟国梁一人。贼势忽南忽北，多方肆我，皆牵制国梁之计，果为所败。"此后，张又率部"解金坛围，复东坝、高淳，进攻句容。七年，擢湖南提督。克句容，赐黄马褂。督诸军规复镇江。高资为镇江、江宁要冲，两路悍贼麕聚力争，连营二十余里，国梁大破之，斩伪安王洪仁等，又连破之于龙潭，援贼尽歼。镇江粮尽援绝，遂克其城，城陷贼已历五年"。咸丰帝对张的表现极为满意，"诏嘉国梁谋勇超群，予骑都尉世职"。咸丰八年（1858），张率部再"克秣陵关，赐双眼花翎。复薄江宁城下，自春徂夏，迭战破贼。筑长围，至秋乃成。皖贼大举来援，江浦、浦口、仪征、扬州、六合先后陷。国梁渡江援剿，复扬州、仪征。调江南提督，晋三等轻车都尉"。至咸丰十年（1860），张"转战数省，所向无敌，战功第一，由偏裨擢升提督，帮办江南军务，为清中兴有数名将"。后张战死，"文宗震悼，犹冀其不死，命军中侦访，不得。逾数月，乃下诏优恤"。②

类似张嘉祥的洪门会员不在少数。张钊（大头羊）、田芳（大鲤鱼）、侯志（卷嘴狗）、关巨（大只巨）等人本为广西天地会著名首领，最初曾投入太平军，但在太平天国金田起义后不久即率部投降了清廷。张钊、张贵和、温锡、田芳、黄寿、梁富等在给清政府的投诚禀稿中称："蚁等生逢盛世，悉属良民，家本名乡，习闻义理。"后"以频年水患，为农则粒米难求，贸易无资工作"等原因被迫为匪，"聊效绿林之客，暂济饥躯。事非迫胁以相从，势值穷途而妄作，须以光日，岂不回头。每念室家，欲言归而未得；飘寒苦海，当彼岸以何时。惟冀大宪之慈祥，恕其既往；仰体皇恩之浩荡，计以自新"。誓言归顺之后"从此终身犬马，冀竭鸳台（编者注明：原抄件如此，鸳台，应为弩骀），鸟从号令于柳营，愿供策彼（编者注明：原文如此。）上达"③。该禀稿的字里行间，早愿归降、效力于清廷的忠君之意，彰显无遗。而罗大、侯九、王六、吕雄

---

① 陈继聪：《忠义见闻录》卷3，沈云龙主编《近代中国史料丛刊三编》第23辑，第143页。
② 赵尔巽等：《清史稿》卷401，中华书局1977年版，第11849—11850页。
③ 广东文史馆、中山大学历史系合编《广东洪兵起义史料》（上册），第130页。

杰四位广西天地会首领在给清政府的投诚禀稿中也表示愿意向清廷投诚，"今必卖刀买牛，共讴歌于农亩；焚香顶祝，咸普于辕门"①。张钊、田芳等率部投降清廷后，即成为广西清军水师的主力，在江口墟战场、东乡战场、中坪战场等处，积极配合清军围剿太平军，使太平军无法渡黔江接应凌十八部，并堵住了太平军渡江西进之路，同时还防堵浔江沿岸，致使太平军向东、南发展亦不可能，从而对洪秀全等在广西长期转战山区，实施单纯防御战略，起了一定的消极影响。② 据"向荣奏称，张钊与头目九人带领七百水勇，于贼踞东乡三里墟时，饬令扼要江防，严断接济，贼势为之窘急，乃谋暗攻勒马。又经候补知府刘继祖饬张钊等设伏山腰，毙贼无数"。③ 侯陈带（又作侯纯戴）本为广东天地会起义军陈金釭手下重要将领，咸丰十一年（1861）二月二十日，④ 侯陈带率两万余部下降清，改名勉忠，被授予守备之职，并随即奉命往湖南蓝山县围剿花旗军。此后十多年，侯率部陆续参加剿灭商州、新兴、信宜等地的天地会起义军，屡立战功，得清廷奖给花翎和授以技勇巴图勇之称号，官至琼州镇总兵。⑤ 冯子材本属于广东天地会领袖刘八所部，咸丰元年（1851）四月，刘八进攻博白失败，冯子材、黄锦泗遂率部众近千人"投诚自赎"，⑥ 并被改编为"常胜"勇营，积极参加镇压粤桂边界的民众起义，后又随广西提督向荣一路尾追太平军到了江南，积极参与对太平军的作战，屡立战功。同治四年（1865），冯子材奉命前往广东罗定、信宜，剿灭了当地反清起义队伍。不久，冯子材受清廷委派，出任广西提督，又积极镇压了广西吴亚忠、苏泗等多支天地会起义军。而上海小刀

---

① 广东文史馆、中山大学历史系合编《广东洪兵起义史料》（上册），第132页。
② 崔之清：《从传统到现代：近代中国史节点考察》，生活·读书·新知三联书店2014年版，第242页。
③ 《清文宗实录》卷31，咸丰元年四月上，第435页。
④ 陈坤编，郑洪桂辑录：《粤东剿匪纪略》卷3，广东文史馆、中山大学历史系合编《广东洪兵起义史料》（中册），第720页。《端州文史》称侯降清时间为同治元年（1862）二月，参见广东省肇庆市端州区政协文史资料委员会《端州文史》第5辑，1992年版，第139页。
⑤ 韦坚：《大洪国红巾军左锋侯纯戴》，广东省肇庆市端州区政协文史资料委员会：《端州文史》第5辑，1992年版，第139页。
⑥ 《清文宗实录》卷33，咸丰元年五月上，第459页。

会广东帮领袖李文炳在投降清廷后，积极帮助清军镇压了小刀会起义。"上海战事既蕆，以备赏募勇从吉中丞军（引者注：吉尔杭阿）于镇江，冲锋陷锐，多积战功。（咸丰六年）九华山之役，吉中丞势迫自刎殉国，围李营三匝甚急，李牒垒坚守，经七昼夜，与士卒仅日一食，粮绝援穷，顾无变志。"①"后积军功，以道员用。"②

其他洪门会员亦纷纷投诚，为清廷尽忠，对此，史料多有记载，不胜枚举，在此略举一二。例如，在镇压天地会颜品瑶部时，"宁正冈投诚效用，接应不误，亦属奋勉"③。"投诚之潘其泰，叠次接应官兵，歼捦首匪"，④ 先是"为新铺内应，破毁贼巢，截杀匪首颜品喜兹复生捡巨匪苏凝三，实属最为出力"。⑤ 而刘永福于光绪二年（1876）正式归顺清王朝后，并率部帮助冯子材联合出兵围攻广西天地会起义军首领、其曾经的战友和天地会兄弟黄崇英所部，使黄部蒙受重大损失。

表3—1　1845—1865年间广西地区天地会起义军部分首领降清概览

姓名	身份	降清时间	备注
张钊	艇军首领	道光二十五年（1845）	降后不久复叛，于道光二十九年、三十年（1849、1850）两次降清
田芳	艇军首领	道光二十五年（1845）	
侯志	艇军首领	道光二十五年（1845）	
关钜	艇军首领	道光二十五年（1845）	
王庸	艇军首领	道光二十五年（1845）	

---

① 《纪李贼事》，王韬《瓮牖余谈》卷7，《笔记小说大观》第27册，广陵古籍刻印社1983年版，第279页。

② 魏建猷：《论李文炳》，《上海师范大学学报》1980年第4期。

③ 《赛尚阿奏报南太会首颜品瑶就戮并截剿余伙情形请将藩司劳崇光等分别优叙升赏折》，咸丰元年闰八月十六日，中国第一历史档案馆《清政府镇压太平天国档案史料》第2册，第153页。

④ 《谕内阁著赛尚阿将生捡苏凝三并歼尽伙党处理文武查明保奏》，咸丰二年四月二十六日，中国第一历史档案馆编《清政府镇压太平天国档案史料》第3册，社会科学文献出版社1992年版，第247页。

⑤ 《赛尚阿奏报捡获首犯苏凝三等全股尽歼并请将潘其泰鼓励片》，咸丰二年四月十二日，中国第一历史档案馆编《清政府镇压太平天国档案史料》第3册，第173页。

续表

姓名	身份	降清时间	备注
张嘉梁	贵县等地天地会起义军首领	道光二十九年（1849）	
冯子材	桂东南天地会起义军刘八所部将领	咸丰元年（1851）	
黄锦泗	桂东南天地会起义军刘八所部将领	咸丰元年（1851）	
宁正冈	广西天地会起义军将领	不详	降清时间不晚于咸丰元年（1851）
潘其泰	桂西天地会起义军首领	不详	降清时间不晚于咸丰二年（1852）
何晚	桂东天地会起义军首领	咸丰五年（1855）	
陈戊养	大成国将领	咸丰十一年（1861）	
文成标	大成国将领	咸丰十一年（1861）	
梁珊	大成国将领	咸丰十一年（1861）	
黄开志	贵县天地会起义军黄鼎凤所部将领	同治元年（1862）	
甘茂	贵县天地会起义军黄鼎凤所部将领	同治元年（1862）	
闭文刚	桂东天地会起义军张高友所部将领	同治元年（1862）	
石朝龙	桂东天地会起义军张高友所部将领	同治元年（1862）	
甘木	桂东南天地会起义军范亚音所部将领	同治二年（1863）	
胡得广	桂东南天地会起义军范亚音所部将领	同治二年（1863）	
戴元英	桂东南天地会起义军范亚音所部将领	同治二年（1863）	
覃亚税	桂东南天地会起义军范亚音所部将领	同治二年（1863）	

资料来源：苏凤文：《股匪总录》，中国第一历史档案馆编《清政府镇压太平天国档案史料》；广东文史馆、中山大学历史系合编《广东洪兵起义史料》；广西地方志。

浙江的金钱会也具有浓厚的忠君思想。从金钱会所发义帖可以看出，金钱会初期所发动的保护穷人利益的斗争，大多采取"合法"的形式，并不反对清政府的统治，而是打着"保境安民"的旗号来进行活动。直到咸丰十年（1860）八月，金钱会遗留的文献仍然强调"自立会之后，上则尽心卫国，下则守法保身，倘群贼来临，备用则依然乡勇"。甚至在太平天国势力已经深入浙江的形势下，他们还提出"捍御长毛"，"刻'精忠保国'印"，"出入公署"，可见该会当时对太平天国推翻清朝政府之举是持反对态度的，并且试图维护清朝的统治。①

　　直至清末，仍有不少会党成员在践行忠君主张。光绪二十六年（1900）发生于南方的自立军起义，即反映出这一现象。这次起义以唐才常为领导，起义的骨干力量是长江中下游地区的哥老会组织。在筹备起义的过程中，为了吸引哥老会参与起义，唐才常采取了哥老会建山堂、发票布的办法，建立富有山堂，并仿照哥老会的组织结构，设有正龙头、副龙头、内八堂、外八堂等职位与机构，不少省份哥老会头目均参与其中。这次起义，虽有革命党人参与其间，并且得到了孙中山等革命党人的支持，但带有明显的保皇勤王色彩。正如有学者所指出的那样，这次起义的直接目的是"勤王"，迎光绪复位，并抵制当时北方发生的义和团运动和资产阶级革命派的活动。② 而有的会党分子虽然没有参与自立军起义以保皇，但却在以其他方式践行忠君理念。江苏会党首领徐宝山即是突出代表。徐宝山，本名徐怀礼，字宝山，江苏丹徒县人，于光绪二十五年（1899）五月十三日设立春宝山。次年正月，维新派派人与之接上关系。不久，徐即致函江苏巡抚鹿传霖，指责鹿传霖"苟且禄位，因循时日，坐视荣禄等窥窃神器，挟太后以驭天下，而囚我圣皇，独步闻主忧臣辱之义乎？"公开声称："仆一介武夫，目不睹诗书之陈迹，然窃信君臣二字之义……仆具天良，不忍坐视皇上罹戾太子之戚，已定于秋间整成六师，会师江淮，取道北上，以清君侧，而枭奸宄。大丈夫作事光明磊落，况救吾圣主乎。"徐宝山还发布告示，称奉光绪皇帝密诏，"即率本部人马会师江淮，取道北上，以清君侧而奠国基"。其忠君思想之浓

---

① 邹身城：《太平天国时期浙江的会党》，《会党史研究》，学林出版社1987年版，第140页。

② 请参阅陈达凯：《改良派左翼与自立军起义》，《江淮论坛》1988年第2期；郑云山：《论唐才常——兼论自立军起义的性质》，《华东师范大学学报》1981年第6期；陈长年：《庚子勤王运动的几个问题》，《近代史研究》1994年第4期。蔡少卿先生等人对此有不同看法。他们认为这次起义为爱国救亡和反清革命。请参阅蔡少卿：《论自立军起义与会党的关系》，《近代史研究》1984年第5期；刘泱泱：《试论自立军起义》，《求索》1981年第3期。还有的学者认为自立军起义既有保皇勤王色彩，也有反清革命的基本特征，是一个由保皇走向革命的过渡性事件。请参阅徐鹤年：《唐才常自立军起义试析》，《宁波师院学报》1987年第1期；张笃勤：《关于自立军研究的几个问题》，《兰州大学学报》1989年第2期。关于自立军起义的不同观点之争，请参阅崔志海：《新中国成立以来的国内义和团运动史研究》，《史学月刊》2014年第9期。

厚，由此可见一斑。① 也就是在光绪二十六年（1900），徐宝山接受了两江总督刘坤一的招抚，其所部被编成缉私营。徐在投诚之后，积极为清王朝镇压会党及民众起事。投诚不久，徐便积极协助清政府抓捕自立军成员。光绪二十八年（1902），徐率部剿灭了"高资镇著'匪'阿龙翔、陶龙雨等"。光绪二十九年（1903），徐又试图劝降其曾经的盟友、会党首领曾国璋，遭拒绝，徐即率部征剿曾国璋所部，使曾部四散，徐因此被清廷提升为参将。此后，徐又陆续为清廷立下功劳，升任帮统后，又旋升为统领。不仅如此，"日下那些红帮里的人，自从徐怀礼一人归正，便如同蛇无头儿不行似的，也就安分的许多了。还听得人说，内中有几个很有名誉的盐枭头目如任春山、沈葆义，各人都见异思迁，陆续做了官了"。②

需要注意的是，会党投靠清廷的动机各异，有的主要是为了逐利，如咸丰二年（1852），广西思恩府广胜堂首领谢江甸"踞下颜，假招抚为名，充壮勇稽查河道，肆其劫掠；或包送货船，渔其厚利"③。也有的是为了泄私愤，如广西"股匪陈七、黄兰盘踞下冻土州地方，因与龙州谢八不睦，串众投诚，欲藉官兵之力驱除谢八以洩私忿"④。还有的是因为清军诱降，如咸丰六年（1856），清军"探得楚、粤贼不和，楚恃众，粤恃强，日械斗。使人说粤贼曰：'汝投诚可赎罪，可立功，兼可报怨。'贼首卢日新以二千人降，挑五百为功勇，率之攻恭城，城立拔"。⑤ 而刘永福之所以要投向清廷，除了受忠君思想影响外，"刘本人也公开宣称：数千部众跟随自己征战多年，'意欲何为？'荣华富贵耳！功名利禄耳！各将士都'希冀特殊褒奖'，得到'一官半职'，光宗耀祖，'永享天朝富贵'。这是刘永福自己留下的白纸黑字，谁也否认不了的确证"⑥。

---

① 中国史学会编：《辛亥革命》（三），第402—403页。
② 《辛亥革命时期的哥老会首领徐怀礼》，魏建猷《秘密结社与社会经济》，上海书店出版社2007年版，第154—155页。
③ 庾裕良、陈仁华：《广西会党资料汇编》，第199页。
④ 同上书，第316页。
⑤ 广东文史馆、中山大学历史系合编《广东洪兵起义史料》（下册），第1291页。
⑥ 彭大雍、范宏贵：《评价刘永福应遵循唯物辩证法》，中法战争史研究会编《中法战争论文集》第3册，广西人民出版社1986年版，第239页。

对会党投靠的动机，清廷还是有一定清醒认识的，曾告诫有关周天爵等官员："此辈性情不定，设有游移反覆，关系匪轻。该大臣等先当示之以诚，令无疑惧，使胁从之众，悔罪来归，亦以贼制贼之一法。"① 此后又在给军机大臣等的谕令中指出："至投诚贼目张钊、张国梁、黄锦泗等，既已杀贼立功，原可予以自新。其前曾攻城戕官，现闻大兵云集，窘迫诈降，反复之徒，必应加意防察，万勿轻信招纳，致堕奸计而怠军心。"② 而对那些尚未"杀贼"立功的投诚会党分子，清政府更是不太放心，对接受其投诚，是有条件的。咸丰五年（1855）初，广东会党分子何博份经清军某千总和一些绅士牵线，"恳求投诚，立功自赎"，清政府在饬札中指出："查何博份从逆，滋扰地方，本法所不贷，今既经该绅等以该匪畏罪求降，代乞恩施。如果出自真诚，尚可网开一面，予以自新，但必须剿灭大股匪船，或擒献首犯，方可秉请大宪，准其投降赎罪。其随同立功之伙党，一并赦免。如能始终奋勉，另立大功，更可格外恩施，请予奖励。倘怀二心，再有过犯，惟所保之该绅等是问。"并要求"何博份将所有船炮器械及伙党姓名，造册呈缴，并取具该绅等切实保结"，呈送官府核办。③ 由于何博份没有立功表现，所以清政府对其投诚设置了"必须剿灭大股匪船，或擒献首犯"的苛刻条件，同时要求"何博份将所有船炮器械及伙党姓名，造册呈缴，并取具该绅等切实保结"，较先前对待张钊等人的投诚，显得更为谨慎而严格，显示出在天地会起义军不断发展壮大的局势下，清政府对会党的忠诚是有所保留的。此后，在镇压广西天地会起义军的过程中，清政府对主动投降的起义军将领持类似政策。如咸丰十年（1860）十一月，桂东南天地会起义军首领之一潘庸"遣人乞降，参将刘清亮缚之，请执华观（即广西天地会起义军著名首领罗华观——引者注）以自赎"，潘庸无法满足这一条件，"旋逸去"。④ 咸丰十一年（1861）二月大成国将领陈戊养、文成标、梁珊降清，随即以

---

① 《清文宗实录》卷31，咸丰元年四月上，第436页。
② 《清文宗实录》卷34，咸丰元年五月下，第473页。
③ 《饬令何博份投诚札》，广东文史馆、中山大学历史系合编《广东洪兵起义史料》（上册），第239页。
④ 广东文史馆、中山大学历史系合编《广东洪兵起义史料》（中册），第835页。

诱杀大成国驻防雒容的将领伍声扬作为见面礼，以示其忠。① 而对那些被迫投降的起义军将领，清军则多予拒降并格杀之。如咸丰八年（1858）八月，蒋益澧率清军围攻庆远，驻守庆远的大成国将领张彪"知不免，从萧云门之谋，诣营乞抚，益澧许之，留营中，令召其将军以下诸伪职，乃缚彪与云门骈诛之"②。咸丰十年（1860）十一月，在被清军围攻的不利局面下，大成国将领"廖明盛杀黄上林来乞降，统领楚军刘坤一诛之"③。同治四年（1865），桂东南天地会起义军首领霍十八，被清军围困，"十八穷蹙，缚潘三、罗立樟以献，请投诚自赎，因磔之，骈诛霍禄光、陈晚等"④。由此可见，清政府面对会党首领的投诚，并非无条件地接受，忠诚度是一个极其重要甚至是主要的衡量标准。

总之，会党投诚的动机非常复杂，不能一概而论。其间究竟含有多少忠君成分，我们从其投诚后的表现可以一窥究竟。由前文可以看出，晚清不少洪门分子在帮助清廷镇压民众起义时，其忠于清廷的行为是坚定不移的，此行为绝不能仅仅以"泄私愤"或"求利"来进行解释，否则我们很难理解张嘉祥、李文炳、冯子材等人为清廷效力即便献出生命亦在所不惜的举动。对此，著名天地会首领刘永福的临终遗言也有深刻反映，其遗言曰："予起迹田间，出治军旅，一生惟以忠君爱国为本，无论事越事清，皆本此赤心，以图报称，故临阵不畏死，居官不要钱……只知捍卫社稷。"⑤ 无独有偶，广东哥老会欲为朝廷效力，其原因也与刘永福所言近似，乃是"因洋人作乱，经彭宫保（彭玉麟）悬立重赏……欲与皇家出力，剿灭洋人，冀得大功"。⑥ 解读上述话语，不难看出，近代不少会党分子效忠清廷的原因虽然各异，但忠君是其中一个重要动因。不过需要指出的是，会党分子投诚后所面临的信任危机也迫使他们必须展示出忠君观念。之所以如此，是因为他们在投诚前所加入的会党组织为清政府在法律上所禁止，而

---

① 广东文史馆、中山大学历史系合编《广东洪兵起义史料》（中册），第804页。
② 同上书，第796页。
③ 同上书，第804页。
④ 同上书，第839页。
⑤ 李健儿：《刘永福传》，第271页。
⑥ 《湘粤剿灭哥老会文稿》，《近代史资料》总67号，第75—77页。

且他们在加入会党组织后公开的组织行为或潜在的组织行为,要么是公然的反清起事,要么是"劫富济贫"之类的行为,甚至是打单、抢劫等非道德行为,简言之,其组织行为均属于破坏既定社会秩序的举动,而会党分子自然扮演的就是社会秩序破坏者的角色。在投诚后,这些会党分子自然也就从社会秩序的破坏者角色转变为了社会秩序维护者的角色。这种角色转变不可谓不巨大,非短期内所能实现。因此,清政府在他们投诚后自然很难立刻对他们持完全信任的态度。为了谋得清政府对他们的信任,在投诚后,会党分子必须将清帝及清政府置于尊者地位,将自己置于顺从者地位,即单方面调整自己的角色与行为,按照顺从者的角色规范与行为标准,完全服从清帝及清政府的领导与指挥,绝对不挑战清帝及清政府的领导和指挥权威,并按照清政府的要求,完成交予的镇压会党起事或其他民众起事等任务,表现出对既有社会秩序的坚决维护。如此,会党分子才有可能被清帝及清政府归类为内团体,从而赢得清政府的信任。换言之,投诚后的会党分子必须在实际行动中像其他清政府官员一样,效忠清廷及清帝,才有可能获得清政府的信任,进而获得他们所期待的利益,包括物质利益和权力、名誉等社会资源。

而投身于太平天国运动的一些会党分子则展现了另一种"忠君",即忠于天王洪秀全。罗大纲即是其中的典型。王韬在《瓮牖余谈》中曾有如下记载:①

> 罗大纲,广东人,本股匪也,在大黄江口,日行劫掠为行旅患。洪逆起金田,即往投焉。骁悍敢战,所向亡命。贼窜永安,为官军所围甚急,乃由姑苏冲而出。时寿春兵扼守其隘,罗贼率众驰突,竟破其营,所获药弹辎重无数,藉为军资。逮破武昌,贼中以罗大纲为首功,俾统水军,下陷金陵。自庚戌后,党于东贼,屡为贼先锋,冲坚锋锐,号称无敌。东逆既据金陵,使陷镇江,即留踞焉。嗣调往安庆、庐州等处,伪称冬官丞相。大纲匪与贼同甘苦,得贼众心,其临阵时,骤马往来,剽迅如风,在诸悍酋中,最称猖獗。

---

① 《贼中悍酋记》,王韬《瓮牖余谈》卷8,《笔记小说大观》第27册,第281页。

凡贼遇穷蹙之时，辄以大纲往，而大纲至，亦惟知身先率贼，舍命与官军相抗而已。大纲恃其猛鸷，屡犯官军。咸丰乙卯五月窜江北，我军遇之，以抬枪击中其腹几洞，伤既剧，黉夜遁至芜湖，群贼舁之入金陵，遂死。洪酋令葬之城北山中，族杀葬者以灭口，恐人知其处也。又择貌类大纲者，仍假其名，领众以当一队。

从上述记载来看，罗大纲自投奔太平天国后，即对洪秀全忠心耿耿，立下诸多显赫战功，以致王韬称其"在诸悍酋中，最称猖獗"。而在其身死之后，洪秀全仍对其念念不忘，不惜"择貌类大纲者，仍假其名，领众以当一队"。这固然有借罗之威名震慑对手的用意，但也同时反映出罗大纲因自身一贯的忠君之举而深得洪秀全的信赖。

综上，近代会党不管是投身于太平天国还是投靠清廷，且其动机各异，但都不约而同接受了忠君观念，并落实在具体行动中。这表明，儒家千百年来的忠君教育在近代社会仍然具有强大的影响力，以至于会党之类的社会既有秩序的破坏者都难免受到忠君观的深刻影响。

二 清廷对会党政策的调整及对近代会党忠君行为的奖励

虽然不少会党分子忠于清廷，但清廷并非一开始就注意到了会党也有忠君的一面。尽管最迟从康熙时期始，清廷就对会党问题予以了高度关注，但总体而言，清前期朝廷对于会党基本上采取的是"杀无赦"的严厉镇压措施。直至嘉庆末期，清廷始对会党政策有了重大调整，不再一味地镇压，而是剿抚结合，并注意在适当时机吸收会党为朝廷效忠，尤其是注意对那些投诚的会党分子进行表彰奖励，以鼓舞会党更加积极为朝廷效力，同时吸引更多的会党成员投靠朝廷。

早在嘉庆二十四年（1819），山西道监察御史蒋云宽即上奏清廷，请求在缉办民众结会之案时，"应请旨敕令地方官先行出示，准令被胁勉从之人到官出首，开以自新之路。其未经入会，仅与认识之人，一经讯明，速予省释"。①

---

① 《山西道监察御史蒋云宽奏陈缉办会党事宜折》，嘉庆二十四年五月初九日，军录，中国人民大学清史研究所、中国第一历史档案馆合编《天地会》第7册，第475页。

清廷同意了蒋云宽所请,在给湖南巡抚吴邦庆的上谕中就明确指出:"会匪结党横行,黠悍者总在首恶数人,其余畏其欺凌,被其逼胁者,亦复不少。地方官总当严拿首犯,其但与会匪认识,或被胁畏祸勉强听从,或愚愿无知,虽经入会,并未随从生事者,均准其到官自首,讯明量予省释,以免株累。"① 道光二十九年(1849),湖南爆发了李沅发领导的把子会起义。义军转战湘、桂、黔三省20多个州县,队伍一度发展到5000人。清廷担心义军"倘经楚匪勾结,必致蔓延日甚",因此于道光三十年(1850)三月指示贵州巡抚乔用迁,拿获义军将士后,"讯明如只被胁随行,并无助虐情事,即当设法解散,一面传谕招降,剪除党羽;若讯证实已从逆,攻城戕官,罪在不赦。又不可养痈遗患"②。清廷对把子会的政策,延续了嘉庆二十四年对会党施行的招降政策,即对胁从者准予自首,而对有"攻城戕官"等行为的则不予赦免,对为首者自然就更不能招降了。但到咸丰年间,清廷对会党的招降政策有了重大改变,对领导起事的会党首领不但不咎既往,可以招抚,而且予以重用和表彰。咸丰元年(1851)三月,咸丰帝特意指示钦差大臣李星沅等,要密切关注那些投诚会党分子的表现,如果那些投靠清廷的会党成员"尚有微劳,均著随时奏闻"③。而在冯子材等投靠清廷后,清廷在谕令中表示:"黄锦泗、冯子材等亦知悔罪投诚,杀贼自效,如果始终出力,不难与张钊等同宽既往,悉予自新。"④ 咸丰三年(1853)八月,上海小刀会在刘丽川领导下举行起义,攻占了上海等城市。时清军正与太平军激战,难以全力对付小刀会起义军,故期待以招抚之策来化解这一次起义。"先是八月间,苏松太道吴健彰传谕刘丽川等诸贼目,晓以大义;刘丽川及李姓、陈姓三贼目均有降意,因闽匪林阿福不愿,此意遂寝。"但清政府并未就

---

① 《谕湖南巡抚吴邦庆饬属认真查拿会党》,嘉庆二十四年五月初九日,上谕档,中国人民大学清史研究所、中国第一历史档案馆合编《天地会》第7册,第478页。

② 《清廷命乔用迁严饬文武员弁昼夜防堵并招降把子会党羽》,道光三十年三月十一日,黎青《清代秘密结社档案辑印》第9册,第3189页。

③ 《寄谕李星沅等著查复张钊等投诚杀敌是否确实并留心控驭张家祥》,咸丰元年三月二十八日,中国第一历史档案馆编《清政府镇压太平天国档案史料》第1册,光明日报出版社1990年版,第352页。

④ 《清文宗实录》卷3,咸丰元年五月上,第459页。

此放弃对刘丽川等的招抚，十一月间，又遣人前往招抚，但终因"闽匪林阿福及本地会匪潘小金子等不允，是以迁延未决"，① 未能招抚成功。虽然现在没有足够的证据表明，刘丽川有接受招抚之意，但清政府对犯有戕官攻城重罪的刘丽川等人能"贷其一死"而予以招抚，至少说明清政府在太平天国起义的冲击下，其以往对待会党严惩不贷的政策已经不大适用，而不得不予以调整。

清廷这一政策调整，直接影响到了地方政府及其官员们面对会党起事时所持态度与政策。以广西为例。广西既为太平天国起义爆发之地，也是会党起事频发之地。尤其是咸丰五年（1855）以后，随着广东天地会起义军大规模进入广西，广西当局面对四起的会党活动疲于应付，对会党的政策也随之发生变化。此点可从平乐府的一则《善后条约告示》看出来。该告示针对参与会党起事的会党分子提出了如下宽大处理政策：第一，"奸厥渠魁，胁从罔治"，表示"书有明文，并非迩来事宽纵也。今被胁难民既知自拔来归，即非甘心从贼，大宪体朝廷好生之德，安反侧正所以卫善良，一经准予薙发归团，即与良民无异，各团总如敢纵容团丁寻隙谋害，定即照擅杀例拟抵"。第二，"求抚难民归团之后，如再不知革面洗心，另犯为匪不法情事，许各绅团禀请地方官问明加等治罪，以儆凶顽。惟不得攘拾以往为匪事迹，藉团勒罚，违者即革退团总，比照讹诈平民究惩"。第三，"难民归团之后，自宜各清各产，以杜争端。夫有逆民，始有逆产，今各难民既知去逆效顺，则罪且不科，产何容夺。除已前曾奉委员查办变价入官有案者，应毋庸议外，其余失产，概应退还原主，如藉团霸占勒赎等弊，许即禀官究追给领。其附近贼巢各难民土围中占有他人田产者，一律清还，不准勒揩"②。

而在湖南，"经骆秉章出示晓谕，凡蓄发刺字匪犯，但能弃械投诚，即给予免死护票，资遣归籍"。湖南这一做法得到了清廷的赞赏，并将之推广全国。"因思用兵各省，良民似此被胁入伙者，谅必不少。着各路统

---

① 怡良等：《已革候选知府谢继超遣人入城劝降小刀会》，咸丰三年十一月二十日，黎青《清代秘密结社档案辑印》第9册，第3281页。

② 《善后条约告示》，方炳奎《磨盾集》，广东文史馆、中山大学历史系合编《广东洪兵起义史料》（中册），第1121—1123页。

兵大臣及各省督抚，剀切示谕，此等难民，虽被胁蓄发刺字，果能逃出贼营，即给予免死护票，资遣归籍。其原籍督抚并着严饬地方文武，不得纵令兵练妄加杀害。其有未领护票私自逃归者，但系良民，一律免其查办。"不过，对于"惟向系地痞恶棍及曾充乡勇投入贼营者，败逃潜回者，仍由地方官查明惩办，以示区分而昭矜恤"。也就是说，对于那些道德品质不佳者及背叛政府者，要严惩不贷，不在招抚之列。在清廷这一政策刺激下，"各省难民逃出领票者不下二万余人"①。

值得注意的是，即便是对会党分子严惩不贷的曾国藩等人，后来也逐渐改变了对会党的政策，由严惩不贷转变为宽严并济。在咸丰年间，曾国藩对会党采取的基本上是铁血镇压政策。咸丰三年（1853），曾国藩就对付湖南会党一事上奏朝廷，认为会党"平居造作谣言，煽惑人心，白日抢劫，毫无忌惮。若非严刑峻法，痛加诛戮，必无以折其不逞之志，而销其逆乱之萌"。并表示："臣之愚见，欲纯用重典以锄强暴，但愿良民有安生之日，即臣身得残忍严酷之名亦不敢辞。"曾国藩在审理会党案件时，正是秉持上述态度，施以铁血手段。"遇有形迹可疑，曾经抢掠结盟者，即用巡抚令旗，恭请王命，礼行正法。……即寻常痞匪，如奸胥、蠹役、讼师、光棍之类，亦加倍严惩，不复拘泥成例，概以宽厚之心。"曾国藩辩称，他之所以如此残酷无情，盖因"当此有事之秋，强弱相吞，大小相侵，不诛锄其刁悍害民者，则善良终无聊生之日"②。咸丰三年（1853），曾国藩还在致友人的信中多次提及对会党要实行铁血政策。二月，他在《与徐玉山太守》的书札中称："吾乡疮痍之后，惟芟除土匪为第一要务。……鄙意以为宜大加惩创，则其残害于乡里者，重则处以斩枭，轻则亦立毙杖下。戮其尤凶横者，而其党始稍戢；诛其尤害民者，则良民始稍息。但求于屠弱之百姓少得安恬，即吾身武健严酷之名，或有损于阴骘慈祥之说，亦不敢辞已。"③ 同月，在《与魁荫亭太守》的书札中，称："国藩以前月下旬，于寓中设审案局，十日内已戮五人。世风

---

① 《清文宗实录》卷296，咸丰九年十月上，第323页。
② 李瀚章编撰，李鸿章校刊：《曾文正公全集》第2册，第32页。
③ 李瀚章编撰，李鸿章校刊：《曾文正公全集》第5册，第56—57页。

既薄，人人各挟不靖之治，平居造作谣言，幸四方有事而欲乱为，稍待之以宽仁，愈嚣然自肆，白昼劫掠都市，视官长蔑如也。不治以严刑峻法，则鼠子纷起，将来无复措手之处。是以壹意残忍。冀回颓风于万一。书生岂解好杀，要以时势所迫，非是则无以锄强暴而安我孱弱之民。"①而在同月写给江忠源的信中，曾国藩指出："湖南本会匪卵育之区，去岁从洪逆去者，虽已分其强半，而余孽尚在伏莽。……若非痛加诛戮，与草薙而禽狝之，则悍民不知王法为何物，而良民更无聊生之日。"② 正是秉着严惩不贷之方针，曾国藩的处治态度是："匪类解到，重则立决，轻则毙之杖下，又轻则鞭之千百。""所为止此三科。"③ 但曾国藩的铁血政策并未能消除会党之患，反而在其统率的湘军中发展壮大，同治年间，哥老会在湘军"各营相习成风，互为羽翼……实乏禁遏制良法"④。为此，曾国藩不得不调整其对会党一贯的铁血政策。同治六年（1867）七月十五日，他在《复刘韫斋中丞》中称，对付会党，"治之之法，告讦之胁从概从宽宥，以绝株累诬扳之风；访获之头目必置之重典，以杜煽诱猖獗之势"⑤。在此，曾国藩明确提出只对会党首领予以严惩，而对一般会员则"概从宽宥"。与此前不分主从、一概严惩相比，同治六年的曾国藩对会党的政策与态度已有了明显的调整。同年十月三十日，曾国藩在又一次《复刘韫斋中丞》中，提出对哥老会要"外宽内严"，并指出"所谓外宽者，凡控告会匪者皆不批准，凡供扳会匪者皆不捕拿，苟无他罪，囹圄无专收入会之囚，苟无他犯，差役无专拘入会之票。所谓内严者，确访要紧头目，立拿解省"。⑥ 同治十年（1871）十一月二十一日，曾国藩在致李瀚章的信中，对哥老会的政策又有了进一步的放松。指出："一匪到局，总以开释为主，本身能具悔结，族邻能具保结，即准释为良民。如实无一人肯保，乃送县城，县官审明而后押之抚辕，批准而后杀之。"

---

① 李瀚章编撰，李鸿章校刊：《曾文正公全集》第5册，第57页。
② 同上书，第58页。
③ 同上书，第60页。
④ 李瀚章编撰，李鸿章校刊：《曾文正公全集》第4册，中国书店2011年版，第305页。
⑤ 李瀚章编撰，李鸿章校刊：《曾文正公全集》第7册，第130页。
⑥ 同上书，第143页。

并声称:"人皆谓办哥匪宜严,鄙人独谓宜松,至佣兵剿办时乃严未晚耳。"① 对于如何对付哥老会,左宗棠的想法与曾国藩类似。他曾感叹:"各勇与哥老会者若是之多,实有诛之不可胜诛,办之不可胜办之势,若欲穷究,必滋事端……今惟有化私为公、化有为无之一法。"只能"将为首数人军法从事,余系胁从,均免究办"②。

刘坤一也多次晓谕那些起事的会党成员们归顺朝廷。同治元年（1862）,刘坤一在围剿广西会党黄鼎凤所部时,即发布《安抚头目党众示》,号召那些起事的会党分子"勿存游移之见,勿生疑畏之怀,速即回头,赶紧薙发"。并称"指日大军前进,绝不妄戮一人。远者准其散归故乡,近者准其各安常业。其有骁健,自愿随征,当即挑留千人,俾得自成一队行见。为民,则永为良善;为兵,则立致显荣,无负朝廷安集之仁"③。同治二年（1863）,刘坤一再次针对起事的会党分子发布告示,声称"本司奉命来粤督师,旌旗所指,如拉朽摧枯。如有悔过投诚,亦皆予以自新之路,恩威并济"④。同年五月十九日,刘坤一在获悉广西天地会起义军首领"姚新昌等本非甘心同恶,实因为其逼胁,如果大兵进剿,该头目等素怀投诚之志,即当立功自赎等情",特意发布晓谕,号召姚新昌等投诚朝廷,表示姚等一旦投诚将"从重给赏并分别保奖以旌其劳"。⑤此后,刘坤一又发布了一份《招抚投诚自新头目示》,⑥ 以坚定会党分子投诚之决心,甚至为此还专门配套发布了一份《严禁欺陵示》,晓谕民众:"有投诚人等解散归里者,无论何人,务须听其入团,共敦和好,倘

---

① 李瀚章编撰,李鸿章校刊:《曾文正公全集》第7册,第217—218页。

② 《论哥老会》,《申报》,清光绪二年七月初四日,第1页。

③ 《安抚头目党众示》,同治元年（缺具体日期）,欧阳辅之编《刘忠诚公遗集·公牍》卷1,沈云龙主编《近代中国史料丛刊》第26辑,第5162页。

④ 《去逆效顺以保身家示》,同治二年（缺具体日期）,欧阳辅之编《刘忠诚公遗集·公牍》卷1,沈云龙主编《近代中国史料丛刊》第26辑,第5171页。

⑤ 《晓谕头目姚新昌等》,同治二年五月十九日,欧阳辅之编《刘忠诚公遗集·公牍》卷1,沈云龙主编《近代中国史料丛刊》第26辑,第5173—5174页。

⑥ 《招抚投诚自新头目示》,同治二年（缺具体日期）,欧阳辅之编《刘忠诚公遗集·公牍》卷1,沈云龙主编《近代中国史料丛刊》第26辑,第5191—5192页。

敢挟嫌生事，一经察觉，立即照例抵罪。"① 由此可见清政府对招降会党是何等用心良苦。同治十三年（1874），刘坤一调署两江总督，赴任后即专门发布告示，允许哥老会成员自首，称："无论为首为从，一律予以自新。"并称自己的这一做法将"商之后任、咨会各省分别施行"。② 这一定程度上昭示出，较前相比，清政府对会党投诚实际已秉持相当宽松的态度。这一态度一直持续到宣统年间。如宣统年间，湖南在剿办会党时，即"分别首从，如系积匪渠魁，则责成团族确查，交案，就地严惩，不稍宽贷。如系被胁勉从，尚非积恶首要，则责成团族保管约束，予以自新准免究治"③。清政府对会党政策的逆转性调整，为清政府招抚大量会党成员效忠清廷奠定了坚实的政策基础。

对于招抚会党，时论是持支持态度的。《申报》在论及哥老会问题时即曾言："此等愚民到处皆是，只宜解散，不必诛求。解散或可望其改悔，诛求或至令其固结。"④ 对于时论的这一支持态度，清政府注意到了，左宗棠等认为这一态度，与己观点相同，表示认可。⑤

根据剿抚相结合的政策，清廷对立有战功的会党成员均及时进行了表彰和奖赏。仅在咸丰元年（1851），清廷就多次下令奖赏立有战功的投诚会党分子。四月，广西会党著名首领张钊与头目九人，因带领七百水勇阻击太平军有功，清廷特颁旨嘉奖，认为其"归诚效力，确有明征。既能杀贼立功，即不妨宽其既往，励其将来"，"赏给张钊六品顶戴，并赏戴蓝翎"，并表示"此后若更能戮力效命，不难续加优赏"⑥。同月，因"张国梁、谢锡祥于悔罪投诚之后"，"能随同官弁杀贼立功"，所以清

---

① 《晓谕头目姚新昌等》，同治二年九月十二日，欧阳辅之编《刘忠诚公遗集·公牍》卷1，沈云龙主编《近代中国史料丛刊》第26辑，第5197页。
② 《哥老会匪及早改悔示》，光绪元年（缺具体日期），欧阳辅之编《刘忠诚公遗集·公牍》卷2，沈云龙主编《近代中国史料丛刊》第26辑，第5353页。
③ 问天：《宣统二年七月中国大事记》，《东方杂志》第7卷第8期，第100页。
④ 《论九龙山事》，《申报》，清光绪二年七月初三日，第1页。
⑤ 《论哥老会》，《申报》，清光绪二年七月初四日，第1页。
⑥ 《谕内阁著照周天爵所请赏给投诚立功之张钊六品顶戴并赏戴蓝翎》，咸丰元年四月初十日，中国第一历史档案馆编《清政府镇压太平天国档案史料》第1册，第392页。

廷下令"张国梁著以千总补用,并赏戴蓝翎。谢锡祥著赏给六品顶戴"。①时隔三月,又因镇压天地会颜品瑶部有功,张嘉祥被"准以千总即补。投诚宁正冈,准给军功六品顶戴,俟续有功绩,再行擢用,以示鼓励"②。八月,赛尚阿等又上奏清廷,请求对张嘉祥等投诚会党分子予以奖励,认为张嘉祥"既能择人用间于前,复能协力出奇于后,应请即以守备升用,先换顶戴,并换花翎。壮勇张鸿才出奇用间,歼戮渠魁,实其一人之才(力)。该壮勇本系投诚之宁正冈头目,拨给张国梁管带,张鸿才、宁正冈应请旨以把总补用,张鸿才并请赏带蓝翎,以示鼓励"③。咸丰二年(1852),张嘉祥因对战太平军有功,"赏霍罗琦巴图鲁名号,升补都司"④。咸丰三年(1853),张嘉祥又因为对太平军作战"前后奏捷",先是升补参将,后"由广东三江协副将超授福建漳州镇总兵官加提督衔"⑤。咸丰六年(1856),被赏赐黄马褂。咸丰七年(1857),因"二月破秣陵关,八月又渡江复扬州、仪征二城,积功由湖南提督调补江南提督,赏换双眼花翎,世袭三等轻车都尉"⑥。张战死后,被"赠太子太保,晋一等轻车都尉,予谥忠武,入祀昭忠祠"⑦。

除了咸丰年间外,同光时期清廷也注意奖励那些为朝廷立下战功的会党分子。如天京陷落后,冯子材被赏穿黄马褂,封骑都尉世职。原为广西天地会堂主张高友部下的苏元春于同治二年(1863)投靠清廷后,因镇压苗民起义有功,被授广西提督之职,光绪年间又由于抗法有功,获清廷赏赐,晋封为二等轻车都尉,及额尔德蒙巴鲁勇号,赏加太子少保衔。原为三合会首领的陆荣廷在接受朝廷招抚后,在镇压会党起义和

---

① 《谕内阁著将剿捕潘大股立功之张国梁等以千总补用并赏顶戴》,咸丰元年四月二十日,中国第一历史档案馆编《清政府镇压太平天国档案史料》第1册,第420页。
② 《赛尚阿奏报千总张国梁及投诚之宁正冈与颜品瑶股激战有功请予鼓励片》,咸丰元年七月十三日,中国第一历史档案馆《清政府镇压太平天国档案史料》第2册,光明日报出版社1990年版,第154页。
③ 同上书,第315页。
④ 陈继聪:《忠义见闻录》卷3,沈云龙主编《近代中国史料丛刊三编》第23辑,第142页。
⑤ 同上书,第143页。
⑥ 同上书,第147页。
⑦ 同上书,第153页。

革命党起义时屡立战功,后官至广西提督,并被赏给捷勇巴图鲁称号。江苏著名会党首领徐宝山接受招抚后,竭尽全力帮助清廷控制水陆地方治安,对其他会党队伍大肆镇压,从参将升至江南巡防营帮统。

清廷这种对效忠朝廷的会党分子不断奖赏和晋升的举措,对那些出身底层而又急于摆脱不利社会处境的会党分子而言,无疑具有莫大的吸引力,因此不断有会党分子投靠清廷,如在广西贵县,"自嘉祥听招抚,大井头惯匪王亚壮、王兴福、王升高等,遂袭其故智,挟制富户铺商,敛银守街,暗窜巨匪卢亚相,统率贼船二十余只湾泊县前,派单开角,并声言打至招安方肯了事"①。在博白等县,"弃械来投者不下二千人"②。民国成立后,竟然还有一些会党组织幻想清朝复辟后能被招安。1913年6月,在湖南常德,洪江会数百人聚众开堂,宣称:"近来南北竞争,将有破裂现象,民国定难长久,必须仍归清廷。近日满洲某某数人已统兵南来,设有战争,我等即行率众,占据城池,将来清朝还旧,我等受其招安,亦不失为功臣元勋。"③

三 清廷对近代会党招抚的原因

那么,清廷为何会重视对近代会党的招抚工作呢?一个极其重要的因素是清廷赖以镇压会党举事的武装力量出现了变质,这些武装力量不但未能正常履行维护社会秩序的职责,反而借机肆意扰民,成为社会秩序的破坏者。因此,清廷急需一批忠于朝廷的武装力量来维持既定的社会秩序。招抚具有忠君思想的会党即是这一需要的产物。

针对各省兵伍变质之状,咸丰元年(1851)曾国藩上奏称:"窃维天下之大患,盖有二端:一曰国用不足,一曰兵伍不精。兵伍之精状,各省不一。漳、泉悍卒,以千百械斗为常;黔蜀冗兵,以勾结盗贼为业;其他吸食鸦片,聚开赌场,各省皆然。大抵无事则游手恣睢,有事则雇无赖之人代充,见贼则望风奔溃,贼去则杀民以邀功。章奏屡陈,谕旨

---

① 光绪《贵县志》卷6《纪事》,第6页。
② 《清文宗实录》卷33,咸丰元年五月上,第459页。
③ 《洞庭湖畔之杀机》,《民立报》1913年6月21日,第1页。

屡饬，不能稍变锢习。"① "今日劣兵蠹役，豢盗纵盗，所在皆是。"由此导致"会匪名目繁多，或十家之中，三家从贼，良民逼处其中，心知其非，亦姑且输金钱，备酒食以供盗贼之求而买旦夕之安"②。广西在此方面极具代表性。

广西历来就是天地会活跃之区，"自道光初年，各府州县已有结盟拜（联）会匪徒，隐成党羽（与），私成（逞）强梁。逮至道光二十五（1845年）六年间，左右两江及府江接境广东等处，盗风滋炽，行旅戒途，于是抢劫（劫物）伤人掳人勒赎之事所在有闻"。③ 到道光朝末期，天地会更是发动了多次较大规模的武装起义。面对天地会日趋频繁的活动，腐朽无能的广西军队应对无力，甚至借机扰民。"提督闵正凤系由武巡捕出身，专讲应酬，于纪律运筹一无所知"，④ "全省营伍皆其统制，平时即未能严饬操防，修整军械，以冀挽回积习，直至盗匪窃发，相距不远，又不亲身督剿，泄沓苟安"。⑤ 即使闵正凤出兵，但"经过各州县，不能约束兵丁，夫马一切诸多需索，物议颇繁。当剿捕吃紧之时，复多畏葸……（道光三十年）七月间盗匪扰及象州，距柳州不及三百里，顺流而下，两日可到。该州屡次告急，并有前抚臣郑祖琛飞咨，催其带兵往援，仍复沿途逗留，迟至八日，始抵象州，而盗贼早已远飏。八月间（天地会起义军首领）陈亚溃由修仁（县）四排窜至永福（县）之鹿寨墟，其时该提督正驻象州，永福日盼救兵，亦复退缩不前。迨贼匪经过象州，并不督力堵截，以致陈亚溃又窜回德宁（宣）等处。贼过数日，始行带兵追袭"。⑥

---

① 李瀚章编撰，李鸿章校刊：《曾文正公全集》第 2 册，第 14 页。

② 同上书，第 21 页。

③ 《杜受田奏陈两广起事情形并剿捕方略单》，咸丰元年二月初八日，中国第一历史档案馆编《清政府镇压太平天国档案史料》第 1 册，第 206 页。

④ 《寄谕徐广缙著查奏广西提督闵正凤是否按兵不动并通筹两广剿办事宜》，道光三十年八月十一日，中国第一历史档案馆编《清政府镇压太平天国档案史料》第 1 册，第 23 页。

⑤ 《李星沅等奏复遵查已革提督闵正凤等劣迹折》，咸丰元年二月初六日，中国第一历史档案馆编《清政府镇压太平天国档案史料》第 1 册，第 203 页。

⑥ 《徐广缙奏报详查已革广西提督闵正凤劣迹折》，道光三十年十二月二十七日，中国第一历史档案馆编《清政府镇压太平天国档案史料》第 1 册，第 143 页。

上级长官如此消极无为，下面也就群相效仿。如在贺县，"广东英德贼匪窜至广西贺县境内……该署都司李庆什明知贼已入境，辄以守城为词，并不下乡堵捕。迨该县鹤年自缢之后，盗匪尚在县境，该署都司仍复藉口兵单，延不进剿，以致贼匪窜逸"。① "广西署龙凭营都司谭永德，于贼匪尚未入境之先，即将关防等件交该营把总看管，先自逃避。迨贼匪窜入龙州，该州知州被贼掠去，又不（未）能即时救护。"② 道光三十年（1850），天地会"攻围南宁府城，逼处柳州府城外"，南宁、柳州、平乐、浔州、梧州、思恩等六府州举监生员12名向官府报告求援，但"禀报各上宪，不过委员一二人查看情形，或发兵一二百名探贼踪迹，以致匪势愈张，官员被戕"。③ 在其他地方，"该管文武禀报，动称有外匪一二千入境滋扰，不思匪踪之来去，视乎堵缉之疏密。疏则肆行无忌，密则敛戢可期。平日既不知讲求捕务，实力练团，直至外匪入境，得贿远飏，搜捕零星土匪，将就粉饰了事"。④ "甚至州县向贼讲和，冀图苟免，或竟被掳勒赎，实出情理之外。"⑤

正是由于官府社会控制能力的极度弱化以及官军面对盗匪活动的腐朽无能，致使"被祸者虽经控告，而冤屈莫由所伸，守者既艰捕缉，而申详又多掣肘，大抵复匿转相蒙蔽，官威渐损，贼势乃张"。⑥ 清廷在广西的统治有全面失控乃至崩盘的严重危机，而类似广西当局这般的腐朽无能，在道咸之际一直是困扰清朝最高当局的一个重大问题。同治元年（1862），同治帝"严饬（广西）在事文武，激励诸军，合力攻剿，务将

---

① 《谕内阁著将延不进剿之署都司李庆什先行革职并交郑祖琛确查》，道光三十年八月初四日，中国第一历史档案馆编《清政府镇压太平天国档案史料》第1册，第17页。
② 《谕内阁将临事逃避之都司谭永德革职拿问严审治罪》，咸丰元年正月十八日，中国第一历史档案馆编《清政府镇压太平天国档案史料》第1册，第167页。
③ 《花沙纳等奏李宜用等遣人控告广西被劫数十县地方官剿办不利折》，道光三十年八月二十九日，中国第一历史档案馆编《清政府镇压太平天国档案史料》第1册，第34页。
④ 《徐广缙著奏报广西每多不靖抚臣不能和衷协力等情片》，道光三十年八月十四日，中国第一历史档案馆编《清政府镇压太平天国档案史料》第1册，第26页。
⑤ 《寄谕李星沅等著查办生员洗潋清呈控各情并择办杜受田单开各条》，道光三十年十二月初一日，中国第一历史档案馆编《清政府镇压太平天国档案史料》第1册，第115页。
⑥ 《杜受田奏陈两广起事情形并剿捕方略单》，咸丰元年二月初八日，中国第一历史档案馆编《清政府镇压太平天国档案史料》第1册，第206页。

积年巨匪,迅速歼除"。如地方官员有畏葸退缩情事,要从严参办,以整戎行。同治帝称:"近来封疆大吏,往往瞻徇情面,遇有府厅州县等缺,酌量肥瘠,为人择地,并不为地择人,以致吏治日非,民生日蹙,积习相沿,殊堪痛恨……其庸懦无能,及贪劣不职之员,即著据实严参,以肃吏治,断不准稍事姑容,致负委任。"①

咸丰年间广西各地爆发天地会起义后,特别是随着广东天地会起义军进入广西,清政府在广西的兵力捉襟见肘,丢城失地不断,清政府的统治变得岌岌可危。但广西当局的腐朽无能,再加上清政府当时的主要力量都用于对付太平天国了,暂时无法给广西增派更多的兵力,要在短期内解决广西军事实力不足的问题,招抚天地会分子以镇压天地会起义就成为必然的选择。如在象州石龙圩,"艇匪长腰四,伊党数千,扼大河,劫上下客商,间亦陆劫"。咸丰三年(1853)冬,柳州府"前任本府哈(忠阿)公,往抚",长腰四等就抚。② 直至同治年间,广西当局仍在实施招抚政策。如《象州志》中便有"同治七年戊辰,协镇陈培桂督兵招安"的记载。③

总体而言,晚清武装力量的结构形式并没有根本性变化,传统的经制之兵八旗、绿营仍居于主导地位。虽如此,武装力量所应有的维护社会秩序的能力却在发生着严重的渐进式的变质。八旗兵的征调、防守等基本军事职能与剿匪防盗等社会控制职能已严重弱化,更多的只具象征意义。"绿营疲弱,远近一辙,饷干本薄,而操法不讲,军实不精"④,且"今日绿营之无用,各省皆然",⑤ "虽欲振而起之,未易

---

① 《清穆宗实录》卷49,同治元年十一月中,第1329页。
② 覃元苏:《象州乱略记》,《太平天国革命时期广西农民起义资料》(下册),第540页。
③ 同治《象州志·纪故》,第18页。
④ 《请分别按年裁减边腹屯防各绿营折》,光绪三十年二月十二日,锡良《锡清弼制军奏稿》卷5,沈云龙主编《近代中国史料丛刊续编》第11辑,(台湾)文海出版社1974年影印本,第393页。
⑤ 《两广总督岑广东巡抚长会奏裁营练兵折》,《东方杂志》第一年(光绪三十年)第5期,第216页。

遽转为强也"①。而"各属营勇之腐败纷杂",又使政府深感其"弭盗之无方"。②即便各地自行招设的练勇,也是为了"粉饰治盗,一县常数百人,无非有名无实"。③作为乡村社会秩序主要维护者的团练,"昔年防御盗贼曾经出力见效",但到清末时已是"日久生弊,数典忘祖。从前官劝办团以御盗,今乃变团成匪以抗官。……甚至围城塞署,伤官夺犯,杀差役、小民若儿戏,视官府若弁髦,且竟有与官兵开仗之事"④。这样一支职能变质中的武装力量,使清廷在面对会党活动四起的局势时深感"可倚以戡乱者实鲜",⑤"筹援筹剿,兵力无可应付,人心岌岌,势极威迫"。⑥更严重的是,在不少省份,那些负责镇压民众举事的武装力量非但没有很好地履行其职责,反而"或营赃私而交通匪类,或藉侦察而鱼肉乡愚,本以御暴,反以为暴",⑦与其维护社会秩序稳定的职能严重相悖。

武装力量的社会控制能力的低下,迫使清廷不得不采取招抚方法来消弭祸患。只不过,各地采取招抚的理由各不相同。以对匪盗的招抚为例。光绪二十九年(1903),署理齐齐哈尔副都统的程德全以"庚子之变,奉吉江三省兵勇同时溃散,勾结土匪,乘间蠡起,绑票勒赎之案层见叠出,几于不忍听闻"为由,上奏清廷,请求对东三省的土匪实施收

---

① 《请分别按年裁减边腹屯防各绿营折》,光绪三十年二月十二日,锡良《锡清弼制军奏稿》卷5,沈云龙主编《近代中国史料丛刊续编》第11辑,第393页。
② 《署两广总督岑春煊奏广东历年办理清乡情形折》,光绪三十二年五月二十八日,朱批,中国第一历史档案馆、北京师范大学历史系编选《辛亥革命前十年间民变档案史料》(下册),中华书局1985年版,第453页。
③ 《掌陕西道监察御史王乃征奏川省拳会复炽请严课吏治折》,光绪二十九年十月十四日,朱批,中国第一历史档案馆、北京师范大学历史系编选《辛亥革命前十年间民变档案史料》(下册),第755页。
④ 《防禁匪盗五条》,周馥《秋浦周尚书(玉山)全集·公牍一》,沈云龙主编《近代中国史料丛刊》第9辑,(台湾)文海出版社1967年影印本,第812页。
⑤ 《奏请设法绥辑内乱》,宣统三年四月二十四日,陈善同《陈御史奏稿》卷3,沈云龙主编:《近代中国史料丛刊》第28辑,(台湾)文海出版社1968年影印本,第218页。
⑥ 《广西巡抚李经羲奏近时筹办防剿事务片》,光绪三十年十二月二十九日,军录,中国第一历史档案馆、北京师范大学历史系编选《辛亥革命前十年间民变档案史料》(下册),第589页。
⑦ 《奏请固结民心折》,宣统元年十一月二十四日,陈善同《陈御史奏稿》卷1,沈云龙主编《近代中国史料丛刊》第28辑,第11页。

抚政策，得到批准。程转任黑龙江将军后，又以"其罪可诛，其情不无可悯"为由，多次实施收抚政策，招抚了单闯、大青山、靠天等股匪。①端方于光绪三十年（1904）亦就江苏省招安匪盗上奏称："招安匪目乃不得已之举，近日如凌德胜、沈小阿妹等就抚后，尚觉安静，大抵责以拿匪，则党羽易离，亦可因以为用。"② 而在热河，面对四起的匪盗活动，"各官束手无策，为苟且目前之计，收留降队，分养四乡"。③ 和热河一样，因对日趋繁多的土匪队伍无有效应对办法，山东"官军颇持招降之说"。④

招降会党，虽然能暂时缓解社会治安的压力，但从长远来看，却造成了会党活动的更加猖獗，对匪盗等叛乱活动的控制更形艰难，清廷试图通过招抚具有忠君思想的会党来维持既定社会秩序的目的终未达到。以广西为例。光绪末期，广西当局面对四起的会党举事，"督办广西边防提臣苏元春见游匪日炽，诛不胜诛，暂以招抚为笼络之计。无如人数太多，饷需不济，不能各满所愿，是以旋抚旋叛。各匪既曾就抚，与营勇气息相通，勾结之患，因所不免，边勇、游匪，几成一气。苏元春笼络驾驭之策，因之而穷"⑤。正是由于广西当局只知"一味招抚"，结果导致会党"旋抚旋叛，到处蔓延"。⑥ "自光绪二十四年（1898）玉林倡乱，继而龙州、太平、思、顺、左、右江几无净土。""郁、林、平、梧一带，劫掠仇杀，或一乡数十命，或一家数命，水路则轮船帆船被劫时闻。盖

---

① 《收降胡匪片》，光绪三十二年三月二十一日，程德全《程将军（雪楼）望江奏稿》卷10，沈云龙主编《近代中国史料丛刊》第17辑，（台湾）文海出版社1968年影印本，第1201—1202页。

② 《整顿苏省积弊折》，光绪三十年七月（缺具体日期），端方《端忠敏公奏稿》卷4，沈云龙主编《近代中国史料丛刊》第10辑，（台湾）文海出版社1967年影印本，第418页。

③ 《整顿热河地方酌拟改制折》，光绪二十八年十二月二十八日，锡良《锡清弼制军奏稿》卷4，沈云龙主编《近代中国史料丛刊续编》第11辑，第277页。

④ 《宗人府汉主事王宝田等为山东会党革党日炽亟宜添调劲旅请代奏呈》，光绪三十二年十一月十八日，军机处原折，中国第一历史档案馆、北京师范大学历史系编选《辛亥革命前十年间民变档案史料》（上册），第157页。

⑤ 《著苏元春扔回广西剿匪谕》，光绪二十八年二月二十二日，庾裕良、陈仁华《广西会党资料汇编》，第401页。

⑥ 《清德宗实录》卷512，光绪二十九年二月，中华书局1987年版，第766页。

各属大股虽散，小股常存，动即结党横行，越百里而来，直以劫掳为生计。"①"至二十九年（1903）势益猖獗。及三十年（1904）柳州变起，一时游、土各匪闻风响应，几于遍地皆匪"，②到后来，广西"无一处不有匪扰，亦无一日不飞书告急"③。以致清廷不得不警告广西当局"毋得徒顾目前，招安敷衍，致贻后患"④。

在其他一些省份，也存在和广西类似的状况。如在云南，官军对会党活动无可奈何，"匪之来，防不胜防；匪之过，剿无可剿。势成束手，祸已噬脐"⑤。因此会党分子"或数百一股，或数十一股，聚散靡常，日形猖獗。始则逼胁入会，继则抢掳烧杀，所过村寨勒索米银"，以致"商民难安，骎骎乎渐成燎原之势"⑥。在江苏，面对会党活动，"各营将领狃于积习，不能认真整饬，以致匪势益张，论者咸恐共为广西之续"⑦。

会党被招抚后出现"旋抚旋叛"的情形表明，虽然有一部分会党成员有着坚定的忠君观念，但也有相当一部分会党分子的忠君是受外在条件制约的，一旦这些条件出现了变化，其所谓的忠君行为很可能会转变为叛乱行为。故此，对会党的忠君观念及行为要持辩证的认知态度。

---

① 《掌陕西道监察御史叶芾棠奏桂乱日久蔓延请亟绝其根株折》，光绪三十三年九月二十一日，军机处原折，中国第一历史档案馆、北京师范大学历史系编选《辛亥革命前十年间民变档案史料》（下册），第614页。

② 《两广总督张人骏等奏遵旨查明广西乱事实情并妥筹办理折》，光绪三十四年五月二十八日，朱批，中国第一历史档案馆、北京师范大学历史系编选《辛亥革命前十年间民变档案史料》（下册），第617页。

③ 《广西巡抚李经羲奏近时筹办防剿事务折》，光绪三十年十二月二十九日，军录，中国第一历史档案馆、北京师范大学历史系编选《辛亥革命前十年间民变档案史料》（下册），第589页。

④ 《清德宗实录》卷512，光绪二十九年二月，第766页。

⑤ 《法人暗中庇护会党情形》，黎青主编《清代秘密结社档案辑印》第10册，第3766页。

⑥ 《署云贵总督丁振铎等奏派兵搜剿河口会党情形折》，光绪二十九年六月十六日，朱批，中国第一历史档案馆、北京师范大学历史系编选《辛亥革命前十年间民变档案史料》（下册），第666—667页。

⑦ 《保奖办匪清乡员弁折》，宣统元年五月（缺具体日期），端方《端忠敏公奏稿》卷15，沈云龙主编《近代中国史料丛刊》第10辑，第1831页。

第三节　近代会党何以会"反清复明"

提及近代会党的忠君观念,就不能不言及近代会党"反清复明"的宗旨。纵观有清以来的会党史,确有不少会党以"反清复明"为宗旨,近代亦如此,其中以洪门最为典型。学术界对近代会党"反清复明"的宗旨予以了很多关注,但却一直未能阐释近代会党何以会"反清复明",即便有些学者对此问题有所涉及,也只是在讨论会党的性质时顺便论及。我们认为,关于近代会党何以会"反清复明"的问题,可以从多个视角进行研究,如从政治学角度看,与太平天国的榜样效应不无关系;而从社会学的角度看,又与近代会党缺乏全国性的统一领导机构因而各地会党的价值取向各异有关。如果从儒家文化的视角来看待这一问题,我们可以发现,该问题的产生与先秦儒家的忠君理论和儒家"华夷之辨"的狭隘民族主义思想等因素密切相关。

一　先秦儒家的忠君理论对会党"反清复明"宗旨的影响

近代会党"反清复明",至少部分符合先秦儒家的忠君理论,因而能使"反清复明"获得理论上的合法性。对于如何忠君,先秦儒家和汉唐以后的儒家是有区别的,汉唐以后儒家的忠君观强调的是对君主的盲从、绝对服从,而先秦儒家则并非如此。孔子虽然把忠君视为道德价值判断中最为核心的观念之一,并使之成为"君子"修德的主要内容,[1] 但并不盲目忠君,而是明确摒弃了"事君不二""从一而终"的迂腐观念,要求"以道事君"(《论语·先进》)。而对如何处理忠君问题,孟子又比孔子大大前进一步,认为:"君有大过则谏,反复之而不听则易位"(《孟子·万章下》),如果"诸侯危社稷,则变置"(《孟子·尽心下》),即对于有过错和危及国家的君主,可以免除其职位,或剥夺其世袭权力。[2] 先秦儒

---

[1]　曾广开:《先秦儒家忠君思想的形成与解读》,《中国文化研究》2009年第4期。
[2]　王国良:《从忠君到天下为公——儒家君臣关系论的演变》,《孔子研究》2000年第5期。

家关于忠君的上述理论,成为近代会党"反清复明"的重要理论依据。陶成章撰写的《龙华会章程》便鲜明地体现了这一点。陶成章以通俗易懂的语言告诉会党成员们,反清革命是符合儒家思想的,因为"革命"二字出自《易经》"汤武革命,应乎天而顺乎人"一言。针对清廷把"革命"称作"大逆不道"之事,陶成章告诉会党成员们:"孔夫子孟夫子的说话,诸位兄弟们想必多愿意听的。他两位老先生的说话,载在《四书》上面,何尝说皇帝是不许百姓做的、造反是大逆不道的?"他还告诉会党成员们,孔子"如今坐在大成殿上,看看这些戴红缨帽,穿马蹄袖,拖猪尾巴的,三跪九叩首的来拜他,两廊立着许多元朝清朝的,死去的走狗,不知怎样伤心呢!"并称孟子曾言:"汤放桀,武王伐纣,闻诛一夫纣矣,未闻弑君者也。"① 陶氏之意,在于告诉会党成员们,按照孟子的有关理论,推翻无道清朝昏君,不算作"大逆不道"之罪。陶氏还以孔子赞扬尧舜禅位的例子,来告诉会党成员们,"皇位当由大家公举","皇帝位置,岂是可以世袭的么!"② 虽然陶氏对孔孟的有关言论的理解不一定正确,但由此我们可以明显看出,会党成员们还是很信服孔孟说教的,会党成员们最终能投身于反清革命,与其对孔孟的信服有极大关系。

其实,在《龙华会章程》问世之前,洪门早就从孔孟的有关言论中找到了反对清帝的理由。洪门《会簿》杜撰了一个关于天地会创立缘由的所谓"西鲁故事"。故事记载,少林寺僧曾帮助康熙皇帝打退"西鲁人"入侵而未受朝廷的封赏。回少林寺后,这些僧人遭到奸臣陷害,但康熙不辨忠奸,致使少林寺院被焚,寺中和尚大多惨死,最后只剩下五人,这五人后来共扶朱洪竹为主,创立了天地会。"西鲁故事"告诉我们,洪门创始人最初是拥护清朝的,后来之所以从拥护清朝转为"反清复明",就是因为清朝皇帝的无道。对此,洪门《海底》有副对联曾言:

---

① 原文为:齐宣王问曰:"汤放桀,武王伐纣,有诸?"孟子对曰:"于传有之。"曰:"臣弑其君,可乎?"曰:"贼仁者谓之贼,贼义者谓之残,残贼之人,谓之一夫。闻诛一夫纣矣,未闻弑君也。"(《孟子·梁惠王下》)

② 陶成章:《龙华会章程》,杨松《中国近代史资料选辑》,生活·读书·新知三联书店1954年版,第579—584页。

"僧家初起豪强忠勇勤王报国驱西鲁，后继杰士恨汩（清）无义顺天行道转汩（明）朝。"① 按照先秦儒家的观点，康熙杀害有功的少林众僧，显然属于无道之举，有悖于"君臣有义"（《孟子·滕文公上》）之原则，因此少林僧众可以不忌皇帝权威，反对康熙的错误行为。很显然，洪门编造出"西鲁故事"，就是为了给清朝皇帝贴上"无道""无义"的标签，从而为自己反君主行为提供一个符合儒家文化的、可以为世人所接受的理由，表明洪门会员并非反对"忠君"观念，而仅仅是反对无道的清朝昏君、拥戴开明的明朝皇帝而已。

二 儒家"华夷之辨"的狭隘民族主义思想对会党"反清复明"宗旨的影响

近代会党从拥护清朝转为反对清朝，与"华夷之辨"的狭隘民族主义思想的影响不无关系。"华夷之辨"是儒家正统观念中两千余年来一脉相承的思想。孔子认为"夷狄之有君，不如诸夏之亡也"（《论语·八佾》），强调"裔不谋夏、夷不乱华"（《左传·定公十年》）。不过，孔子在夷狄与华夏关系上的观点相对辩证，认为两者可以互变，夷狄可以变为华夏，华夏也可以变为夷狄。而孟子则不然，认为华夏优于夷狄，认为"吾闻用夏变夷者，未闻变于夷者"（《孟子·滕文公上》）。董仲舒亦言："三统之变，近夷遐方无有，生煞者独中国。"② 此言的意思是，只有中原诸夏之国有资格"承天命"获得统治天下的合法权力，夷狄之国是没有这一资格的，只能服从中国的统治，凸显出董仲舒"华夏独具正统"的思想观念。朱熹的观点和董仲舒一致，认为如果边地部族进入中原，"凡中国有主，则夷狄曰'入寇'，或曰'寇某郡'，事小曰'扰某处'。中国无主，则但云'入边'，或云'入塞'，或云'入某郡，杀掠吏民'。"（朱熹：《资治通鉴纲目·序》）其字里行间包含了明显的华夏正统观。明儒吴廷翰更是指出："道莫大于君臣之分，义莫严于华夷之辨。

---

① 李子峰：《海底》，第136页。
② 董仲舒：《春秋繁露·三代改制质文》，苏舆《春秋繁露义证》，中华书局1992年版，第195页。

儒者所讲，讲此而已。"并指责元儒吴澄、许衡"皆中原人，号称大儒，而以身事夷狄，于此一失，不知其所讲者何道，而所守者何法也？"认为中原人尽忠于元朝统治者，是有辱儒者名分。① 值得注意的是，董仲舒、朱熹乃至吴廷翰所言之华夷之辨，似乎更多的是强调两者之间地域、血缘的差别，而对两者在文化上的差异倒是不甚关注。清初，明亡的现实和对华夏正统观的信仰，使儒学家们在关注华夷之辨时，对地域和血缘差异的强调更甚。王夫之认为："天下之大防：华夏夷狄也，君子小人也……夷、夏分以其疆，君子、小人殊以其类，防之不可不严也。"② 提出华夏夷狄之防，乃"古今之通义"，③ 要求"不以一时之君臣，废古今夷夏之道义"。④ 黄宗羲与王夫之的观点相同，认为"中国之与夷狄，内外之辨也。以中国治中国，以夷狄治夷狄，犹人不可杂之于兽，兽不可杂之于人也"⑤。顾炎武也曾明确指出："君臣之分所关在一身，夷夏之防者所在天下……夫君臣之分，犹不敌夷夏之防。"⑥

面对传统的华夷之辨，清朝统治者有意淡化满汉之间的地域与血缘差异，着重强调满汉在文化上的相近乃至相同，致力于通过为夷狄正名、弘扬理学精神和宣扬"天下唯有德者居之"等手段，来修正传统的华夷观念。⑦ 尤其是试图借助孔子夷狄与华夏互变的观点，来谋求清朝统治的合法性。⑧ 而到了清末，以梁启超为代表的立宪党人提出了"中华民族"的概念，试图从文化与历史的角度，将包括满汉在内的中国各民族融合成一个"同种合体"的现代民族国家，⑨ 抹去满汉之间血缘的差异，以期化解华夷观念并最终实现其君主立宪的政治主张。

---

① 张刚：《儒家民族理论几个基本问题的探索》，《玉溪师范学院学报》2012 年第 7 期。
② 王夫之：《船山全书》第 5 册，岳麓书社 1988 年版，第 390 页。
③ 同上书，第 182 页。
④ 王夫之：《船山全书》第 10 册，岳麓书社 1988 年版，第 536 页。
⑤ 黄宗羲：《留书》，《黄宗羲全集》第 11 册，浙江古籍出版社 1993 年版，第 12 页。
⑥ 顾炎武：《日知录》，岳麓书社 1994 年版，第 245 页。
⑦ 庄严：《雍正驳华夷之辨》，《宁波师院学报》（社会科学版）1994 年第 3 期。
⑧ 杨念群：《"大一统"：诠释"何谓中国"的一个新途径》，《南方文物》2016 年第 1 期。
⑨ 黄克武：《民族主义的再发现：抗战时期中国朝野对"中华民族"的讨论》，《近代史研究》2016 年第 4 期。

然而，晚清时期，传统的"华夷之辨"仍有相当大的影响力，就连接触了西方先进思想的革命党人都有狭隘的民族主义思想，其排满主张，其实就是传统的"华夷之辨"观念的延续和再现。① 对此，民国时期曾有论者明确指出："夫清之兴业，乘明末内乱之机，以异族入主中国；明之遗民，抱国亡家破之痛，怀光复故鼎之志，或则文字鼓吹，或则投袂举义，故排满之思想，光复之运动，前仆后起，再接再厉，终清之世，未尝中辍，卒之得吾诸族者仍为吾族所有，为我国近世史之一大关键焉。究其致此之由，则以我国固有汉族本位思想，实为其主要之原动力也。盖种族之义，无待外铄，曰华，曰夏，曰蛮夷戎狄，即此种思想之表现也。"② 这些革命党人在从事反清活动时，刻意凸显满汉之间在地域与血缘方面的根本差别。孙中山在组织兴中会反对清朝统治时，即提出了具有鲜明华夷之辨色彩的"驱逐鞑虏，恢复中华"的主张，认为"我汉族四万万人岂甘长受满人之羁轭乎？"③ 邹容在《革命军》中则声称要"诛绝五百万有奇披毛戴角之满洲种"。④ 陶成章在《龙华会章程》里直言要"赶去满洲鞑子皇帝，收回了大明江山"⑤。章炳麟在《驳康有为论革命书》中，将满洲人视为异族："夫满洲种族，是曰东胡，西方谓之通古斯种，固与匈奴殊类。虽以匈奴言之，彼既大去华夏，永滞不毛，言语政教，饮食居处，一切自异于域内，犹得谓之同种也耶？"并称光绪帝载湉为"汉族之公敌也。况满洲全部之蠢如鹿豕者，而可以不革者哉。"⑥ 浙江革命党人认为满洲人"为游牧曼殊之族，暗地乘我朝内乱之时篡了位"，因此要"誓死以逐此丑虏"。并认为"内地的人不分清宗族，一味拍胡人马屁，自命为忠君爱国，叫什么保皇党，专以奉仇为文残害同种的"。还认为"真革命党，惟以报祖宗的仇，光复祖宗的土地，为自己汉

---

① 杨念群：《重建"中华民族"历史叙述的谱系》，《近代史研究》2018 年第 5 期。
② 高良佐：《清代民族思想之先导者》，《建国月刊》1933 年第 5 期。
③ 《中国致公党简史》编辑委员会：《中国致公党简史（1925—2009）》，第 232 页。
④ 中国史学会编：《辛亥革命》（一），上海人民出版社、上海书店出版社 2000 年版，第 333 页。
⑤ 陶成章：《龙华会章程》，杨松《中国近代史资料选辑》，第 585 页。
⑥ 章炳麟：《驳康有为论革命书》，杨松《中国近代史资料选辑》，第 592—597 页。

人造幸福，不求虚名誉，不惧生死，不畏艰难，必要取回所失的土地为目的，不愿为他族之奴隶，此方为真革命家也"①。徐锡麟在领导光复军起义时张贴告示，号召民众起来"光复汉族，剪灭满夷"，"遇满人者杀"。② 徐锡麟被捕后也供称："我本革命党大首领，捐道员到安庆，专为排满而来……我只拿定革命宗旨，一但乘时而起，杀尽满人，自然汉人强盛。"③

对于革命党人基于"华夷之辨"而提出的"革命排满"主张，清政府非常警惕，曾下旨称："革命排满之说，煽惑远近，淆乱是非。察其心迹，实为假借党派，阴行其叛逆之谋。若不剀切宣示，严行查禁，恐诪张日久。愚民无知，被其蒙惑，必至人心不靖，异说纷歧，不特于地方有害治安，且于新政大有阻碍。著各将军督抚，督饬地方该管文武官吏，明白晓谕，认真严禁。自此次宣谕之后，倘再有怙恶不悛，造言惑众者，即重悬赏格，随时严密访拿，详细讯究。除无知被诱，不预逆谋，准其量予末减，及改过投首，并能指拿魁党者，不惟免罪，并予酌赏外，其首从各犯，应按照谋逆定例，尽法惩治。如有拿获首要出力之员弁，准择尤优奖。惟不得株连无辜，致滋扰累。倘该文武瞻徇顾忌，缉访不力，由该将军督抚据实严参，以期杜绝乱萌而维大局。"④

受到西方文化较深影响的革命党尚且如此拘泥于"华夷之辨"，而一直受到传统文化影响的会党就更不用说了。"华夷之辨"对近代会党也有着较大影响，会党也对满汉之间在地域与血缘方面的差别予以了特别注意。此点我们可以从近代会党的内部文件看出来。前述的"西鲁传说"其实就包含了明显的"华夷之辨"的观念。不仅如此，在会员之间广为传播的洪门诗歌中也有充满民族主义思想的诗句。李子峰所编《海底》中就有不少这种诗歌，譬如《把守二门诗》："把守二门郑其由，招集英

---

① 中国第一历史档案馆王征编选：《光绪三十三年浙江办理秋瑾案档案》，《历史档案》2011年第4期。
② 《光复军告示》，杨松《中国近代史资料选辑》，第577页。
③ 中国第一历史档案馆郭美兰编选：《光绪三十三年徐锡麟刺杀安徽巡抚恩铭档案》，《历史档案》2011年第4期。
④ 《清德宗实录》卷550，光绪三十一年十月，中华书局1987年影印本，第311页。

雄灭满洲。二门把守招豪杰，大明早复报冤仇。"①《宝剑诗》："龙泉初出灭情儿，杀尽胡人数万家。能指山崩和地裂，保主登基坐中华。"② 而萧一山先生从英国抄录的洪门诗句中，同样有"清龙无水清龙绝，调转乾坤扶明龙"③ 等充满狭隘民族主义思想的诗句。

特别值得注意的是，洪门传播到海外后，虽然身处海外之邦，仍然受到了"华夷之辨"的深刻影响。美洲洪门在举行入会仪式时，"开章明义第一句，问：拜会何事？答：反清复明。问：有何为证？答：有诗为证，诗曰：'反斗英雄在木阳，清君无道甚猖狂；复得洪门兴社稷，明兵发动灭蛮邦。'"其总堂给各地分堂的招军牌更是宣称："……洋洋中国，荡荡天朝，千邦进贡，万国来朝，夷人占夺，此恨难消，木阳起义，剿灭清朝。"④

即便和清王朝有着某种瓜葛的青帮诗词中也有类似的诗句，如其"整衣歌"言："衣冠不敢忘前朝，仪注相传教尔曹，今日整襟来拜祖，何时重见汉宫袍。""漱口歌"也称："一杯清水比江河，破碎江河感慨多，今日饮汤如饮水，大家同唱凯旋歌。"⑤ 此外，据青帮自己言传，翁岩、钱坚、潘清三祖之所以要投向清廷，成立安清道友会，是为了迷惑统治者，借米粮帮来扩充民族革命的力量，暗中仍要反清复明。而潘清留传的遗像也含有反清复明之意。潘清的遗像是一只手提着一个雀笼子，一只手把个人发辫托在胸前，并怒目而视。青帮的师父们在向徒弟们解释潘祖遗像的含义时，认为："那雀笼子是指汉族的人民，像小雀一样，被关在笼子之中；那发辫是代表清朝（因为发辫是清朝逼汉人留的），托起来是叫人们认清敌人；怒目而视，是表示民族仇恨，要反抗，打破牢笼。"青帮还传言，在日常生活中，青帮也有民族反抗的暗示，如帽子要

---

① 李子峰：《海底》，第 76 页。
② 同上书：第 150 页。
③ 萧一山：《近代秘密社会史科》，第 360 页。
④ 中国人民政治协商会议全国委员会文史和学习委员会编：《文史资料选辑》（合订本），第 13 卷，总第 37—39 辑，中国文史出版社 2011 年版，第 328 页。
⑤ 《家理宝鉴》，中国三理书社 1946 年版，第 53—59 页。

翻放着，暗示要变天；领子要掩起，暗示要恢复明朝汉族的圆领。① 青帮的这些言传是否真实，虽然值得怀疑，② 但一定程度上可以表明，以汉族为主的青帮或多或少还是存留有传统的"华夷之辨"观念。下列两个事例可以证明此点。嘉庆年间，当李文忠率领八卦教、王伦率领清水教联合举行反清起义时，青帮第十二代"慧"字辈首领王正纪率众在河南滑县起义予以响应。咸同之际，青帮参加了捻军起义。据载，"（道光年间）所谓青皮党安清道友，引类呼群，恃众把持，成固结不可解之势。……迨发、捻事起，此辈潜入其中。南北荡平，消磨殆尽。虽阛阓市镇尚有此等名目。然无大渊薮以容之，偶或什伍成群，良有司足以治之矣"③。不仅如此，辛亥革命爆发后，在光复上海、南京、杭州的过程中，都有青帮参加对清军作战。④

揆诸史料，近代会党举事的确带有鲜明的狭隘民族主义精神。综观近代较大规模的会党起事，姑且不论其起事性质为何，目的为何，我们在其发布的有关起事文书中通常可以发现，这些文书无不有意凸显汉满之间在血缘、地域、文化等方面的本质差异。仅以咸丰年间的会党起事为例。咸丰三年（1853）春，有广西天地会组织以"大明太祖之后裔弘光皇帝之七世孙"的名义发布诏书，指称满清王朝"尔胡逆诚我世世不共戴天之仇也。况夏为夷变，二百年不见天日之光，汉受满欺，六七世常闻腥膻之气"。并指责清王朝统治腐败，民不聊生，表示要"传檄江南，连兵河朔，令师进讨，问罪燕京。共枭胡逆之头，以泄戴天之恨。贪官污吏，生擒者须剖其心而吸其髓，致死者即食其肉而寝其皮。灭尽

---

① 卢健飞、王明远、刘吉悌：《绥远清帮和伪蒙疆民生会》，《河北文史资料》编辑部编《近代中国帮会内幕》上卷，第491页。

② 学术界有种观点认为，青帮一向是不清的，主要原因在于清代青帮是以水手为主的帮会，"垄断着江浙漕运行业，因而拥有相对稳定的经济利益，而这种经济利益又依附于清朝封建政权的漕运政策。这一点使水手帮会不像其他那些以农民和手工业者为基本群众的秘密结社那样，在经济地位上形成和封建当权者的根本对立。"参见马西沙、程啸《从罗教到青帮》，《南开史学》1984年第1期。

③ 沈葆桢：《漕项无从划拨海运难以议分疏》，葛士濬《皇朝经世文续编》卷40，沈云龙主编《近代中国史料丛刊》第75辑，（台湾）文海出版社1972年影印本，第1077—1078页。

④ 郭绪印：《关于"清帮"——〈清帮秘史〉前言》，《档案与史学》2002年第4期。

胡儿，克复中原之土；安我黎庶，重睹汉室之天"①。同年，福建小刀会在举义时，也祭出了明太祖的牌位，并对着牌位盟誓："满清游牧贱种，不堪为文明汉族之主；且野蛮成性，暴虐无道，我汉族二百年来受制受害，擢发难数，虽铁石人亦为伤心流泪。兹积同志联盟，结为团体，编为义军，务宜尽忠尽义，驱除野蛮异族，一心一德，恢复大明江山。毋怕死偷生，临阵退缩。各处汉族人等，均是同气连枝。"② 起义后，起义军还派人四处宣传反满主张，号召"杀满兴汉"，以致"最为人民感动者是民族革命、排除满人游行"③。咸丰三年（1853）五月，上海小刀会起事，在其发布的布告中，华夷之别的思想跃然纸上："照得自古明王，征戎狄以安区夏，驱蛮夷以靖中华。故獯狁见伐于周，匈奴被攘于汉，突厥颉利见擒于唐，智高元昊受戮于宋，载在史册，可考而知。慨自满贼篡位以来，礼义不存，廉耻尽丧。……某等因天下失望，顺宇内之归心，歃血同盟，誓清妖孽，厉兵秣马，力扫腥膻。"④ 咸丰四年（1854），广东新会天地会起义军的起义誓文亦宣称："外寇凭凌，达（鞑）虏窃国，我等志切国仇，誓师起义，同心协力，还我山河"，以致在民众中造成不参加反清举事就是没有民族气节的舆论氛围。⑤ 同年冬，更是有天地会起义军"为兴明灭清，恢复中原，戡祸乱以肃海宇事"，特布告天下："兹尔清国，始以夷虏窥视中华，继以入援乘乱夺明鼎。凡我先朝之裔，忠臣之后，附心切齿，布德兆谋者，盖贰百年于斯。今失其道，废弛纲纪，滥鬻爵官，名器不肃，货利是视，上下交征，不体士艰，不察民隐。"号召民众"切志同仇，共兹义举"⑥。咸丰六年（1856），广西天地会首领

---

① 广东文史馆、中山大学历史系合编《广东洪兵起义史料》（上册），第48—49页。

② 陈银练口述，陈雨沛笔录：《小刀会始末记》，洪卜仁主编《闽南小刀会起义史料选编》，第125页。

③ 郭作霖口述，陈玉琮笔记：《记小刀会点滴事迹》（之二），洪卜仁主编《闽南小刀会起义史料选编》，第138页。

④ 《平胡大都督李示》，中国科学院上海历史研究所筹备委员会编《上海小刀会起义史料汇编》，第5页。

⑤ 朱勉躬：《红巾军在江门》，江门市政协委员会编《江门文史资料选辑》第1辑，江门市政协委员会1982年版，第218—219页。

⑥ 广东文史馆、中山大学历史系合编：《广东洪兵起义史料》（上册），第67—68页。

吴凌云率众攻破新宁州城后发布安民告示称："我父老兄弟，遭满奴之蹂躏久矣！严刑苛税，鸡犬无宁日。凌云目不忍睹吾父老兄弟之倒悬，因是联合各异姓兄弟，同举义旗，专讨满奴，以复汉室。"① 黄鼎凤在檄文中亦称："溯自满夷入主，汉族蒙羞；变我衣冠，形容非旧；屠我种类，血迹犹新。呜呼！亿万民痛苦号啼，如失生身父母；十八省分崩离析，已成无主山河。"黄自称"紫水狂夫，怀城下士，郭西起义，曾思为国而忘家；江左从军，犹欲立功以报效。奈梓里无敬贤之宰，鞍马徒劳；戟门忘行赏之功，旗常尽掩。是以雄飞自奋，即兴虓虎之师；雌伏难安，欲吐虹霓之气"，② 号召民众响应起义。近代会党上述举事文告，无不鲜明地将满洲人视为入侵中华的"非我族类"而加以鄙弃。

直至光绪年间，会党起义的有关文告中，其所显示的狭隘民族主义精神比之咸丰年间的会党，有过之而无不及。光绪二年（1876），安徽哥老会举行桐城起义，事后发现了两张札令，内容是"承领开命开国大元帅毕"下令派"开国将军田洪山"和"先锋成子江"进攻桐城的命令。札令上并有"保明伐清""天道复明""满理应归明"等字样。③ 光绪三十二年（1906），萍浏醴起义爆发，以姜守旦为首的洪福会所发布的《新中国大帝国南部起义恢复军布告天下檄文》通篇都是种族复仇之辞，号召汉人排满，并引用明太祖北伐声讨元的檄文："为我者永安于中华，背我者自陷于夷狄"，称其起义"志在驱满"，"但得我汉族为天子，即稍形专制……或时以鞭扑相加，叱责相遇……我同胞即纳血税，充苦役，犹当仰天三呼万岁"。④ 而萍浏醴起义另一位领导人龚春台以洪门会发布的《中华国民军起义檄文》，同样充斥着狭隘的民族主义情结。该檄文称"鞑虏原系东胡异族，游牧贱种，自汉、隋、唐、宋以来，久为我中华汉族之寇仇。有明末造，鞑虏逞其凶残悍恶之性，屠杀我汉族二百余万，掳我中华，窃我神器，奴沦我同胞"。檄文历数了清廷十大罪状，声称"凡我汉族同胞，无论老少男女农工商兵等，皆有殄灭鞑虏之责

---

① 参阅韩水《吴凌云》，莫乃群《广西历史人物传》，广西地方史志研究组 1985 年编印。
② 《黄鼎凤檄文》，民国《贵县志》卷 17《前事》，第 574 页。
③ 张珊：《安徽近代的哥老会运动》，《安徽大学学报》（哲学社会科学版）1980 年第 3 期。
④ 冯自由：《中华民国开国前革命史》上编，（台湾）世界书局 1954 年版，第 252—254 页。

任"。号召"各尽尔力,各抒尔能,以速成扫除丑夷恢复汉家之鸿业"①。鄂北的江湖会秉承洪门反满的传统,以"兴汉灭满"相号召,以襄阳和老河口为中心,于光绪三十三年和宣统三年分别举行了反对清政府的起义。② 王和顺 1907 年率会党起义时,亦以狭隘民族主义的思想为指导。他在檄文中宣称:③

> 尝闻人自有生以来即为国家之一人,国家之安危不可不负其责任。国弱则当使之强,国亡则当使之存,此国民之天职,而豪杰之士所以乘时奋起,一往而不顾,百折而不挠,以求遂其志者也。中国之亡于满洲二百六十年矣,宗国阴沉,生民涂炭,水深火热,日甚一日。追思(鞑虏)入关之始,扫荡西北,席卷东南,迄于滇池,旁及台湾,兵锋所至,赤地千里。我祖我宗,虽处乱离之世,而耻为左衽之民,宁断头流血,枕藉俱死,而不肯辱身屈节。故有扬州十日之变,嘉定屠城之惨,广州三日之痛,满人鼓刀而屠,汉人觳觳就死。凡我子孙,有不发指眦裂、枕戈待旦、以求一洗者乎?是故川楚奋起于前,百粤接踵于后,义师迭举,前仆后继。数百年间,殆无虚归,而我粤尤为(鞑虏)所侧目。自太平天国起义金田,底定东南,涤除秽,虽天不祚汉,功败垂成,而继起之雄,尤称后劲,以至于今,常为(虏)廷心腹巨患。吾乡人士,忠义之诚,骠勇之烈,久已霆震于天下矣。本都督少居父母之邦,长怀四海之志,与父老长者游,获闻亡国事实,扼吭悲愤,搏膺大呼。且稔观(虏)朝政猛于虎,容(穷)奢极欲于内,割地弃民于外,贪官污吏,率兽食人于下,民不聊生,死亡无日,豺狼当道,魑魅公行,非摧廓震荡之,不足以成恢复之业,乃慷慨扶义而起,奋入洪门,奉其宗旨,以反清复明为职(志)。明指中国,清指(鞑虏),非为朱家尽

---

① 《萍浏醴起义檄文》,杨松《中国近代史资料选辑》,第 574—575 页。
② 华中师范学院历史系中国近代史教研组调查小组:《辛亥革命时期的鄂北江湖会》,《江汉学报》1961 年第 1 期。
③ 《布告粤省之同胞》(1907 年 9 月 3 日),中国第二历史档案馆管辉编《王和顺〈布告粤省之同胞〉》,《民国档案》2001 年第 1 期。

忠，乃为中国戮力。由其（此）腾其武怒，纠合吾党忠义之士，修我戈矛，同仇敌忾，精锐骠悍，云卷风驰，八九年来，纵横南宁诸路，战必先登，谋必克臧，十荡十决，一以当百，遂使清朝官吏望风震骇，荷戈之士每遇辄靡，（虏）廷为之侧席，苏元春、王之春、岑春煊之徒，狼狈奔命，动天下之兵，以萃于一隅，而吾党不为少屈，激励壮节，屡挫其锋。

夫吾党之士所以甘死如饴，赴水火、冒斧钺而不顾者，非利禄动其心而奔走于功名富贵也，又非恣意于子妇玉帛而以推理剽掠自雄也。惟以民族主义日夜在心，抱此单纯之目的，死生以之，誓当手歼（鞑虏），灭此朝食，故虽蹈九死而不悔也。本都督前此之行状，固为我粤省人士所深晓，则如义师既举，所向摧破，（虏）廷震（栗）之余，竞议招抚，会党中不肖之士奔竞功名者，多为所钓。虽负隅崛强，历有年所，而朝释兵甲，夕膺章绶。本都督则始终一节歼（虏）之志，泰山不移，（虏）廷虽屡谋招致，然视伪命如粪土，曾不少愿（顾），劝降之书，来而为薪，炊粱可熟！宁备历艰险，未尝稍变节操，足以证无功名之心也。师行所过，秋毫不妄有所侵犯，舍除奸宄、筹军实之外，父老子弟咸保护之，俾毋失所；赏罚必公，取与必信，违者虽亲不贷；巡按所部，凡诸判决，必准于公平，足以证无暴睢（戾）之行也。凡此皆（吾）乡人所共见者。

年来艰难百折，矢志不渝，千里间关，漫游海外，博考各国之政治典物，周谘其风俗，与内外士君子相结纳，发愤以议复仇，慷慨而谋恢复。及从孙文先生游，得与问治国之大本，始知民族主义虽足以复国，未足以强国，必兼树国民主义，以自由、平等、博爱为根本，扫专制不平之政治，建民主立宪之政体，行土地国有之制度，使四万万人无一不得其所。自守此主义之后，驱除（鞑虏）之志益切。今者以孙文先生十数年之经营，民党势力日益充实。（虏）廷罪恶既已贯盈，革命之军风起云合，义旗一举，四方响应。本都督适于此时统率义师，誓当与我国民披坚执锐，共冒矢石，以驱（鞑虏），以立新国。卷土重来，山河变色！骠壮有志之士以救国为职者，其可不投袂而起乎？凡我同盟诸兄弟，平日相从于患难之中者，休戚相共，心如金石。自出国以后，久不获握手相聚，同沐风雨，今兹闻本都督扶义而起，当必激昂奋发，裹粮来会，同心戮力，以完旧日未竟之功，成将来方新之业。至于吾乡父老子弟久苦苛政，益以流离，当知（虏）朝弃民，实其狡谋！国家魁柄握于（鞑虏）之手，人民安有聊生之日？况吾乡不乏读书明理之士，思九世之仇，怀亡国之痛，岂其畏威恋禄、遂甘为牛马？其各奋才力，以完国民之责。大军所至，为民除害，决不惊扰闾里，贻父老忧。

至于吾汉人之为满洲官吏、将卒而驻防于粤省者，数年以来，本都督威名所届，众当共悉。本都督既与满洲政府为敌，则凡顺从协助满洲政府者，义当剪除。须知同是汉人，同处于满洲政府之下，我等祖宗同受满洲政府之屠戮，我等今日同受满洲政府之压制，乃尔等不知以满洲为仇，反与国民为敌，为人爪牙，自残骨肉，以亡国之奴隶，作他人之马牛，视祖国为仇誓，戴犬羊为父母，不肖至此，虽尽行芟薙，亦非过严。惟念尔等虽污伪命，犹属同根，身事（虏）朝，或非得已，若能抚躬思过，涤除旧污，一朝反正，本都督不念旧恶，概予自新。规律具在，勿生猜贰！本都督所有执行大义、率师复起缘由，业已宣布无隐，愿我粤省之同胞，鉴兹悃，泯厥猜嫌，共矢忠诚，以图伟业。鼓国民之元气，扫大陆之（虏）尘，直抵黄龙，以建旗鼓，本都督有厚望焉！

华夷之辨的狭隘民族主义精神不仅体现在会党的起事文告中，而且也体现在其起事建政后的施政上。仅以薙发易服之事为例。上海小刀会政权建立后，赋予服饰以华夷之辨的符号意义，试图通过要求民众改变服饰来改变民众对满清王朝的认同，增加起义政权的合法性。小刀会起义之初，即开始改变服饰，一些拥护清王朝的知识分子观察到，起义军在占领上海后，"城中贼匪打扮，用白布包头从肩至腰，横束红布一条"。[①] 在沪的外国人也注意到，"党人已采用红色徽志……有些用红布包

[①] 《忆昭楼洪杨奏稿》，中国科学院上海历史研究所筹备委员会编《上海小刀会起义史料汇编》，第164页。

头，有些用红布束腰，而其他则用红布的什么东西插在襟上或肩上。有好些孩子，甚至有些妇人，也带了这些红标志"。① 不仅如此，在起义军稳住政局之后，一些起义军首领开始谋求对服饰作进一步改变。"副元帅林议易服色，其言曰：'昔大明皇帝定衣冠之制，品格堂堂，今满夷所着有如马形，其状殊觉难堪，真为遗臭千载。俟我皇上有谕旨颁下，士农工商各宜易服'云云。"② 随后，按照林的意思，起义政权便在一份告示中明确表示"缅怀大明皇帝，定衣冠之制，品格堂堂，圣德昭著，辉耀千古。而满夷所着，昧于宫廷礼仪，强令百姓服饰有如马形，其状殊觉难堪，真为遗臭千载。今本军树义旗，除妖孽，胜利之期，指日可待。俟我皇上有谕旨颁下，士农工商各宜易服"③。而告示显然得到了包括刘丽川在内的其他领导人的认可与支持。"八月十五日，元帅刘、都督李、副元帅陈与林皆乘舆马，至庙拈香，俱戴金盔，衣蟒服，甚为威武。其衣一时不能猝办，尽假于戏班中，沐猴而冠，真堪笑也。"④

试图通过易服来否认满清王朝、彰显"反清复明"宗旨的会党政权还包括广东的大洪国、广西的大成国等会党政权。这些会党政权的大大小小的领导者们，在起事之后均蓄发易服，换上明朝服饰，甚至不惜在一时找不到合适的衣服后，也像上海小刀会部分将领一样，以梨园戏服裹身。他们试图通过领导者的表率作用，来带动群众改换明朝服饰。从有关史料记载来看，有些民众的确蓄发易服了，如广西贵县等地方"红带红辫，填塞街巷"，"已成一盗贼世界"，⑤ 当然，也有些地方的民众并没有蓄发易服。这表明，在蓄发易服方面，两广等地会党政权和上海小刀会政权一样，犯有落实措施缺失、执行力度有限的错误。

---

① 《小刀会占据上海目击记》，《北华捷报》1853年9月10日，中国史学会主编《太平天国》第6册，第963页。
② 《上海小刀会起事始末》，中国科学院上海历史研究所筹备委员会编《上海小刀会起义史料汇编》，第45页。
③ 《大明国统理政教招讨副元帅兼署上海县事林示》，《北华捷报》1853年9月17日，中国科学院上海历史研究所筹备委员会编《上海小刀会起义史料汇编》，第8页。
④ 《上海小刀会起事始末》，中国科学院上海历史研究所筹备委员会编《上海小刀会起义史料汇编》，第45页。
⑤ 光绪《贵县志》卷6《纪事》，第9页。

从上述事例我们明显可以看出，近代会党不管是内部文件还是起义施政举措，都怀有狭隘的民族主义，其内容是反清复明，反对腐败的清朝，恢复汉族的统治，即便是在广西以壮族为主体的一些地区会党亦然。这和儒家传统的"华夷之辨"的说教高度一致。

值得注意的是，当时的革命党人对会党狭隘的民族主义思想与忠于明王朝的忠君思想是持肯定态度的。蔡锷即认为："为宗国沦亡，异族专制，不敢显然反抗，故苦心志士组织一种秘密的社会，抵抗恶政府，其用意很好。"① 并认为"哥老等会之缘起，实肇自明末之郑成功，不甘以异族蹂躏中原，故结盟拜会，倡义集合，冀图恢复……其联合同党，剪灭胡人，固未可湮没也"②。孙中山也认为："内地之人，其闻革命排满之言而不以为怪者，只有会党中人耳。"③ 并称"鄙人往年民族主义，应而和之者，特会党耳，至于中流社会以上之人，实为寥寥"④。所以"革命与洪门，志同道合，声应气求，合力举义，责有应尽，非同利用"⑤。在《重订致公堂新章》中，孙中山更是借重订致公堂章程之机，对会党狭隘的民族主义思想予以了高度肯定："原夫致公堂之设，由来已久，本爱国保种之心，立兴汉复仇之志，联盟结义，声应气求，民族主义赖之而昌，秘密社会因之日盛。"⑥ 并宣称"当此清运已终之时，正汉人光复之候，近来各省风潮日涨，革命志士日多，则天意人心之所向"，并希望致公堂能"以顺天行道为念，今应时而作，不可失此千载一时之机也。此联合大群，团集大力，以图光复祖国，拯救同胞，实为本堂义务之不可缺者"⑦。孙、蔡等人的言论表明，会党"反清复明"的思想在当时得到了相当一部分社会成员的认可与支持，而这种认可与支持反过来会更加强化会党的狭隘民族主义思想。当然，也有一些革命党人对会党这种狭隘

---

① 曾业英编：《蔡锷集》第1册，湖南人民出版社2008年版，第481页。
② 《滇军政府文告录要》，《申报》1912年2月8日第6版。
③ 孙中山：《孙中山全集》第6卷，中华书局1985年版，第233页。
④ 过庭：《纪东京留学生欢迎孙君逸仙事》，《民报》1905年第1号。
⑤ 孙中山：《孙中山全集》第1卷，中华书局1981年版，第237页。
⑥ 中国社会科学院近代史研究所中华民国史研究室等编：《孙中山全集》第1卷，中华书局2011年版，第259页
⑦ 同上书，第261页。

的民族主义思想与忠于明王朝的忠君思想持否定态度。黄兴在光绪三十二年（1906）曾言："今之倡义，为国民革命而非古代之英雄革命。洪会中人，犹以推翻满清，为袭取汉高祖、明太祖、洪天王之故智，而有帝制自为之心，未悉共和真理，将来群雄争长，互相残杀，贻害匪浅，望时以民族主义、国民主义多方指导为宜。"①

必须指出的是，近代会党所具有的狭隘民族主义思想，本质上仍属于特殊的忠君思想，即拥护汉族王朝而反对异族王朝。

三　会党具有"反清复明"的传统

罗尔纲先生曾言："天地会乃中国近世南方广播于民间的革命党。……曾以无数鲜血染成一页页反清纪录，在中国民族革命史上具有其深远的光荣历史。"②"天地会在我国历史上有其不可磨灭的功绩，为中华民族谱写的光荣一页，永远值得称颂。"③ 罗尔纲先生所言虽有值得商榷之处，但却指明了一个事实，即以天地会为代表的洪门反对清廷的统治由来已久。早在乾隆五十二年（1787），林爽文天地会就发动了反清起义。嘉庆七年（1802），广东博罗、归善、永安三县的天地会举行了一次规模较大的武装起义，明确提出要"齐心协力讨江山"，其影响之大，仅次于乾隆年间台湾林爽文起义。上述举事，虽然没有明确提出"反清复明"的口号，但起义军反对清王朝统治、另立政权的举动，冲击了当时社会的核心价值观，尤其是对清王朝的正统地位提出了质疑，从而为"反清复明"价值观的传播奠定了社会基础。

嘉庆五年（1800），仇大钦在广东阳江建立天地会，该组织为嘉庆年间广东最早成立的天地会，其拥有的天地会盟书系福建人何其昌所传，盟书内有"恢复明祚"之词。④ 同年，广东海康县林添申从福建同安籍陈

---

① 刘揆一：《黄兴传记》，中国史学会编《辛亥革命》（四），上海人民出版社、上海书店出版社2000年版，第284页。
② 罗尔纲：《困学丛书》（上册），广西人民出版社1989年版，第4页。
③ 罗尔纲：《困学丛书》（下册），广西人民出版社1989年版，第714页。
④ 《福建巡抚汪志伊奏遵旨严密查拿何其昌折》，嘉庆五年七月二十六日，朱折，中国人民大学清史研究所、中国第一历史档案馆合编《天地会》第6册，第420页。

姓人处得到"天地会旧表一纸"及拜会之法,表文内有"复明,万姓一本,合归洪宗,同掌山河,共享社稷,一朝鸠集,万古名扬"等字句。①从上述两例案件来看,最早提出"反清复明"目标的应该是福建天地会。嘉庆十三年(1808),颜亚贵等在广西来宾县结拜天地会,以《桃园歌》邀人入会。《桃园歌》首句即言:"天地否,奉六合,复明去清。"并要求结会后要"齐心协力,夺回真主江山"。《桃园歌》由颜亚贵从广东人颜超处获得。颜亚贵"因见歌内语句悖逆,向问根由,颜超密告以广东石城县丁山脚下,有洪启胜、蔡德忠、方大洪、吴天成、吴德蒂、李色开已纠多人欲行谋反,令伊来西省纠人入伙。随嘱令颜亚贵替伊各处邀人",并"嘱咐颜亚贵事须秘密,每拜会择其交好者,立为大哥,自称师傅,将谋逆之事,只向大哥告知,其余不可泄露……俟广东有信,再传知众人起事"。从颜亚贵等人的供词来看,颜亚贵等人结拜天地会,虽有"遇事帮助,可保守家财"之用意,但"反清复明"似乎才是其最终目的。②嘉庆十六年(1811),在清廷查获的姚大羔所藏天地会《会簿》中,首先记叙了天地会著名的"西鲁故事",该故事的主题就是"反清复明"。此外,该会簿还载有诸多关于"反清复明"的诗歌,譬如:③

头门对

黄河自有绝清日,复明岂无得运时。

反诗

不是外泄事根机,若是无义剑下亡。
刘师料算天下知,洪公招集保明王。

---

① 《广东巡抚觉罗吉庆奏审拟海康县天地会首林添申折》,嘉庆六年十一月初五日,军录,中国人民大学清史研究所、中国第一历史档案馆合编《天地会》第6册,第425页。
② 《广西巡抚恩长审拟颜亚贵以〈桃园歌〉邀人拜会案折》,嘉庆十三年十二月二十五日批,军录,中国人民大学清史研究所、中国第一历史档案馆合编《天地会》第7册,第208—214页。
③ 《广西巡抚成林为搜获东兰州天地会成员姚大羔所藏〈会簿〉呈军机处咨文》,嘉庆十六年五月初七日发,军录,中国人民大学清史研究所、中国第一历史档案馆合编《天地会》第1册,第6—18页。

三六底
木立斗世天下知，顺天兴明和合（同），
扶明绝清登龙位，同心协力讨江山。

祖本
祖本大明臣，遇此傍边人。
谁人知得我，招集天下人。

五色旗
五色旗号分五省，匕省兄弟结拜盟。
若是明王登宝殿，一统江山九团圆。

秤诗
结兄把秤三尺长，秤过粮米二斤十三两。
木杨城内招兄弟，万姓进朝保明王。

蜈公旗
洪水滔滔好汉尽招，水面天子来扶明朝。

除了诗歌外，姚大羔所藏天地会《会簿》中还有多处包含了"反清复明"的思想。譬如，在"路上盘问"环节，如果有人在路上画一圈，圈内置刀一把，说要路人踏在圈内过，路人"可说单刀我不怕，双刀我就行"。画圈者"就丢放两张刀来，答：斩尽天邪尽服明"。在"盘问包袱"环节："问：兄弟今晚天实在清？答曰：天下月明一般同。问：今晚月亮为何一片？答曰：复明自有团圆时。"在"盘问房屋"环节："尔门口有两条甚么树？答曰：左边桃右边李。桃李开花复明时。"在"盘问烟铜"环节，如有人将烟铜插在地下，则答："千斤秤，万里洪，众兄弟扶明王。他又将烟铜插地下。答曰：放下就扶起，亦将双手扶起，刘玄德三位兄弟，关羽在在（衍字）前，拿来可食。扛烟铜来食，将烟铜头扛来。接烟铜者,将三指一当即说:去清复明方可食。"① 姚大羔所藏天地会《会簿》中出现如此多"反清复明"的诗句与问答,一定程度上反映出"反清复明"在嘉庆年间的天地会中已被视作组织重要的价值取向与奋斗目标。

嘉庆十六年(1811)十一月,李遇恩等结拜天地会。"据李遇恩供称:嘉庆十六年(1811)十月内,有苏枝嵩向小的与蓝辉彩、颜庭玉、覃光远们密说,乾隆五十八年(1793),有浙江人范七,于病故之前,传他簿子一本,内载'反清复明,真人出在四川边'等语。到辛末年冬间天运转动,可以邀人结拜天地会,其中有自来富贵。如今时候已到,叫小的入伙邀人,当即应允。苏枝嵩就拿出簿子,照抄分给,并抄红布腰凭,大家商议总要人多,并嘱各人只以拜会为名,分纠伙党,不可泄露风声。到十一月十五日,一共纠得一百三十一人,临期有二十九人未到。在莫背岭僻处结拜,共推蓝辉彩为总大哥,小的与覃光远、苏枝嵩也俱称大哥,颜庭玉为师傅,领众跪拜,钻刀饮酒各散。"② 从李遇恩等人结拜天地会的情况来看,在乾隆末期,天地会已明确提出了"反清复明"的政治目标,且以这一目标来作为邀人入会的号召。但在实际操作过程中,组织者并未以"反清复明"的政治目标作为唯一的号召,而是根据部分民众急于摆脱贫困的心理,指明"反清复明"的政治目标一旦实现所能带来的"富贵",以此激发民众冒险入会的热情。嘉庆二十三年(1818),贵州省长乐县拿获添弟会首刁胜和,搜得天地会诗歌一首,内载:"忠义堂前兄弟到,城中点将八万兵。福德祠前层起义,剿□(灭)清朝载复明。"③ 虽然刁胜和一直不承认有"反清复明"的政治目标,只供称靠此诱骗钱财。但甘冒被杀头的危险而以具有明显政治色彩的诗句来骗

---

① 《广西巡抚成林为搜获东兰州天地会成员姚大羔所藏〈会簿〉呈军机处咨文》,嘉庆十六年五月初七日发,军录,中国人民大学清史研究所、中国第一历史档案馆合编《天地会》第1册,第13—17页。

② 《广西巡抚成林奏审拟荔浦县李遇恩结会折》,嘉庆十七年二月初一日,军录,中国人民大学清史研究所、中国第一历史档案馆合编《天地会》第7册,第328页。

③ 《两广总督阮元奏审拟刁胜和片》,嘉庆二十四年八月十九日,军录,中国人民大学清史研究所、中国第一历史档案馆合编《天地会》第6册,第517页。

财,似乎很难令人信服。骗财的手段和方式很多,大可不必以此谋反诗句来骗人。由此似可推断,刁胜和组织添弟会的真实目的应该是"反清复明"。

那么,乾嘉年间的天地会组织何以会大量出现"反清复明"的煽动性诗句与问答,甚至将其作为自己的组织目标呢?我们从广西永安州黄世可天地会结拜的动因,可以略窥一斑。嘉庆十六年(1811)十一月,黄世可纠人结拜天地会。"黄世可声言,伊子黄标为人灵动,将其作为朱姓,假称明代后裔,改名朱标,即是会首,将人心惑动,从者必多。"①黄世可以明代后裔相号召,鼓动民众加入天地会,反映出当时"反清复明"在民间社会仍然有着较大影响力。民间社会对"反清复明"的认可与支持,正是天地会组织"反清复明"精神的主要源泉。

嘉庆十七年(1812),在清政府起获的广西桂平县何达佳天地会的组织文件中,也包含了非常明显的"反清复明"的诗句,譬如:②

五色丝
丝线小小在木杨,有人看见无人良,
能捆清朝兵和将,百姓尽归我木杨。

穿草鞋
脚踏铁板去旅游,正是梯凉七月秋,
谁人讲我是草鞋,踏死胡人二八秋。

带平天
头带平天坐南京,携带兄弟进扬城,
五祖扯起昭军旗,斩清绝北尽归明。

---

① 《广西巡抚成林奏审办永安州天地会首黄世可折》,嘉庆十七年五月初八日,军录,中国人民大学清史研究所、中国第一历史档案馆合编《天地会》第7册,第333页。
② 《广西巡抚成林奏拿获编造天地会歌诀之尹之屏折》,嘉庆十七年十一月初二日,军录,中国人民大学清史研究所、中国第一历史档案馆合编《天地会》第7册,第352—354页。

红灯诗

红灯斗内起东风，批发先生在摛龙，

孔明厌尽连环计，斩清绝北尽归红。

道光时期，"反清复明"的思想在会党中继续传承。此点可以从道光八年传抄的田林县《天地会文书抄本》得到鲜明体现。在该抄本中，和姚大羔所藏天地会《会簿》一样，也记载有以"反清复明"为主题的"西鲁故事"。而所载的《三朝祭文》则明确提出"结拜洪胜会，同祷同拜，扶助明主"。所谓的《四城告示》，更是号召民众起来"扶明灭清"。在抄本所描述的会场陈设部分，标示有"反清扶明"牌位和"顺天转明""辙清兴明"的神位。会场所用旗帜，也标有"反清扶明"字样。① 此外，该抄本中还有诸多诗歌体现了"反清复明"的政治追求。兹列举几首：②

接水诗

二兄打水价（假或费）心机，打盆清水洗白衣。

洗出白衣五祖现，早扶明主早登基。

又（尺）诗

玉尺本是交量天，兴兵扶明两相连。

借问周围多少路，三万途程共三千。

算盘

二九八家分两行，从五超九最为良。

莫到（道）归中无数定，照数算来夺清邦。

---

① 《天地会文书抄本》，庾裕良、陈仁华《广西会党资料汇编》，第494—495页。
② 同上书，第499—519页。

又诗

小小算盘算天机，能算清朝灭几时。

袖内八挂早算定，逢秋润八孰（就）登基。

又差旗

令旗招缠（迎）在半天，招来弟兄几万千。

五色旗号扶明主，洪主登位万万年。

众人拿香

五虎大将平天下，万人共点一把香。

忠心报国尽臣郎（节），扶明灭清传君王。

分香

万姓同来结盟心，诚心烧香拜神灵。

扶明天子登龙位，讨夺江山公侯成。

又香

三柱明香上飘飘，结万二兄把旗招。

齐心协力扶明主，扶转明主归大（天）朝。

饭内藏肉诗

太子本是天上星，降落五色花京城。

代（待）等清朝天数尽，扶回江山督万明（民）。

道光年间，诸多天地会在举行入会仪式时，都带有程度不同的反清色彩。道光十年（1830），广东番禺县人张摒"在广东乐昌县会遇在逃之英德县人范孝友，谈及广东旧有添弟会改名三合会"，"范孝友并取出结会歌诀一本，与张摒看视"，歌诀上写有"红旗飘飘，英雄尽招，海外天子，来附明朝"。依照范所传授的入会方式和传会歌诀，张摒于道光十一年（1831）在湖南蓝山县结拜三合会。① 同年，贵州开泰县人马绍汤"会遇广东船户吴老二，彼此闲谈，吴老二说及广东旧有添弟会改名三合会，伊曾抄有会本歌诀"，"马绍汤即向借抄，吴老二取出会书一本付阅"。"诗句内有……'三合河水出高溪，阳春庙里有诗题，你今吃了三合水，保佑五主早登基'及'红旗飘飘，英雄尽招，海外天子，来付明朝'等句。"② 马绍汤等人遂依吴老二所授会书结拜三合会。道光十五年（1835），贵州古州厅徐玉贵等按照广东人曾大名所传天地会书本结拜添弟会，其结会所用的歌诀也有"红旗飘飘，英雄尽招，海外天子，来附明朝"的诗句。③ 尽管马绍汤、张捌和徐玉贵等人在被捕后坚称其结会只是为了互相帮助，并无谋逆之事，"红旗飘飘，英雄尽招，海外天子，来附明朝"的诗句仅仅是为了诱人入会，但这一辩词仍让人难以信服，道光年间会党"反清复明"的意识让清廷深感忧心，所以马绍汤等人均被比照谋反大逆凌迟处死。道光二十三年（1843），湖南江华县刘东贵等人结拜添弟会，"据俸文金等呈控词内，有该匪刘东贵等屡次淫掠强抄，并口言悖逆语句，情节殊重"。其结会时所用的会书，亦是"中多悖逆之语，不胜发指"。④ 所谓"悖逆之语，不胜发指"，显然意指该组织会书多有"反清复明"之语句。

正是由于会党具有"反清复明"的悠久历史与传统，冯自由不禁感叹，尽管"其时会党派别繁多，并各立门户，不相统属"，但各会党成员"咸具反清复汉思想，嗣经诸志士勉以大义，莫不翕然从风，愿作革命军马前卒"⑤。

总之，不管近代会党是效忠清廷，还是为"反清复明"而奋斗，都

---

① 《湖南巡抚吴荣光奏拿获蓝山县张捌等人折》，道光十二年五月十九日，军录，中国人民大学清史研究所、中国第一历史档案馆合编《天地会》第7册，第506—507页。

② 《贵州巡抚嵩浦奏审拟开泰县马绍汤等结会折》，道光十一年九月初四日，军录，中国人民大学清史研究所、中国第一历史档案馆合编《天地会》第7册，第485页。

③ 《贵州巡抚裕泰奏审办徐玉溃（贵）等人结会折》，道光十六年正月二十四日，朱折，中国人民大学清史研究所、中国第一历史档案馆合编《天地会》第7册，第516页。

④ 《湖南巡抚巴哈布奏讯明刘东贵等结会折》，道光二十三年二月十三日，朱折，中国人民大学清史研究所、中国第一历史档案馆合编《天地会》第7册，第456—457页。

⑤ 冯自由：《浙江之文字狱》，《革命逸史》第5集，新星出版社2009年版，第842页。

受到了儒家忠君观的影响。忠君观对近代会党的深刻影响表明，近代会党的思想意识仍未能脱离封建主义的窠臼，因而不可能成为革命的主要依靠对象，诚如孙中山在辛亥革命后总结经验教训时所言："彼众知识薄弱，团体散漫，凭借全无，只能望之为响应，而不能用为原动力也。"[①]

[①] 孙中山：《孙中山选集》，人民出版社1981年版，第197页。

第四章

近代会党政权的"德治"

咸同之际,在太平天国起义的影响下,会党举事频仍,并在广东、广西、福建、上海等地先后建立了多个政权。这些会党政权建立后,不仅统治者给其贴上了"伪政权"的标签,即便普通民众也多对其持否定或观望态度,由此导致会党政权建立后面临的一个重要问题就是如何获得民众的拥护和支持以巩固政权。学界虽然对咸同之际的会党史有着丰富的研究成果,但却甚少关注会党政权,遑论探讨会党政权是如何获得民众的拥护和支持来巩固政权这一问题了。那么,咸同之际的会党政权究竟是如何来争取获得民众的拥护和支持呢?总体而言,这些会党政权遵循了儒家的民本思想,积极推行所谓的"德治"来赢得民心,巩固政权。

儒家的民本思想源远流长,其核心就是儒家所一向强调的"民为邦本,本固邦宁"(《古文尚书·五子之歌》)。孔子曾言,君主应该"因民之所利而利之,因民之所恶而去之"(《论语·尧曰》)。孟子把人民作为诸侯的三宝之一,认为"保民而王,莫之能御也"(《孟子·梁惠王上》),并基于民众对诸侯与国家的重要性,而提出了"民贵君轻"的主张:"民为贵,社稷次之,君为轻。是故得乎丘民而为天子,得乎天子而为诸侯,得乎诸侯而为大夫。"(《孟子·尽心下》)荀子的观点和孟子相似,认为"用国者,得百姓之力者富,得百姓之死者强,得百姓之誉者荣"(《荀子·王霸》)。根据先秦儒家的思想,贾谊更是明确指出:"闻之于政也,民无不为本也。国以为本,君以为本,吏以为本。故国以民为安危,君以民为威侮,吏以民为贵贱,此之谓民无不为本也。"(《新

书·大政上》)苏轼也指出:"国家之所以存亡者,在道德之浅深,不在乎强与弱。"(《宋史》卷338《苏轼传》)

有清一代,民本思想仍有着很大的影响力。黄宗羲即是清代民本思想的突出代表,他在继承前辈儒家民本思想的基础上,指出:"古者以天下为主,君为客,凡君之所毕世而经营者,为天下也。……盖天下之治乱,不在一姓之兴亡,而在万民之忧乐。"(《明夷待访录·原君》)至晚清,民本思想仍有很大影响力。作为维新派代表人物之一的王韬即倡导"民本思想",主张:"天下之治,以民为先。所谓民惟邦本,本固邦宁。"①"民心既得,虽危亦安;民心既失,虽盛亦蹶。"②"富国强兵之本,系于民而已。"③

以民本思想为指导,儒家在治国方面秉持"德治"理念。正如学者们所指出的那样,中国传统儒家的"德治",主要强调在国家治理中必须重视道德并发挥道德的作用,实现为政者德化与民众有耻且格的道德教化。④儒家的"德治"理念,有着非常丰富的内涵,作为儒家所持的一种治国基本理念,"德治"的核心思想是:"以力服人者,非心服也,力不赡也;以德服人者,中心悦而诚服也。"(《孟子·公孙丑上》)"为政以德,譬如北辰,居其所而众星共之。"(《论语·为政》)上述理念反映在施政上,则包含了安民、养民、教民等层面。有必要指出的是,虽然会党政权在施政时并未直接用过"德治"这一概念,但在其施政的具体过程中却始终贯穿着"德治"的精神。

第一节 以德安民

安民是实施"德治"的基础。所谓安民,在儒家看来,就是不扰民,

---

① 王韬:《弢园文录外编》,中华书局1959年版,第6页。
② 同上书,第5页。
③ 同上书,第20页。
④ 王淑芹、刘畅:《德治与法治:何种关系》,《伦理学研究》2014年第5期。

不以暴政虐民。① 从社会运行的客观规律来看，一个政权建立之初，最易出现社会失范现象，从而导致扰民问题的出现。咸同之际的会党政权亦然，其建政之初，都不同程度出现了社会秩序混乱的局面，严重影响到了民众的正常生活。如在上海，在小刀会占领上海后，"乃有华洋游氓，来自各省，四处肆虐，惊扰无辜。更有不法奸徒，受妖军包庇教唆，三五成群，气焰嚣张，荼毒百姓"。② 在闽南，"自会匪滋扰以来，各乡匪徒乘机思逞……竟至无人不抢，无物不搜"。③ 而会党起义军少数成员也出现了扰民行为。如上海小刀会即有某些成员"多抢劫之事"，致使"民心惶惑"。④ 混乱的社会秩序和会党起义军少数成员散漫的军纪，使民众对会党政权极易滋生不信任感，如上海城内有半数以上的居民因此而迁移，且"仍有居民继续离城"。⑤ 失去了民众，会党政权就失去了存在的根基。因此，对于咸同之际的会党政权来说，整顿混乱的社会秩序，加强起义军成员的纪律性，以消除社会失范现象，进而赢得民众的信任，就成为当务之急。为此，会党政权一方面制定了诸多法规，来规范社会各阶层的行为，严厉惩处各方的扰民行为；另一方面注意严格军纪，"修己以安人"，"修己以安百姓"（《论语·宪问》）。对于咸同之际会党政权的安民举措，史料多有记载，下面拟以闽沪粤三地的会党政权为例，略作分析。

一 近代会党政权"以德安民"的具体举措

自古至今，"致治之要首在安民，而安民之端莫切弭盗"⑥。咸丰三年（1853）四月初六日，福建小刀会在闽南地区举义。在举义之前，起义者

---

① 孙广德：《我国民本思想的内容与检讨》，（台湾）社会科学论丛，第36辑抽印本，1988年，第3—22页。

② 《陈阿林示》，《北华捷报》1855年1月27日，中国科学院上海历史研究所筹备委员会编《上海小刀会起义史料汇编》，第27页。

③ 沈储：《舌击编》，洪卜仁主编《闽南小刀会起义史料选编》，第54页。

④ 《上海小刀会起事本末》，中国科学院上海历史研究所筹备委员会编《上海小刀会起义史料汇编》，第43页。

⑤ 《小刀会部队的战斗消息》，《北华捷报》1853年9月17日，中国科学院上海历史研究所筹备委员会编《上海小刀会起义史料汇编》，第61—62页。

⑥ 《掌广西道监察御史李德源为严禁散勇结社事奏折》，同治八年九月初六日，中国第一历史档案馆《同治年间哥老会史料》，《历史档案》1998年第4期。

即盟誓："不准恃强凌弱，不准恃众欺寡，不准理曲袒亲，不准假公济私，如有背盟，神明共鉴。"① 在建立政权后，秉着"安民非以贱民，御暴非以为暴"之原则，② "为严军法以安商民事"，福建小刀会于初十日以"汉大明统兵大元帅洪"的名义发布了安民告示，称起义军为仁义之师，是为"救民伐暴"，并宣布"军旅到日，不许抢掠商民，奸淫妇女，所到之地，秋毫无犯。如有违令，立即按正军法从事，不少徇情。尔商民俱各安守本业，毋容惊恐"③。十五日，起义军首领黄威又晓谕民众："本帅立法素严，所领义兵，不准假公行私，擅自杀人，并不准藉端滋扰，取民间财物。倘敢故违，立治军法，断不稍宽。尔等士农工贾，务须各安生业，照常买卖，不必惊惶观望。若有遭其伤害者，准赴本帅驾前呈明，以凭严究……本帅有言必信，决不爽食。"起义政权还于同日晓谕各支起义军部队："毋许妄害无辜良民，以及公报私仇，倘违法不遵，致有屠民鸣冤，定即一体同罪。"④ 同日，针对抢劫频发现象，起义军以"汉大明义兴公司"的名义再次晓谕民众，表示要打击犯罪，切实维护好社会秩序："照得本元帅初取厦岛，除暴安良，去邪归正。厦地四面环海，五路商艘，往来经商，络绎不绝。现有奸民驾坐匪船，截海劫掠，或党伙假令，潜到海口街市抢劫，大害商贾。当经派拨义旅，如遇匪徒劫抢，立即擒获解送，尽法究治。巡旅头目，毋许妄害无辜良民，以及公报私仇，倘违法不遵，致有屠民鸣冤，定即一体同罪。"⑤ 五月十一日，"为严禁勒索吵扰，以安生业事"，黄威再次发布告示："诚恐有土匪、地棍，不遵法纪，到铺强行典赎、藉端哄索，假冒公司吵扰等情，另行严禁。自示之后，倘敢藉端勒索，哄诈生端，许该铺同地保据实赴辕递禀，

---

① 陈银练口述，陈雨沛笔录：《小刀会始末记》，洪卜仁主编《闽南小刀会起义史料选编》，第125页。
② 《汉大明皇帝敕授平闽统兵大元帅黄示》，洪卜仁主编《闽南小刀会起义史料选编》，第19页。
③ 《汉大明皇帝统兵大元帅洪示》，洪卜仁主编《闽南小刀会起义史料选编》，第15页。
④ 广东文史馆、中山大学历史系合编《广东洪兵起义史料》（上册），第140页。
⑤ 同上书，第139页。

着即按律弁（惩）办。"①

此后，闽南小刀会起义政权又陆续发布了多种安民告示或布告，就军事、经济、日常生活等诸多方面制定了一系列规范。如五月十二日颁布了禁止赌博的告示（详后），六月一日，为维护正常社会秩序，又以"汉大明统兵征厦大元帅黄"的名义，颁布了惩罚严厉的"约禁五条"：②

一、不许街衢隘门日夜关闭，以阻行路，以塞战道。违者斩首。

一、不许行商铺户日夜放枪，以惊街众，以误军号。违者斩首。

一、不许人民日间在山头结党积堆，大声疾呼，以乱军心，以虚市心。违者斩首。

一、不许街众乱言清兵到厦交战，以摇民心，以启谍心。违者斩首。

一、不许街众在衙内卖茶、果、饭食，以生觊觎。违者斩首。

闽南小刀会政权所颁行的上述规范，虽不尽完善，但即如黄威告示所言，其出发点是"体天行仁""应天顺人"。③

和闽南小刀会政权一样，上海小刀会政权亦注意安民、护民，有过之而无不及。咸丰三年（1853）八月初五日，上海小刀会举义夺取政权。建政伊始，起义政权便对"德治"有着一种朴素的认识，认为"暴不除则民不安，乱不勘则邦不靖，故民为邦本，本固所以邦宁也"④。基于这样一种认识，起义军主要首领刘丽川于起义当日即布告安民："照得锄奸除暴，为民非所以害民；发政施仁，戡乱非所以扰乱。城厢内外，勿用惊迁；士农工商，各安常业"，并宣布"已严饬部下兵丁，不得取民间一

---

① 《汉大明皇帝敕授平闽统兵大元帅黄示》，洪卜仁主编《闽南小刀会起义史料选编》，第18页。

② 《汉大明统兵征厦大元帅黄示》，洪卜仁主编《闽南小刀会起义史料选编》，第16—17页。

③ 《黄威告示》，洪卜仁主编《闽南小刀会起义史料选编》，第17页。

④ 《奉天承运开国元勋陈、陈、李、林、刘示》，中国科学院上海历史研究所筹备委员会编《上海小刀会起义史料汇编》，第6—7页。

物，不得奸民间一女，违者重究"。① 另一位首领李咸池也同一时间向民众表示，起义军"军令如山，秋毫无犯"，并公布了起义军四条军令："不听号令者斩，奸淫妇女者斩，掳掠财物者斩，偷盗猪狗者斩"。② 同日，为进一步显示安民的诚意和决心，起义军四位主要首领刘丽川、李咸池、陈阿林、林阿福又联名布告民众，表示要"救民水火，以安社稷。大兵到处，秋毫无犯"，并告知"城乡内外士民人等，不必惊慌，迁移搬运，妇女奔逃。惟恐土匪生端，乘机抢夺民间财物，倘有三五成阵，沿街强索硬买，欺老凌幼，以及英国在中贸易已久，如有借端索取，一经察出，斩首号令，决不宽贷"③。八月初八日，针对少数义军成员的抢劫行为，上海小刀会政权特意出示安民，强调起义军"军令森严，如部下兵丁有不遵号令，奸淫抢劫等情，立即重究……商民铺户，各宜开张，如有抢夺，立即处斩"④。此后，上海小刀会政权又多次发布告示，向民众表示，"如有红白布兵勇在外滋事者，可指名具控，如法惩办……令出法随，决不宽宥"⑤。为确保民众不受滋扰，起义军首领还亲自"日出巡视……如有土匪滋事，许即捆送来辕，以正军法"⑥。

广东向为会党活跃之地，咸丰四年（1854）该省爆发了大规模的天地会起义。各地起义军"因目亟时弊，念乱情殷，救民水火。所行公平仁恕，所本忠义同心，军有法而律有方，庶可屈至尊而统六合。清弊源，除积习，其人存斯其政举。肃纲纪，维风化，有治法，有治人"，⑦ 故多能发布安民纪律。广州、佛山天地会起义的主要领导人李文茂、甘先则

---

① 《大明国统理政教天下招讨大元帅刘示》，中国科学院上海历史研究所筹备委员会编《上海小刀会起义史料汇编》，第4页。
② 《平胡大都督李示》，中国科学院上海历史研究所筹备委员会编《上海小刀会起义史料汇编》，第5页。
③ 《奉天承运开国元勋陈、陈、李、林、刘示》，中国科学院上海历史研究所筹备委员会编《上海小刀会起义史料汇编》，第6页。
④ 《大明国大元帅刘麾下大将潘、徐示》，中国科学院上海历史研究所筹备委员会编《上海小刀会起义史料汇编》，第7页。
⑤ 《上海小刀会起事本末》，中国科学院上海历史研究所筹备委员会编《上海小刀会起义史料汇编》，第44页。
⑥ 同上书，第46页。
⑦ 广东文史馆、中山大学历史系合编《广东洪兵起义史料》（上册），第67—68页。

以统领水陆兵马兼理粮饷大元帅的名义发布文告，重申严明军纪，严禁"挟私报怨"，"照得恕以行仁，物我相安于无事；宽以济猛，隐忍相与以有成。故汉光武不报反兵之仇，终成帝业；齐小白不念射钩之怨，遂展霸图。欲成大事者须释小忿也。今我洪兵各知仗义，一视同仁，只求伐暴诛奸，岂与挟私报怨。如有假公济私，恃党勒诈，甚至焚屋抄家，淫刑割耳等情，许该乡捆送大营重办。倘或党大势强，一经禀报，本帅调兵捉拿，定按军法。各宜凛遵毋违！"① 在顺德，陈吉、梁楷、吕敬等率天地会众占领县城后，即出示安民，严禁抢掠，违者"杀无赦"。葛耀明（葛高老藤）等率起义军攻占乐昌县城，严令部下"不妄杀人"。② 而新会县陈松年、吕萃晋等聚众据江门竖旗起义，明确表示"起义之后，吊民伐罪，除暴安良，如违此誓，愿受神殛"，并在占领江门后发布安民告示，宣布了"不许骚扰良民""不许强买强卖""不许擅入民房，不许公报私仇"等纪律。即便打单与逼人入会，也只是"逼勒富户打单"，"不甚凌逼贫家，欲收人心也"③。由于纪律严明，江门在起义军治下，"妇人孺子没有戒惧，所有商店并无停止闭户等情，不到半天把江门安排得有条不紊，鸡犬不惊"④。还有广东天地会起义军则明确规定："私收军饷，私通奸仔，私受礼物，私行抢劫，淫辱妇女，犯此五罪，拿解大营，立即处决。"⑤

广东天地会在建立大成国后，仍注意"以德安民"，其所属的各地起义军多能发布安民告示，申明起义军的爱民、为民的政治主张。大成国统领先锋营水陆兵马大元帅兼理粮饷梁三和征西监军宁国侯老朝庵在告谕中明确宣告"原为胡兵是除，非与百姓为敌"。表示要"为民除害，招集流离，同安生理"⑥。隆国公黄鼎凤亦在告谕中表示："治世之邦，必先

---

① 广东文史馆、中山大学历史系合编《广东洪兵起义史料》（上册），第64页。
② 同上书，第9页。
③ 谭祖恩：《新会靖变识略》，广东文史馆、中山大学历史系合编《广东洪兵起义史料》（中册），第966页。
④ 朱勉躬：《红巾军在江门》，江门市政协委员会编《江门文史资料选辑》第1辑，第218—219页。
⑤ 广东文史馆、中山大学历史系合编《广东洪兵起义史料》（上册），第71页。
⑥ 民国《融县志》卷2，第147—148页。

济众；救时之术，首重安民。"为此，将"大兴仁义之师，用救倒悬之急"。希望"士绅军民人等知悉，自示之后，务宜各安本分，共享升平。勿以境外之蛇豕为忧，勿以道上之豺狼为惧，勿以讹言而惊风鹤之悲"①。为表达起义军安民的真诚之心，黄鼎凤特意规定："所有官兵将帅，不路擅入民家，擅取民物，强买强卖；如有奸淫妇女，强夺民财，暗行勒索者，斩"②。李锦贵在建立上林天地会政权后，也张贴安民告示，提出"除暴安良扶社稷""救贫济苦救民生"的政治主张。③

而李文茂所部以德服人的手段有些特别，以会党的"反清复明"政治主张结合儒家的德治思想，再加上一点小伎俩，来获得民心。李文彩（李七）在率部投靠李文茂之后，欲攻占贵县之西山、横州之云表、校椅等处，觉得"不先收拾此路人心，仍有阻截。文茂即封李七为陆路兵马大元帅，领贼党攻破西山。暗遣党羽，布散流言，说浔州五王系真命天子，今令李大元帅，命德讨罪，收复明朝州县城池，顺者生，逆者死。人心将信将疑，而不法之徒，早已暗行迎降。七年正月，遂破云表，入伙者，果不被害，经过村墟，止受花红爆竹。于是邓墟、旺安、校椅、陶墟各处村市，俱先使人暗通。故李七所到，亦用花红爆竹拜迎。势如破竹，直至朦胧"④。

除了闽沪粤三地的会党政权外，其他地区的会党也注意"以德安民"。如浙江金钱会在十条誓言中，即要求会员"毋许恃众以暴寡"，"毋许枉己以正人"，而要"矜体恤，毋凌鳏寡孤独"。⑤ 广西天地会在安民告示中明确表示："如打村坊经过，出处借路行程。大小军民人等，嘱咐不用荒惊。（编者注明：原抄件如此，应为慌惊）切莫拦途截阻，斩杀断不容情。若到村庄驻宿，柴米必要供迎。经秤诸般货物，买卖必要公平。高低仍依市价，便教艮数支清。（编者注明：原抄件如此，荒惊艮数，应

---

① 民国《贵县志》卷16《人物列传》，第477页。
② 郑佩鑫：《大成国的反清起义》，《史学月刊》1958年第12期。
③ 上林县志编纂委员会编：《上林县志》，广西人民出版社1989年版，第403页。
④ 太平天国革命时期广西农民起义资料编辑组：《太平天国革命时期广西农民起义资料》（下册），第311页。
⑤ 温州市教育局教研室、中学历史教学研究会编印：《温州近代史资料》，第55页。

为银数）若是军兵乱作，必要报帅知名。但说军身相貌，跟他驻扎何营。点出何军犯法，军法决不容情。村坊土匪劫抢，即报元帅知情，即刻飞兵往救，除暴安良而行。乡中和睦为贵，切莫执旧仇哞。士农工商要作，勿计乱世章程。"① 该告示从军民两个方面提出了有关社会秩序维护的规范，对起义军，要求做到买卖公平，不伤害百姓利益，并严惩"军兵乱作"行为；对民众而言，则要求做到和睦相处，同时打击土匪抢劫行为。这些规定，虽然朴素、简单，却较好地展示了广西天地会举义后"以德安民"之精神。

二 近代会党政权对"以德安民"举措的贯彻

由上述可见，闽沪粤会党在举义后均颁布了一系列安民纪律。那么，会党所宣布的安民纪律贯彻得如何呢？对此，西方人士和西方媒体曾予以了较多关注，并留下了诸多记载。据《北华捷报》报道，上海小刀会起义爆发后，起义军"绝对不抢掠财物"，虽然"商店全部停业，但是民众似乎相安无事，并不打算迁移或逃走"②。甚至有的"房子空着，但东西一点也没有遗失"③。总之，"自上海被劫以后，所有货物并无遗失，商业亦未遭受损害"。④ 而这得益于起义军对破坏社会秩序的严惩。对此，《北华捷报》报道称，起义后的第三天，即9月8日，起义军杀了两个人，这两个人"是在抢劫时被捕者，其一就地斩首，并没有什么仪式"⑤。虽然起义军对抢劫者的惩罚略显严厉，但在起义之初，社会秩序较为混乱的背景下，"乱世用重典"，却也能迅速恢复并较好地维护正常的社会秩序。另一份西方媒体《遐迩贯珍》亦曾报道，上海小刀会起义军"下

---

① 广东文史馆、中山大学历史系合编《广东洪兵起义史料》（上册），第137页。

② 《北华捷报》1853年9月10日，中国科学院上海历史研究所筹备委员会编《上海小刀会起义史料汇编》，第54页。

③ 《北华捷报》1853年10月8日，中国科学院上海历史研究所筹备委员会编《上海小刀会起义史料汇编》，第73页。

④ 《北华捷报》1853年10月22日，中国科学院上海历史研究所筹备委员会编《上海小刀会起义史料汇编》，第309页。

⑤ 《小刀会占据上海目击记》，《北华捷报》1853年9月10日，中国史学会主编《太平天国》第6册，第963页。

令出示，但与地方官吏为仇，民间则秋毫无犯，谕其安堵（居）乐业，果民庶终不罹荼毒之劫，与是斯民之深幸也"①。上海怡和洋行在致香港总行的信中也曾言："这些暴乱者虽是一群乌合之众，但他们纪律严明，并不随便乱杀老百姓，知县和他的一个随从是这次事件仅有的两位牺牲者。"② 并感叹"以这样一批混杂的人，竟能伤人如此少，而秩序如此好，真是一件非常之举"③。斯嘉兹在《在华二十年》里也由衷赞叹起义军"以前虽然并没有什么地位和名望，但都表现了心地的纯良，对人情谊的真诚，这些都是堪与最文明国家人民的同样品德相媲美的"。并言："我不知道，如果在其他国家，同一类型的人们起来反抗官方的统治，会不会具有上海叛党相同的崇高行为，采取与上海叛党相同的方式来维持秩序呢？"④ 而根据《遐迩贯珍》的报道，与上海小刀会起义军相比，"官兵纪律荡然，散游城厢乡落，欺扰良善，攘夺资财，淫其妇而杀其夫，奸其女而戕其族，种种惨祸，缕述难详"⑤。由此可在一定程度上表明，上海小刀会起义军在安民举措方面还是有一定力度的。

来自统治者阵营的观察和文献记载也证明上海小刀会起义军的安民之举并非虚与委蛇，而是认真贯彻并卓有成效。据《忆昭楼洪杨奏稿》称，小刀会起义军进驻上海后，广泛"晓论（谕）百姓，如有抢掠奸淫，不必面禀，只写一字条寄与仁义局中，即为查明讯办"，"与百姓秋毫无犯"。⑥ 小刀会起义军虽"入县署，杀官劫狱。复到道署抢劫……该匪又

---

① 《遐迩贯珍》1853年第3号，中国科学院上海历史研究所筹备委员会编《上海小刀会起义史料汇编》，第129页。
② 《上海怡和洋行致香港总行信》，《1853年9月14日信》，中国科学院上海历史研究所筹备委员会编《上海小刀会起义史料汇编》，第489页。
③ 《上海小刀会起义新史料》，中国科学院上海历史研究所筹备委员会编《上海小刀会起义史料汇编》，第499页。
④ ［英］约翰·斯嘉兹：《在华十二年》，中国科学院上海历史研究所筹备委员会编《上海小刀会起义史料汇编》，第545—546页。
⑤ 《遐迩贯珍》1853年第5号，中国科学院上海历史研究所筹备委员会编《上海小刀会起义史料汇编》，第130页。
⑥ 《忆昭楼洪杨奏稿》，中国科学院上海历史研究所筹备委员会编《上海小刀会起义史料汇编》，第912页。

将海防厅署及游击守署均被抢毁。幸不杀百姓及淫污之事"①。该文献并称"该匪号令严肃,城中如有土匪抢夺者,即杀,今杀过数人",② 故上海的社会秩序很快得以恢复正常,"城内外开店如常,到(倒)觉更为热闹,竟有赶迩者"③ 而"贼之所需,无非勒索富绅……民间尚不十分骚扰"④。起义军"倘有粮草不敷,即出现钱籴买,决不硬赊"⑤。

一些站在清廷一边的知识分子也承认,小刀会起义军占领上海后,注意安民、护民。黄本铨在《枭林小史中》记载:小刀会起义军甫一占领上海,"既而驰按街市,使各安业,禁抢夺及奸淫,执其党杀三人,城中愚民或信之"⑥。蒋恩在《兵灾纪略》里也称小刀会起义军占领上海后,"半陆半水,不劫不掠,照常开市。路过乡村,亦无抢掠情事"⑦。而姚际唐在《避氛后集》更是感慨:"异哉贼兵,不奸淫,不抢掠。"⑧ 有人与姚际唐所持观点一样,认为小刀会起义军"虽其假仁义以令民,而不掳财物,不淫妇女,亦有足取,较之流寇,似稍胜焉"⑨。

不仅上海小刀会政权严格执行了纪律,闽南小刀会起义政权所颁布的纪律也同样得到了严格执行。陈复一在《小刀兵事》中写道:"会众在厦时,未尝残害百姓。"⑩ 敌视起义军的陈庆镛在《条陈闽省贼匪情形疏》中亦写道,起义军"攻漳州府城,初至犹不扰百姓"。⑪ 其他清政府

---

① 《忆昭楼洪杨奏稿》,中国科学院上海历史研究所筹备委员会编《上海小刀会起义史料汇编》,第140页。
② 同上书,第145页。
③ 同上书,第912页。
④ 同上书,第166页。
⑤ 同上书,第910页。
⑥ 黄本铨:《枭林小史》,中国史学会主编《太平天国》第6册,第546页。
⑦ 蒋恩:《兵灾纪略》,中国科学院上海历史研究所筹备委员会编《上海小刀会起义史料汇编》,第833页。
⑧ 姚际唐:《避氛后集》,中国科学院上海历史研究所筹备委员会编《上海小刀会起义史料汇编》,第861页。
⑨ 《上海小刀会起事始末》,中国科学院上海历史研究所筹备委员会编《上海小刀会起义史料汇编》,第43页。
⑩ 洪卜仁主编:《闽南小刀会起义史料选编》,第133页。
⑪ 同上书,第74页。

官吏也承认起义军"不扰百姓"。①而时人的记载同样表明,起义军所到之处,"惟官吏被害,至于铺户居民乃丝毫无伤"。"到处无甚扰害","百姓秋毫无犯"。②

而驻厦门的外国人也观察到,起义军占领厦门后,"他们所执行的政策没有清朝管理那么凶狠,因之获得了市民的拥护"③。上海美商行派驻厦门的通讯人员在起义军占领厦门后的第二天报告:"一切皆在肃静与良好秩序中进展。太平军似完全听从他们长官的指挥。他们没有对外人及中国人民做丝毫的骚扰……昨日下午八时,该军由城堡调来一部分军队,守卫外国商行,直至今晨尚巡逻不息。"④小布拉德利从美国驻厦门领事馆发给美国公使汉弗莱·马沙利的信函则称:"对起义军称赞都不会过分,他们纪律严明,反对抢劫。他们布置了得力的警察听候外国人吩咐,以保卫商行和财产,没有一间属于私人居住者的房子受到进攻和破坏。起义军方面没有任何敌意,没有用任何方式来伤害和干涉外国公众。相反,在他们的权力范围内用一切办法来保护生命财产,还在城市中保持良好的秩序。"⑤美海军舰长辛克莱在致上司的信中亦表示,在起义军占领厦门三个月后,"外国人的人身财产受到最小心翼翼的关心。对任何个人都没有发生粗暴和侮辱的行动"⑥。英国人柯勒里等同样注意到,起义军"谨慎地避免损害私人住宅,并且颁布若干极其有效的社会治安制度"⑦。另一位英国人休斯则注意到"占领军的行为有秩序,有节制,不损害私人财产,只抢劫了火药库和兵工厂,全城分派了巡逻队,以防劫掠"。而且不久,"小刀会发出通知,凡在占领本城时偷窃兵工厂军用品、

---

① 洪卜仁主编:《闽南小刀会起义史料选编》,第 276 页。
② 《时闻丛录》,太平天国历史博物馆编《太平天国资料汇编》第 5 册,中华书局 1980 年版,第 99 页。
③ [法]高龙倍勒:《江南传教史》(选译),中国科学院上海历史研究所筹备委员会编《上海小刀会起义史料汇编》,第 700 页。
④ 《美国众院档案》,第 123 号,洪卜仁主编《闽南小刀会起义史料选编》,第 142 页。
⑤ 邵雍译、季平子校:《美国外交文件》(小刀会部分),洪卜仁主编《闽南小刀会起义史料选编》,第 144 页。
⑥ 同上书,第 147 页。
⑦ [英]柯勒里等著:《叛乱者劫夺厦门》,陈大冰译,洪卜仁主编《闽南小刀会起义史料选编》,第 155 页。

军火等物资的,准予持有者给予赔偿。……几乎所有违犯规章的人都被司法机关处死"①。不仅如此,"会党还派兵保护欧人商行,秩序井然,外人可安居无虑"②。而在小刀会起义军撤离厦门后,英国人坎伯观察到,"小刀会起义(军)撤空厦门,官兵进岛并对无罪的居民大规模屠杀。官兵全然不守纪律,掠夺城市并犯下难以尽述的暴行"③。

在广东,面对天地会起义,生员出身的赵沅英尽管非常敌视起义军,但也在《红兵纪事》里承认"贼以义为名,严禁私自打单及掳掠奸淫等项,如违依军法处决"④。另一位积极参与镇压会党起义军的士绅谭祖恩记载道,新会会党起义军的重要将领黄植"以富贵归故乡,驺从甚盛,红衣大轿,虎皮八座,曲柄黄伞,出警入跸,谒祖拜客,旋以淫掠为陈松年所执,系江门大营十余日,将斩以徇,佛山贼陈天义说情,乃释之"⑤。对定南王黄植尚且如此严厉,对其他起义军将士的纪律要求就可想而知了。《凤城识小录》亦记载:"陈吉设立伪营后,遍贴伪示,誓称保护乡间,不准伙众劫掠,有则杀无赦……其党有混名箭毛鸡者,潜劫城东两家,即被吉等擒斩。自后群贼颇遵约束。"⑥同治十年(1871)出版的《乐昌县志》则一方面宣称"时北江州县多被贼侵,惟郡城与翁源未下,势甚猖獗",起义军到处打单,但另一方面也承认"犹幸贼首令严,不妄杀人"⑦。

不过必须指出的是,近代会党的安民举措,虽然力求以德服人,并在爱民方面取得了一定成效,但其对部众的约束,更多的是一种外在的纪律上的要求,而不是内化为一种思想上的自觉,所以远未达到儒家所

---

① [英]休斯:《小刀会叛乱》(一章未发表的厦门历史),陈诗启译,洪卜仁主编《闽南小刀会起义史料选编》,第165—168页。

② [英]呤唎:《太平天国革命亲历记》,王维周译,中华书局1961年版,第125页。

③ [英]坎伯:《中国的三合会》,何丙仲译,洪卜仁主编《闽南小刀会起义史料选编》,第176页。

④ 赵沅英:《红兵纪事》,《近代史资料》1955年第3期。

⑤ 谭祖恩:《新会靖变识略》,广东文史馆、中山大学历史系合编《广东洪兵起义史料》(中册),第975页。

⑥ 似园散人纂辑:《凤城识小录》,广东文史馆、中山大学历史系合编《广东洪兵起义史料》(中册),第869页。

⑦ 同治《乐昌县志》卷12《事纪志·兵燹》,第10页。

倡导的"修己"的程度。正因为如此，一些起义军部队在面对艰难困苦时，难以遵从纪律与起码的道德规范而伤害了民众的利益，甚至做出了一些令人发指的事情。例如，在上海小刀会起义之初，起义军尚能维持正常的社会秩序，但在官军攻城时，有的起义部队"贼态毕露，按户勒捐，稍不遂意，炮烙之惨，莫可言状，必与重金且环保乃得出"。① 广东会党起义军在安民方面，亦缺乏着眼于长久效果的制度化建设，在起义之初往往会较好遵守纪律，但"日久，贼众不及制"，出现"或捆掉苛索，或促（捉）人勒赎"等严重扰民行为。② 就安民之事观之，近代会党在实施"德治"方面和儒家所言的"德治"相比，实有很大的距离。

第二节 以德养民

在儒家民本思想中，养民居于首要地位，认为"德惟善政，政在养民"（《尚书·大禹谟》），即养民是德政的首务，并且是行德政的起点。"上失养，故民迫于饥寒而盗贼以起。"③ 不管哪个统治者上台，如要稳固其统治，除了安民，还要切实解决养民问题。咸同之际会党起义军的主体为农民，所以对民众的基本需求远比孔孟等人更有切身体会，故其一旦建立政权，均非常重视解决养民的问题。

养民，首先要解决的是民众对粮食的需求问题。儒家的德治理论对这个问题非常重视。孔子即强调"足食"，"所重：民、食、丧、祭"（《论语·尧曰》），使老百姓有饭吃。要求"因民之所利而利之"（《论语·尧曰》），并告诫统治者"足食足兵，民信之矣"（《论语·颜渊》）。孟子要求统治者应该使民众"仰足以事父母，俯足以蓄妻子，乐岁终身饱，凶年免于死亡"（《孟子·梁惠王上》），否则，民众"惟救死而恐不及，奚暇治礼义哉"（《孟子·梁惠王上》），即民众在基本的生存需求都得不到满足的情况下，很难遵守既定的社会规范。荀子也认为"饿而欲

---

① 黄本铨：《枭林小史》，中国史学会主编《太平天国》第6册，第546页。
② 同治《乐昌县志》卷12《事纪志·兵燹》，第10页。
③ 《参劾文武各员折》，骆秉章《骆文忠公奏议·湘中稿卷一》，沈云龙主编《近代中国史料丛刊》第7辑，（台湾）文海出版社1967年版，第185页。

饱，寒而欲暖，劳而欲息，好利而恶害，是人之所生而有之，是无待而然者也，是禹桀之所同也"（《荀子·荣辱》）。因此，统治者应当"养人之欲，给人以求"（《荀子·礼论》），满足民众对饱暖等的基本生理需要。朱熹则更是认为"生民之本，足食为先"（《朱子大全·答陈明仲》）。近代会党政权对粮食问题的认识和儒家的观念如出一辙，明白"国为民本，民为食生，日食三餐，全赖米粮以养命"，① 故非常重视满足民众对粮食的需求。

一 会党政权对民众粮食问题的解决

大成国是咸同之际会党诸政权中统治地域最广、影响最大的一个政权，由广东天地会创建。早在举义初期，广东天地会即注意解决民众的粮食问题。他们在广东境内每攻占一地，或"开仓卖谷"，② 或"尽发仓谷"，③ 尽量满足民众对粮食的需求。而广西天地会也注意解决民众对粮食的需求。如咸丰四年（1854），广西"连义堂"首领杨西安率众攻占恭城县城，入城后，没收殷富财物，开仓救济百姓，深受民众欢迎。④ 及至在广西境内建立大成国，天地会仍一如既往重视满足民众对粮食的需求。此种事例不胜枚举，在此略举一二。譬如，平靖王李文茂在率军攻占柳州后，即在城内开仓济贫，给居民发放"米挥"（即米票），按口供粮。⑤ 黄鼎凤于咸丰五年（1855）攻占贵县县城后，没收富室豪强的财产，开仓取谷，救济贫苦百姓。咸丰七年（1857），黄鼎凤又联合以李锦贵为首领的壮族农民起义军，一举攻占了上林县县城，杀代理知县杨培坤，同时将官府财主粮仓的粮食全部没收分给贫苦农民。⑥ 同年，杨西安在攻占平乐县县城后，亦照样开仓济贫。⑦

---

① 《刘元帅示》，中国科学院上海历史研究所筹备委员会编《上海小刀会起义史料汇编》，第12页。
② 广东文史馆、中山大学历史系合编《广东洪兵起义史料》（上册），第8页。
③ 同上书，第10页。
④ 平乐县地方志编纂委员会：《平乐县志》，方志出版社1995年版，第550页。
⑤ 林志杰：《太平天国时期大成国起义述论》，《广西社会科学》1999年第5期。
⑥ 上林县志编纂委员会编：《上林县志》，第403页。
⑦ 平乐县地方志编纂委员会：《平乐县志》，第550页。

小刀会在上海建立政权后，也特别重视满足民众对粮食的需求，其领导人认识到"上邑弹丸之地，当地物产，微不足道，是故不仅应充足兵糈，更须留意民食……唯恐一旦米珠薪桂，兵糈虽足，而民食不敷。为此出示晓谕，仰士民等卖买来申"，以期"不徒有利于官署，且可纾百姓之忧虑"①。同时想方设法突破清军的封锁线，将采购回来的粮食运进城内，将米价压低，卖给民众。当"黄浦中米舶皆载往别处，店铺中米少价贵，籴者只许数升，不能盈斗"，②起义政权便由首领刘丽川出面干预，指出："上海本非产米，全由邻县贩运，以济民食。……今访闻有等奸牙，故意抬昂米价，以致小民日食维难，殊深痛恨。除密访严办外，为此出示谕禁。如有此等居奇抬价奸牙，务须改过，倘经查出究办，恐难当此重咎，本帅不忍不教而诛也。切勿视为具文。"③并同时宣布："居民铺户照常开设，时价不准高低。倘有本帅人马在外硬捐勒索，即送本帅，立行枭首。"④在上海的外国人也注意到，虽然因清军围困，"米卖到三十二文一斤，但他们还从南门运米进来，这样可以将米价压低"⑤。倘若"米尽则请大将军令旗，持之出城，乞籴于外"。同时出示招商，"仰士民等卖买来申，并各处米商云集，毋得闭籴"⑥。正是得益于这些强硬措施，上海的米价在清军围城以前保持了基本稳定。及至清军围困，城中粮食奇缺，但起义军仍将不多的粮食"普遍地进行分配，每个人都可以买到一百文钱的粮食，以保证最低限度的生活"⑦。并"各处差贼采办

---

① 《大明国统理政教招讨副元帅兼署上海县事林示》，《北华捷报》1853年9月17日，中国科学院上海历史研究所筹备委员会编《上海小刀会起义史料汇编》，第8—9页。

② 《上海小刀会起事始末》，中国科学院上海历史研究所筹备委员会编《上海小刀会起义史料汇编》，第45页。

③ 《刘元帅示》，中国科学院上海历史研究所筹备委员会编《上海小刀会起义史料汇编》，第12—13页。

④ 《大明国招讨大元帅刘示》，中国科学院上海历史研究所筹备委员会编《上海小刀会起义史料汇编》，第7页。

⑤ 《北华捷报》1853年10月8日，中国科学院上海历史研究所筹备委员会编《上海小刀会起义史料汇编》，第73页。

⑥ 《上海小刀会起事始末》，中国科学院上海历史研究所筹备委员会编《上海小刀会起义史料汇编》，第42—43页。

⑦ 方诗铭：《上海小刀会起义》，上海人民出版社1972年版，第64页。

米石",同时还"收留江湖一切流丐人等,陆续收罗民人,递勇每名工食钱五百文",以确保那些失业、无业人员的生存。①

闽南小刀会政权也注意根据客观需要满足民众对粮食的需求。起义军"所到之地,军法甚严,出示安民。米谷定价,不许贵卖"。② 不仅如此,对于清军占领区的民众的粮食问题,起义军同样予以关注。如清军驻扎同安之后,小刀会政权对同安实施了粮食禁运,但为了同安民众的生计,小刀会政权还是"恩准粮米出口。合行出示谕军民人等一集行商船艘知悉,不许遏籴禁港"。③

二 会党政权的其他养民举措

在儒家看来,要养民,还应该"施仁政于民,省刑法,薄税敛"(《孟子·梁惠王上》),注意"施取其厚"而"敛从其薄"(《礼记·缁衣》),以减轻民众的经济负担。近代不少会党组织在举事和建政后,不同程度地注意减轻民众负担。咸丰四年(1854)广东天地会起义爆发后,各地起义军在征收粮饷时,纷纷采取不同措施,注意减轻或不加重民众的赋税负担。佛山起义军发布告示,"严禁私收军饷。各行店住家,如有到催军饷,必要验明大营火印,方可交收。若无火印,即许到大营禀明。拿获即赏花红银贰拾大元"。另一支起义军则以"复明大元帅洪"的名义颁布告示称:"照得寓兵于农,王师所以无敌;筹饷于税,仁政可以常丰。我洪兵以义兴师,以仁养士,非同乌合,妄肆鲸吞。但六军雷厉,万旅云集,军粮不可苟取,兵饷必须正供。因与各乡绅耆公议,每亩田科米三勉,各乡汇收,送交大营,以裕军饷,以顺舆情。因田供饷,卫民不致伤民;意赋养兵,保富即以保庶",④ 表达出按规定筹饷以"薄税敛"而不伤民之意。

---

① 《忆昭楼洪杨奏稿》,中国科学院上海历史研究所筹备委员会编《上海小刀会起义史料汇编》,第146页。
② 《时闻丛录》,太平天国历史博物馆编《太平天国资料汇编》第5册,第100页。
③ 《汉大明皇帝敕授平闽统兵大元帅黄示》,洪卜仁主编《闽南小刀会起义史料选编》,第18—19页。
④ 广东文史馆、中山大学历史系合编:《广东洪兵起义史料》(上册),第60—61页。

大成国建立后，认为"田主历代收租，实干天怒"，在告谕中明确表示："征赋为理财之本，仁民为裕国之源；贪官污吏，敲剥膏脂，饿殍载道。王师先复桑梓，恩泽从今，所有田赋，特加恩减，与民更始，四境腾欢。"① 所以制定并执行了一些解决农民赋税问题的政策、措施。如黄鼎凤在贵县南乡，就实行了"写耕夫"政策，即按田亩多少，每户登记造册，照田亩征收赋税，每亩纳粮五斤至十斤，根据土地好坏而定，遇灾年歉收，免征田赋，从而减轻了农民的负担，"所取比曩日田赋反轻二三"。② 在黄练，农民不用纳粮，大富人家则每亩按全年收入的三分之一交纳。咸丰四年（1854）九月，范亚音率众占据容县县城，要求民众"纳洪租，以四六抽，贼（指天地会起义军——引者注）得四，耕者得六"③。咸丰十年（1860），姚新昌攻占了容县石头圩等地，势力范围横跨谕令、北流、桂平、容县等地。姚在其所辖地区亦推行"洪租制"，土地归天地会所有，农民不再向地主交租，而是按照三七、四六或二八的比例，向大成国交租。④ 此外，在大成国所辖的某些地区，还施行了"耕田者免赋三载"的措施。⑤ 不仅如此，大成国还积极鼓励发展生产："衣食为万民必需，纺织之妇，冀以纺以织，布帛如山。耕种之家，宜多耕多种，黄云在望。工者善利其器，造者各尽其财。他如龙头诸山，银矿至丰，特准商民开采，富国裕民。"并要求"商贾利其货财，以百物济用，但不得囤积居奇，违者必惩"⑥。同时，为扫除紧急发展障碍，大成国严禁开设"饷押"（典当），严禁发放"谷花粟"（高利贷）。⑦ 禁止滥杀耕牛，并建立铁工场。⑧ 上海小刀会在夺取政权后，同样注意减轻民众的赋

---

① 郑佩鑫：《大成国的反清起义》，《史学月刊》1958年第12期。
② 民国《来宾县志》下篇《人事二·兵事》，第254页。
③ 光绪《容县志》卷27《旧闻志·前事下》，第8页。
④ 樊屏：《大成国年表》，政协桂平县委员会文教卫体工作委员会编：《桂平文史资料》第1辑，1992年版，第43页。
⑤ 《太平天王先行告示》，民国《三江县志》卷5《文化·杂著》，第33页。
⑥ 郑佩鑫：《大成国的反清起义》，《史学月刊》1958年第12期。
⑦ 樊屏：《大成国年表》，政协桂平县委员会文教卫体工作委员会编《桂平文史资料》第1辑，第38页。
⑧ 上林县志编纂委员会编：《上林县志》，第403页。

税,曾发布告示晓谕民众:"各邑岁歉之后,惨被贪官勒扰,民命难延,是以奉主命:一应赋税钱粮,全行蠲免。"①

闽南小刀会政权也注意通过减免税收来惠民,并鼓励发展商贸活动以养民。起义军占领厦门后,虽然"城市处在非常平静的状态中,然而商业全部停止",②这显然不利于民众的生活。为此,起义政权采取了发展经贸活动的措施。首先是在发布的征税告示里,明确规定"务要因民之所利而利之",降低税率,使小刀会的征税与清政府的征税相比较,让民众"倍觉省约"。例如,尤溪、同安、马巷、海澄、晋江、南安、惠安等地的船只,从台湾运载米、油等货来厦,"出入口大船二千担以上收六十元银元,小船二千担以下收三十元"。尤溪、同安、马巷、海澄、晋江、南安、惠安等地的船只,在厦门装载糖等货物运往天津、锦州、盖州、胶州等地,"出入口每船收五十元"。"广东及樟林驳船载洋货什货来厦,出入口各收二十元。""云霄、漳浦、诏安船只在厦出口,由台载米丸油米回厦,出入口各收五十元";"云(霄)、漳(浦)、诏(安)船只载运南货、盐鱼、鱼脯、红瓜干、小脯来厦,出入口各收十元";等等。③上述税率,较清政府当时在厦门实施的税率要低很多。对于二千担以上的出入口大船,清政府要征税一千多块银元,④而闽南小刀会政权只征税六十元。即使相对于清政府"值百抽五"的税率,⑤闽南小刀会政权的税率也显然要低许多。其次,起义政权公开表示,"厦岛商船,凡有通商出入关口,任尔来往,准给牌票,毋得拦阻"。⑥厦门的商贸活动因此得以正常开展,这些措施,对发展经济、改善民生,无疑有一定的积极作用。

---

① 《上海附近各县起义告示一·义兴公司示一》,中国科学院上海历史研究所筹备委员会编《上海小刀会起义史料汇编》,第28页。

② 邵雍译,季平子校:《美国外交文件》(小刀会部分),洪卜仁主编《闽南小刀会起义史料选编》,第144页。

③ 《汉大明皇帝敕授平闽统兵大元帅黄示》,洪卜仁主编《闽南小刀会起义史料选编》,第19—20页。

④ 唐晓、黄志中:《论闽南小刀会起义》,洪卜仁主编《闽南小刀会起义史料选编》,第277页。

⑤ 中华人民共和国厦门海关编《厦门海关志》,科学出版社1994年版,第165页。

⑥ 《汉大明皇帝敕授平闽统兵大元帅黄示》,洪卜仁主编《闽南小刀会起义史料选编》,第19页。

不仅如此，为了保证民众能正常从事经营活动，闽南小刀会政权还注意严厉打击那些破坏正常经营活动的犯罪行为，为此，先是发布布告，表示商民铺户可以"照常贸易"，"倘今后任何义师部下企图凯觊秋毫、地方土棍骗子胆敢借端取物，许尔赴我旗舰喊禀，立即逮捕，以正军法"。并表示"立法如山，决不食言"①。十余天之后，闽南小刀会政权再次颁布告示，表示"店铺为四民日用济急之资"，"诚恐有土匪、地棍，不遵法纪，到铺强行典赎、藉端哄索，假冒公司吵扰等情"，"自示之后，倘敢藉端勒索，哄诈生端，许该铺同地保据实赴辕递禀，着即按律惩弁（办）"②。20天之内，闽南小刀会政权为同样一件事两次颁布告示，足见其对保护商民正常贸易之重视，亦即对民生问题之重视。

尤其值得注意的是，大成国还注意解决农民的土地问题，这无疑比单纯分给民众粮食更能解决养民的问题。范仲淹曾言："养民之政，民先务农"（《范文正公文集·陈十事》），而务农的根本又在于土地问题。大成国对此问题有一定的认识，所以在辖区实施了程度不等的土地制度改革。譬如，在覃塘等辖区，实行了土地自耕自种、自种自收、鼓励开荒沟政策，并积极帮助农民解决农业生产中存在的困难，如当时耕牛缺乏，便组织人力到上林、宾州买耕牛回来，按原价卖给农民。③而在其他所辖的一些地区，则直接把土地分给农民。

孔子曾言："因民之所利而利之，斯不亦惠而不费乎？择可劳而劳之，又谁怨？"（《论语·尧曰》）近代会党政权所采取的养民措施，如开仓取谷救济贫苦百姓，减免农民的赋税，注意稳定粮价，减轻民众的生活负担等，显然与儒家养民而不费民的主张不谋而合。但总体而言，近代会党政权的养民措施是很不完善的，即便是大成国，其养民举措也是在不同地区实施不同的政策，明显缺乏统一政策和长远规划，尤其是虽然认识到了解决土地问题是养民的根本举措，但其出台的措施却基本上

---

① 《布告》，洪卜仁主编《闽南小刀会起义史料选编》，第21页。
② 《汉大明皇帝敕授平闽统兵大元帅黄示》，洪卜仁主编《闽南小刀会起义史料选编》，第18页。
③ 饶任坤：《大成国隆国公黄鼎凤》，《广西民族学院学报》（哲学社会科学版）1979年第4期。

没有变革封建土地制度。而上海、福建等地的会党政权更是没有涉及解决土地的问题,所以在解决"养民"问题上,近代会党政权只是治标而未治本。

第三节 近代会党政权"德治"效果评价

一 近代会党政权"德治"效果

总体而言,近代会党政权或多或少都实施了儒家所倡导的"德治",并取得了一定的效果。此点突出表现在他们通过"德治"而一定程度上赢得了不同阶层民众的支持和拥护。斯嘉兹的《在华二十年》里曾记载道,上海小刀会政权为民着想的精神"开始感动上海当地的老百姓……宁波人中,也有许多人加入了叛党的队伍,他们都是善于作战的人。还有许多青年,用心操练,后来在战役中立功。叛党的物资,除了政府存储的以外,还向四乡大量采集;队伍中的华洋雇员,供应大量粮秣,还大力供应大部分的武器。他们还从停在本埠的船舰上的逃兵获得有力的支援"①。而《北华捷报》也曾报道称,上海道台逃跑途中"看到叛党中许多党徒是他以前最亲信的侍从,受这刺激,道台几度企图自尽"。② 此外"有许多上海人,各持长矛加入革命军",③ 其中有些是妇女,"据说她们真的和古希腊亚马孙族女将一样地勇猛和果敢"。④ 另外来自敌对阵营的记载也表明,当时众多贫民加入了起义军,"每战健者执杖,老弱呐喊助声势,至是另设孩兵局,十岁以上皆收录,工食加倍,贼目林阿福督教之,常出城为前锋,剽疾善斗"⑤。即便是后来起义失败,清军四处

---

① [英]约翰·斯嘉兹:《在华二十年》,中国科学院上海历史研究所筹备委员会编《上海小刀会起义史料汇编》,第522页。
② 《北华捷报》1853年9月10日,中国科学院上海历史研究所筹备委员会编《上海小刀会起义史料汇编》,第54页。
③ 《小刀会占据上海目击记》,《北华捷报》1853年9月10日,中国史学会主编《太平天国》第6册,第963页。
④ 《北华捷报》1854年3月18日,中国科学院上海历史研究所筹备委员会编《上海小刀会起义史料汇编》,第104页。
⑤ 黄本铨:《枭林小史》,中国史学会主编《太平天国》第6册,第551页。

搜捕小刀会成员时，上海人民仍给予了小刀会大力支持。斯嘉兹在《在华二十年》中写道："有些中国人，原来是与叛党毫无关系的，这时竭力设法隐蔽他们所能够看到的事实，全力予以救援……上海人、宁波人、福建人、广东人，他们中间有不少人，原来颇有陷害党徒、领到巨额赏格的机会，但他们都能设身处地，对于这些在急难中的人，采取真正的人道主义和仁爱的立场。"①

而在福建，小刀会在占领厦门后，"出榜安民"，并号召民众加入起义行列，"民众纷纷追随"，得到了民众的积极响应。②英国人柯勒里等注意到，在起义军登陆厦门时，"明显地可以看出，几乎所有码头工人、船夫、巡警和厦门的劳动者都归属叛乱军队"。"邻近店铺，大部分开门营业，显然当地民众信任叛乱者。"③另一位英国人斯卡思也发现，"叛军一到厦门，几乎所有的人都加入了他们"④。并且小刀会建政后的德治举措，使起义军"大孚民望，他们的一切给养都由乡民供应，他们的主要力量就是由乡民组成的，这些乡民一直和清军作战，直到革命结束为止"⑤。而在小刀会起义失败后，更是有民众挺身而出救助被追捕的会党分子。"小刀会既溃散，残众流落鹭门。官兵对小卒不严深究，惟有会中稍有名位之头目，则搜捕甚力，获即斩决。"据周幼梅回忆称："时，先祖父永泰公设京果店于塔仔街。某晨，有小刀党三人仓皇入，苦求庇护，意极哀恻。先祖父素同情义民，概（慨）然许之，导匿于肆内大货柜内，藏身严密，虽经官兵按户搜查，亦未之察也。迄地方秩序已复，缉拿风声亦歇，始分给资斧遣去。"⑥

---

① ［英］约翰·斯嘉兹：《在华二十年》，中国科学院上海历史研究所筹备委员会编《上海小刀会起义史料汇编》，第545页。

② 郭作霖口述，陈玉琮笔记：《记小刀会点滴事迹》（之二），洪卜仁主编《闽南小刀会起义史料选编》，第138页。

③ ［英］柯勒里等著：《叛乱者劫夺厦门》，陈大冰译，洪卜仁主编《闽南小刀会起义史料选编》，第155页。

④ ［英］斯卡思著：《厦门叛乱》（摘录），陈孔立译，洪卜仁主编《闽南小刀会起义史料选编》，第153页。

⑤ ［英］呤唎：《太平天国革命亲历记》，第125页。

⑥ 周幼梅述，肖永和记：《小刀党与人与合成鸡鸭店》，洪卜仁主编《闽南小刀会起义史料选编》，第134页。

不仅上海、福建民众对会党政权持支持态度，广东天地会起义军也因一系列安民举措而得到民众的广泛支持。广东天地会起义军在攻占江门后，"起义后澳门渡接济蔡码咸鱼船和江省渡资以炮械，城乡群众助以资财，江门商店自觉不自觉地捐输军饷"①。六庙执事自己虽因怕事不敢参加起义，但"越一日，六庙执事有遣其子弟裹红巾致贺者，有进百金为贼寿者"，且"前待官绅之倨，而今待贼之恭"。② 到后来，整个新会县"裹红巾者十之七八"，③ 全县"各率本乡起义群众或数千人或数百人，全县各乡除少数如三江、凌冲、龙泉等在地主恶坝（霸）把持下未树红旗外，几乎整个新会农村无处不树红旗了。不三日各乡队伍，云集江门有二三万之众"④。而整个新会"合诸附城各堡贼约二十万有奇。……盖诛不胜诛矣"⑤。甚至妇孺也加入了起义军，"他如德滋里、东关顶、花桥亭等处，妇孺皆为贼守望"，到后来，"绅士富商无知惧祸者献金入会，争先恐后"。⑥ 其中，"潮连一带孝廉茂才尽入洪门"。⑦ 而大成国也因为关心民众疾苦而得到了人民的拥护。史料对此多有记载。据《贵县志》载，咸丰六年（1856）十月，大成国军队途经贵县罗岭村，"纷纷取茶济渴，村民安堵如故。有邻村练丁败回，路经该村，目击通贼情形，发尽冲冠"。⑧ 覃元苏在《象州乱略记》里亦曾言："（咸丰）七年，李文茂据柳州府……乡中半长毛。"⑨

---

① 朱勉躬：《红巾军在江门》，江门市政协委员会编《江门文史资料选辑》第1辑，第219页。
② 陈殿兰辑：《冈城枕戈记》，广东文史馆、中山大学历史系合编《广东洪兵起义史料》（中册），第911页。
③ 赵沅英：《红兵纪事》，《近代史资料》1955年第3期。
④ 朱勉躬：《红巾军在江门》，江门市政协委员会编《江门文史资料选辑》第1辑，第219页。
⑤ 陈殿兰辑：《冈城枕戈记》，广东文史馆、中山大学历史系合编《广东洪兵起义史料》（中册），第916页。
⑥ 同上书，第918页。
⑦ 赵沅英：《红兵纪事》，《近代史资料》1955年第3期。
⑧ 光绪《贵县志》卷6《纪事》，第16页。
⑨ 太平天国革命时期广西农民起义资料编辑组：《太平天国革命时期广西农民起义资料》（下册），第543页。

二 近代会党政权"德治"的残缺

不过,总体而言,近代会党政权所实施的"德治"是不够完整、不成系统的,远未实现规范化、制度化建设。

(1) 按照孔子"以德正人"的办法,不论是统治者还是被统治的民众,都要注意道德修养,而近代会党政权不但没有提出系统的"修己"纲领,而且也未对被治者提出系统的道德准则,更未见实施完善的道德教育,更未将道德规范内化。按照儒家观点,政权领导者尤其要注意道德表率作用,做到"内圣外王"。孔子曰:"政者,正也。予帅以正,孰敢不正?"(《论语·颜渊》)孔子认为领导者"其身正,不令而行;其身不正,虽令不从"(《论语·子路》)。"苟正其身矣,于从政乎何有?不能正典身,如正人何?"(《论语·子路》)孟子则认为:"君仁,莫不仁;君义,莫不义;君正,莫不正。一正君而国定矣。"(《孟子·梁惠王上》)并认为"枉己者,未有能直人者也"(《孟子·滕文公下》)。荀子也很重视领导人自身的修养及其对民众的影响。"请问为国?曰:闻修身,未尝闻为国也。君者仪也,民者景也,仪正而景正。"(《荀子·君道》)汉朝儒家继承了先秦儒家的上述观点。贾谊提出,"正身行,广教化,修礼乐,以美风俗"(《新书·辅佐》)。董仲舒认为,"故为人君者,正心以正朝廷,正朝廷以正百官,正百官以正万民,正万民以正四方"(《举贤良对策一》)。同样强调了领导人以身作则的重要性。而综观近代会党政权,有不少领导者自身的修养难称满意。他们为了一己之利,而不惜干戈相向,给民众留下了极坏印象。如前述的大成国两个重要首领梁昌与区润之斗,陈戊养与黄金亮之争,作为政权领导者,如此为利而斗,近代会党"以德正人"的榜样作用势必很难实现。这是因为在儒家看来,"上好礼,则民莫敢不敬;上好义,则民莫敢不服;上好信,则民莫敢不用情。夫如是,则四方之民襁负其子而至矣"(《论语·子路》)。"上敬老,则下益孝;上尊齿,则下益悌;上乐旋,则下益宽;上亲贤,则下择友;上好德,则下不隐;上恶贪,则下不争;上廉让,则下耻节,此之谓七教。七教者,治民之本也。政教定,则本正矣。凡上者,民之表也,表正则何物不争?"(《孔子家语·王言》)而如前述的梁昌、区润、陈戊养等近代会党政权不少首领，恰恰缺乏儒家上述的品德，直接对广大部众造成了不良的影响，以致上行下效，诸多起义军部众伤害民众利益，即是明证。

（2）在养民、惠民方面，近代会党政权多停留于维持民众的基本生存上，而没有出台富民政策，与儒家"宽则得众""藏富于民"的主张相比，还有很大差距。儒家认为，要想教育好民众，必须先使民众富裕，即先"富之"，然后才可以"教之"（《论语·子路》）。同时还提醒统治者："百姓足，君孰与不足；百姓不足，君孰与足？"（《论语·颜渊》）"足国之道，节用裕民，而善藏其余。节用以礼，裕民以政。彼裕民故多余，裕民则民富。"（《荀子·富国》）统治者一定要想办法让民众富足。近代一些会党起义军，不但未能维持民众的基本生存，更有甚者，还对未归顺的民众肆意劫掠，直接威胁到了民众的生存。如在广西象州，咸丰四年（1854）"正月迄五月，群贼蜂屯蚁聚，乡间谷米搬食无余，田尽荒秽。平民咸吃杂粮，不继，食野蔬、糠屑、蛇、鼠、蝗蛹，饿殍枕相藉"①。而广东广宁县天地会虽然在起义后不久即能打开粮仓，救济贫民，却"纪律较差，一些人热衷于搜刮钱财，抢夺妇女"，民众对此非常反感。② 如此一来，这些会党起义军自然会失去民心，而要夺取江山，则几成奢望。即如孟子所言："得天下有道，得其民，斯得天下矣；得其民有道，得其心，斯得民矣。""桀纣之失天下也，失其民也；失其民也，失其心也。"（《孟子·离娄上》）反之，"乐民之乐者，民亦乐其乐；忧民之忧者，民亦忧其忧。乐以天下，忧以天下，然而不王者，未之有也"（《孟子·梁惠王下》）。

（3）儒家把政、刑、德、礼四者都看作治国之道，其中，德、礼是本，而政、刑则是末。德与礼比较起来，德又大于礼。而近代会党政权更注意的是政、刑，而非德、礼。对于政、刑、德、礼四者的关系，传统儒家有过明晰的表述。孔子曾明确指出："道之以政，齐之以刑，民免

---

① 覃元苏：《象州乱略记》，《太平天国革命时期广西农民起义资料》（下册），第541页。
② 冯大成：《咸丰年间的两次民间起义》，广宁县政协《广宁文史》编辑组编《广宁文史》第4辑，广宁政协文史资料编辑组1986年版，第39页。

而无耻。"(《论语·为政》)"道之以德，齐之以礼，有耻且格。"(《论语·为政》)孟子认为"以力服人者，非心服也，力不瞻也，以德服人者，中心悦而诚服也，如七十子之服孔子也"(《孟子·公孙丑上》)，即统治者应当"德治服人"。荀子认为："治之经，礼与刑，君子以修百姓宁。明德慎罚，国家既治四海平。"(《荀子·成相》)董仲舒亦有明确的论述："天道之大者在阴阳。阳为德，阴为刑；刑主杀而德主生。天之任德不任刑也。"(《春秋繁露·阳尊阴卑》)"为政而任刑，谓之逆天，非王道者。"(《春秋繁露·阳尊阴卑》)因此，"教，政之本也；狱，政之末也"(《春秋繁露·精华》)。"刑者德之辅。"(《春秋繁露·天辩在人》)而从上述我们可以看出，从上海到福建再到两广地区，几乎所有的会党政权，都基本上停留于以严刑峻法来实施统治、维持正常社会秩序的层面，即便生存时间较长的大成国亦基本如此。这对于一个想实施"德治"的政权而言，显然是本末倒置了，反映出近代会党政权没能正确理解儒家"德主刑辅"的"德治"本质，尤其是没有正确领会儒家关于道德与法纪关系的论断。孔子曾言："政宽则民慢，慢则纠之以猛。猛则民残，残则施之以宽。宽以济猛，猛以济宽，政是以和。"(《左传·昭公二十年》)荀子也称："故不教而诛，则刑繁而邪不胜；教而不诛，则奸民不惩；诛而不赏，则勤厉之民不劝；诛赏而不类，则下疑俗险而百姓不一。"(《荀子·富国》)近代会党政权没能正确理解儒家"德主刑辅"的"德治"本质，其后果自然很严重，即如孔子所言："道之以政，齐之以刑，民免而无耻。道之以德，齐之以礼，有耻且格。"(《论语·为政》)近代会党政权偏重于以严刑峻法来实施统治，到头来只能是"民免而无耻"了，其所期望实施的"德治"只能归于失败。

（4）近代会党政权虽然试图对民众进行道德教化，但其教化工作既不系统，也不长久。儒家认为"人之有道也，饱食、暖衣、逸居而无教，则近于禽兽"(《孟子·滕文公上》)。"不教民而用之，谓之殃民。殃民者，不容于尧舜之世。"(《孟子·告子下》)故"善政不如善教之得民也。善政，民畏之；善教，民爱之。善政得民财，善教得民心"(《孟子·尽心上》)。"不富无以养民情，不教无以理民性。"(《荀子·大略》)并提出"教者，政之本也"(《新书·大政上》)，提醒统治者必须教化、引导民众,来获得民众支持,稳固政权。自汉代以降,历代封建统治者无不谨记儒家"教民"思想,并力行之。咸同之际的一些会党政权亦试图以德教民。

上海小刀会在夺取政权后,即着手对民众进行思想教育。咸丰四年(1854)三月,小刀会政权领导人刘丽川发布了"昭告人类起源事"的告示,该告示以太平天国残缺不全的基督教教义为指导思想,劝告民众不要信仰佛教,而应改信上帝:"每人崇拜祖先,孝敬父母,而对开天辟地、创造万物、创造人类之天父上帝,反拒不信奉,非但不崇拜上帝,反而迷信邪神,崇拜泥塑木雕之偶像,究系何因?……凡尔兵丁士民人等,应即洗心革面,明辨是非真邪,及早觉悟,崇拜天父上帝,切勿为邪僧妖道所迷惑。"指出"以为一切皆源于佛"的认识是错误的,"至汉明帝时佛教始传入中国,足见天地之创造确与佛无关。赏罚祸福皆由天父上帝而来"。并称:"须知焚香烧纸,毫无用处,惟有每人每日早晚祷告上帝,并遵守神圣安息日,始能去邪归正,获得平安与慰藉。邪神贪图祭献,要众生到庙堂许愿捐助,始肯福佑。百姓宰牛羊,携酒肉,进庙堂,供奉偶像,然后问吉凶,求安慰。邪神又要百姓焚烧大量纸钱,岂非与贪官污吏无异乎?"因此希望百姓"宜及早改过,俾臻万福"①。该布告发布后,"引起老百姓极大的注意"。② 四月,"为晓谕正风俗,去邪教而知君亲事",刘丽川特意再发布告示,结合儒家孝道观念和太平天国的宗教信仰来劝导民众,称佛道为"惑世诬民",造就懒汉,妨碍农事与香火传承,并使民众不能很好地认识父母育儿的艰辛,以致"为人子女者,父母在,生不孝顺报养育之恩,父母死后,听妖僧妖道做功果、打斋醮,去投生佛地",认为"此大不孝之事也。父母生前不孝敬,死后何用作功德,有等愚人,到寺院焚香烧锭,与佛像镶金,何不将此钱银买物孝敬父母"。要求人们"勿拜无益土木偶像,勿到寺院焚香烧锭,省无益之银钱以养妻活儿,孝敬双亲"。同时告诫"洪门兄弟务宜忠心报

---

① 《大明太平天国统理政教天下招讨大元帅刘示》,《北华捷报》1854年5月20日,中国科学院上海历史研究所筹备委员会编《上海小刀会起义史料汇编》,第24—25页。

② 《北华捷报》1854年5月20日,中国科学院上海历史研究所筹备委员会编《上海小刀会起义史料汇编》,第24—25页。

国,为人子者必孝双亲;为臣者不忠于君,为子者不孝双亲,天必不佑也"①。上海小刀会还曾在城中设义学,"欲羁縻诸衿士,使二十余人分教之"②。不过,上海小刀会对民众的教导多停留于纸面,具体措施和行动不多,"他们对庙里的偶像仍旧没有干涉;暂时让老百姓自己决定要不要保留。在他们自己居住的地方,我们经常看见许多偶像,像前放着各种祭物"③。这表明,民众依旧去庙里祭拜偶像,上海小刀会对民众的信仰教育与思想教育几乎没有取得实效。

闽南小刀会政权同样重视净化社会风气,"为严禁赌博以安军心事",特意发布严禁赌博的告示,认为"赌博之局一设,即(分)输赢之势;输赢之势既分,即口粮之资必竭。或毁拆楹桷,或砍伤数目,或取窃民家财物,或变卖军装器械,甚至争竞而相戕贼,失时而误事机,其流害盖有不可胜言者",因此"合行出示禁谕:不准尔军兵日夜赌博,如敢故违,察出着该旗首按律治罪"④。

与上海小刀会等会党政权重视信仰教育不同,大成国则重视培养民众良好的生活习性来净化社会风气,为此,曾颁行法令,明确晓谕民众:"不准开赌,如违罪责非轻","打较(架)滋事必惩",并严禁吸食和贩卖鸦片,严禁奸淫、盗窃和唱淫歌等有伤教化的活动。⑤ 此外,还将盗贼滋蔓看作一个严重的社会问题,对偷盗抢劫犯罪分子予以坚决制裁。在黄鼎凤所辖区域,"失盗以实闻,先偿如数,捕得窃脏辄处极刑。惟虚捏反坐亦甚酷。以故境内约束严明,几于牛马放牧不收,外户不闭"⑥。大成国的刑罚显然有些过于严厉,但不可否认的是,在经过这样的教化、整顿后,在大成国所辖广大地域,"一时政治聿新,民风为之

---

① 魏建猷:《上海小刀会起义文献的新发现》,《上海师范大学学报》1986 年第 3 期。
② 黄本铨:《枭林小史》,中国史学会主编《太平天国》第 6 册,第 549 页。
③ 《大明太平天国统理政教天下招讨大元帅刘示》,《北华捷报》1854 年 5 月 20 日,中国科学院上海历史研究所筹备委员会编《上海小刀会起义史料汇编》,第 25 页。
④ 《汉大明皇帝敕授平闽统兵大元帅黄示》,洪卜仁主编《闽南小刀会起义史料选编》,第 19 页。
⑤ 林志杰:《太平天国时期大成国起义述论》,《广西社会科学》1999 年第 5 期。
⑥ 民国《来宾县志》下篇《人事二·兵事》,第 254 页。

一变"。①

　　必须指出的是，近代会党政权虽不同程度进行了道德教化工作，但因为近代会党政权所处环境极为恶劣，主要精力用于应付各种战事去了，再加上近代会党政权存在的时间都比较短暂，因此导致各个会党政权对民众的道德教化，都显得有些仓促，且只是注重某一个或某几个方面。如上海小刀会政权偏重于信仰教育，闽南小刀会政权偏重于禁赌工作。大成国的道德教化内容相对较多，但也仅仅限于严禁吸食和贩卖鸦片、严禁奸淫、盗窃和唱淫歌等方面，而忽视从思想意识层面对民众进行道德教化。如此一来，使得近代会党政权道德教化工作，为时不久，内容亦极不系统，效果自然难尽如人意。此外，在战争特殊环境下，民众的生产与生活环境也极为恶劣，使道德教化因缺乏必要的物质基础，而难以取得令人满意的效果。即如孟子所谓"民之为道也，有恒产者有恒心，无恒产者无恒心。苟无恒心，放辟邪侈。无不为已"（《孟子·滕文公上》）。

　　总之，近代会党政权所实施的"德治"存在如此多的缺陷，意味着近代会党政权并非一个成熟的政权，更意味着近代会党并非一个先进的政治团体，不能依靠会党去改变国家与民族的命运。中山先生利用会党反清，屡战屡败，即是明证。

---

①　民国《罗城县志·前事》，第265页。

第 五 章

儒家道德规范与近代洪门的性质

关于洪门的性质,一直是近代洪门史研究的一个难点和争论焦点。时至今日,学术界一直有两种观点在互相交锋。一种观点认为洪门是"反清复明"的政治组织,另一种观点则认为洪门是破产劳动者实行团结互助的一种民间团体。前者以洪门的会簿为依据,通过对洪门的文件、口号、暗语的分析来判断洪门的创立宗旨,进而推断出洪门的"反清复明"的性质。这一定性主观推断的成分略显稍多,尤其是没有考虑到社会变迁与当时社会结构对社会成员的影响,有唯意志论之嫌。后者以清朝档案为依据,不仅从洪门的创立宗旨,而且从洪门的组织成分与组织结构等方面进行分析,推断出洪门"团结互助"的性质。应该说,后者的分析比前者要更全面些,但后者的论证也还有需要进一步完善之处,其对洪门性质的判断,主要是基于洪门成员的现实的物质生活的需要,而忽视了儒家文化对洪门组织及其成员的影响。界定一个组织的性质,最重要的几个变量为组织成分、组织宗旨与组织行为。而从社会学的观点来看,任何一个社会组织的宗旨与行为,都难免受到其所处时代的社会主文化的影响。洪门也不例外。近代洪门,主要是受到了儒家文化的影响。对此,正如前述戴魏光所言,洪门之主要立足点,"即儒家之礼教是也。儒家以孔孟为祖,孔孟提倡礼教最力,其有功于世道人心者为钜。洪门先进有鉴于是,故特别强调礼教色彩,用以巩固组织。举凡吾国之固有美德,忠、孝、仁、爱、信、义、和、平以及四维五伦,莫不包举靡遗"①。"由以上观之,洪门尊重礼教,可谓极矣。"② 这意味着,我们分析近代洪门的组织性质,一定不能忽视儒家文化的影响。需要特别注意的是,洪门缺乏全国性的领导机构,这使各地区的洪门在组织成分、组织宗旨、组织行为等几个主要变量上存在显著差异,因而各地区的洪门在性质上亦不可避免地会有差别。上述两种关于洪门性质的意见若用来说明某一特定地域的洪门的性质,显然会失之偏颇。

第一节 近代洪门的组织宗旨

一 清前期洪门的组织宗旨

组织宗旨是组织通过自身的行动去努力实现的某种未来状态,它是组织开展活动的依据和动力,代表着组织的未来和发展方向,是组织的灵魂,③ 因而成为考察一个组织为何存在于社会的最重要的变量,也是判别一个组织的性质所必须考虑的最重要的因素之一。洪门在其诞生伊始,便有了明确的组织宗旨,只不过因为其从来没有过统一的全国性组织,因此各地的洪门组织的宗旨会有较大差别。以广东洪门为例,清前期广东洪门的宗旨为通过暴力抢劫来满足成员的经济要求,此点可以从表5—1得到印证。④

表5—1　　嘉庆年间在广东境内活动的广东天地会的组织宗旨

年份	会名(会首)	结会地点	组织宗旨
嘉庆五年(1800)	天地会(仇大钦)	阳江县	"冀图纠约抢劫"
嘉庆六年(1801)	天地会(陈礼南)	东莞县	"希图抢劫村庄,得赃分用"
嘉庆六年(1801)	天地会(林添申)	海康县	"冀图抢劫……遇事互相帮助"
嘉庆六年(1801)	天地会(叶世豪)	新宁县	"遇事相帮,并乘机抢劫村庄"

---

① 戴魏光:《洪门史》,第7页。
② 戴魏光:《洪门史》,第12页。
③ 郑杭生主编:《社会学概论新修》,中国人民大学出版社2003年版,第197页。
④ 雷冬文:《近代广东会党——关于其在近代广东社会变迁中的作用》,暨南大学出版社2004年版,第48—50页。

续表

年份	会名（会首）	结会地点	组织宗旨
嘉庆六年（1801）	天地会（陈烂屐四）	博罗县	"齐心协力讨江山"
嘉庆七年（1802）	天地会（蔡步云）	归善县	"拜会纠众抢夺"
嘉庆七年（1802）	天地会（温登元）	永安县	"遇事互相帮助"
嘉庆七年（1802）	天地会（郑嗣韬）	新会县	"遇事互相帮助，可以乘机抢劫"
嘉庆七年（1802）	天地会（伍允会）	龙门县	"乘机抢劫村庄，得赃分用"
嘉庆七年（1802）	天地会（陈积引）	新宁县	"乘机抢劫村庄，得赃分用"
嘉庆七年（1802）	天地会（方振思）	惠来县	"乘机抢夺村庄"
嘉庆七年（1802）	天地会（郑阿明）	潮阳县	"乘机抢劫村庄，得赃分用"
嘉庆七年（1802）	天地会（黄名灿）	香山县	"乘机抢劫村庄，得赃分用"
嘉庆八年（1803）	天地会（林道经）	新会县	"乘机抢劫"
嘉庆八年（1803）	天地会（蔡廷仕）	东莞县	"拜会行劫"
嘉庆八年（1803）	天地会（关念棕）	增城县	"拜会抢劫，得赃分用"
嘉庆八年（1803）	天地会（赖六青）	长乐县	"遇事帮助，并乘机抢劫得赃分用"
嘉庆八年（1803）	天地会（叶有升）	琼山县	"结拜抢窃"
嘉庆八年（1803）	天地会（李象开）	新会县	"乘机抢劫，得银分用"
嘉庆八年（1803）	天地会（李阿七）	揭阳县	乘机抢劫村庄
嘉庆八年（1803）	天地会（何阿常）	揭阳县	乘机抢劫村庄
嘉庆八年（1803）	天地会（曾左笼）	揭阳县	乘机抢劫村庄
嘉庆八年（1803）	天地会（高阿芝）	揭阳县	乘机抢劫村庄
嘉庆八年（1803）	天地会（张三朋）	丰顺县	乘机抢劫村庄
嘉庆九年（1804）	添弟会（冯老四）	合浦县	"抢掠财物分用"
嘉庆九年（1804）	添弟会（梁修平）	鹤山县	不明
嘉庆九年（1804）	天地会（曾博罗）	琼山县	"乘机抢劫财物"
嘉庆九年（1804）	天地会（黄庭华）	永安县	"乘机抢劫"
嘉庆九年（1804）	添弟会（叶凤轩）	钦州	"抢劫村圩，得钱分用"
嘉庆九年（1804）	添弟会（蔡亚堂）	海丰县	"抢劫场圩，得赃分用"
嘉庆十年（1805）	添弟会（关亚孜）	海丰县	"乘机抢劫村庄，得赃分用"
嘉庆十年（1805）	天地会（李崇玉）	海丰县	"图谋不轨"
嘉庆十年（1805）	添弟会（黄贤通）	曲江县	"希图抢劫村庄，得赃分用"
嘉庆十二年（1807）	三合会（叶高杰等）	南海县	不明
嘉庆十六年（1811）	三合会（严贵邱）	顺德县	"遇事帮助"

续表

年份	会名（会首）	结会地点	组织宗旨
嘉庆十六年（1811）	三合会（黄朱保）	顺德县	"遇事帮助"
嘉庆十六年（1811）	三合会（吴亚如）	顺德县	"遇事帮助"
嘉庆十九年（1814）	三合会（成大业等）	清远县等	不明
嘉庆十九年（1814）	天地会（赖元旺）	永安县	"遇事互相帮助，并可乘机抢劫"
嘉庆二十年（1815）	天地会（刘锦茂）	仁化县	不明
嘉庆二十年（1815）	天地会（邹亚才）	曲江县	不明
嘉庆二十一年（1816）	天地会（林得棕）	仁化县	"希图恃众抢劫，遇事互相帮助"
嘉庆二十一年（1816）	天地会（刘吊眉）	仁化县	不明

资料来源：第一历史档案馆、中国人民大学合编：《天地会》资料丛刊、广东地方志。

二 近代洪门的组织宗旨

要考察近代洪门的组织性质，依然首先必须考察其组织宗旨。那么近代洪门的组织宗旨为何呢？兹以光绪年间的广东洪门为例，略加说明。

在光绪年间，广东破获了众多的洪门组织。对于这些破获的洪门组织的宗旨，清朝有关官员在给朝廷的奏折中有过表述。宣统二年（1910）署两广总督袁树勋曾奏称，广东洪门"大抵初则惑众敛钱，继则纠党抢劫，劫财不足，复掳人勒赎"[①]。接替袁树勋就任署两广总督的张鸣岐也有类似的观点，认为广东洪门"设堂打单，明目张胆，啸聚乡村，四通八达，兵多则逃散，兵少则抗拒"，甚至敢"抢劫兵船、营房"。[②] 度支部郎中韩寅斗、陆军部主事李训福等14名官员也曾联名就广东会党滋事奏称："至于会匪，则兵去之时为盗，兵来之时为民，良莠难分，又属办无可办。是以清乡之举，不特不能获盗，反至因以扰民。""会匪滋事，其始不过借端敛财，地方官概置不闻，诱煽渐众，为害遂烈。"[③]

---

① 《署两广总督袁树勋奏广东会党日众现拟办理情形片》，宣统二年五月初二日，朱折，《辛亥革命前十年间民变档案史料》（下册），第478页。
② 《署两广总督张鸣岐奏广东革党会党日炽拟分路清乡情形折》，宣统三年正月二十二日，军录，《辛亥革命前十年间民变档案史料》（下册），第482页。
③ 《度支部郎中韩寅斗等为琼州祸乱日亟谨拟防治办法呈》，宣统三年闰六月十四日，《辛亥革命前十年间民变档案史料》（下册），军机处原折，第485页。

从上述官员的奏折来看，在政府官员看来，绝大多数的广东洪门组织的宗旨为暴力劫财。他们的看法不无道理，从有关史料来看，光绪年间被破获的大多数广东洪门组织的确都以抢劫得财为目的。光绪二年（1876）三月，"归善县有匪徒纠众起旗，谋为不轨"，"余得萌起旗手撰焚天誓表，纠同严亚海仔等分立五营，各纠党羽，希图劫掠村庄，踞险抗拒"①。同年夏，"茂名县地方有匪徒黄十陵大等聚众结拜兄弟"，"讯据供称，黄十陵大及未获之李亚增，共纠伙四十余人，每名出钱数百或一千余文，交黄十陵大买备香烛、酒肉，结拜兄弟，私立三合会、贫穷会、父母会名目……声称结拜之后，遇事互相帮助，如有死伤，协力照料"②。光绪三年（1877）八月，"御史邓华熙奏……广东现有匪徒，十百成群，结盟聚党，曾在顺德陈村等处墟场市肆，白日打单，沿户勒写银单，敛取钱财"③。光绪七年（1881），雷州客民在琼州边界"结党要盟，创立天地会名目，分股在万州、陵水、定安等处，勾结黎匪，剽劫乡村，裹胁良民入会，迭次滋挠崖州、万县，戕官抢杀"④。光绪十五、十六年（1889、1890），三合会在阳江县西部蔓延，"逐有陈敬亭、陈霸仔来、陈阿晚等纠党肆劫，大为民患"⑤。光绪十六年（1890）十月，"雷琼道朱采访闻遂溪县西海地方有漏网会匪揭春亭等拜会结盟，焚劫村舍"，于是"会同地方文武搜捕西海会匪，先后拿获匪首揭春亭、张藤沙、李帼汰及伙犯等数十名，搜获拜会三十六款一纸，匪党名单一纸"，"有大哥、二哥、红棍、先生、草鞋各名目。藉拜会惑人，纠众行劫，并逼胁良民入会。或据供认迭次强劫得赃掳人勒赎，及向基围、砖窑等处打单，勒收行水。或据供认迭劫拒毙事主，及设立堂名打单，吓诈得赃，掳人勒赎"⑥。光绪十八年（1892），"广东高州匪首莫毓林等余党，在茂名、电白两县

---

① 朱寿朋：《光绪朝东华录》，中华书局1958年版，第327页。
② 同上书，第325页。
③ 《清德宗实录》卷56，光绪三年八月下，中华书局1987年版，第768页。
④ 《清德宗实录》卷133，光绪七年闰七月，中华书局1987年版，第926页。
⑤ 民国《阳江志》卷20《兵志二·兵事》，第106页。
⑥ 朱寿朋：《光绪朝东华录》，第2963页。

毗连各乡肆行抢劫"。① 光绪二十年（1894），在海南岛的崖州，"吴川、临高会匪窜入州境，盘踞三亚港口及佛罗市等处，勾结土匪，劫商船，掠村市，掳人索财，阖属骚然"②。光绪二十五年（1899），"广州府属西樵一带巨匪区新等聚匪千余人，布散各处，联盟拜会，恣出劫房"。而顺德"贼来打单，无所顾忌，民不堪扰"。"广肇二府交界，亦聚匪千余，互相勾结，曾以毛瑟枪轰毙勇目。南海梧村、大同一带，与顺德巨匪聚众劫掠，恐势成延蔓。"③ 光绪二十八年（1902），"广东高廉钦一带时有会匪与西省游匪勾结，抢劫村庄"。④

必须指出的是，正如学术界所公认的那样，近代广东洪门的大多数成员为处于贫困状态的平民，所以洪门组织的首要任务是帮助成员满足经济上的要求以解决生计问题，而清政府对洪门持坚决否定态度，致使洪门不可能拥有解决该问题的合法手段，所以只能借助非法的集体暴力来满足成员的经济要求了，就此而言，所谓的"暴力劫财"，本质上就是实现洪门成员之间以生存为目的的一种互助，只不过这种互助不符合清政府的法律规范而已。

那么，近代广东大多数洪门组织为何要通过暴力抢劫来满足成员的经济要求呢？该问题可以从不同视角来解析。从儒家文化的视角来看，之所以如此，与当时的统治者违背儒家的民本思想有着极大关系。在儒家民本思想中，非常重视养民、利民的问题，认为"德惟善政，政在养民"（《尚书·大禹谟》），作为统治者，应该使民众"仰足以事父母，俯足以蓄妻子，乐岁终身饱，凶年免于死亡"（《孟子·梁惠王上》）。不仅如此，孔子认为，作为一个统治者，还应该"惠民"而不要"费民"，为此，要做到"省力役，薄赋敛"（《孔子家语·贤君》），要"因民之所利而利之"（《论语·尧曰》）。孟子也主张统治者应该使民众有"恒产"，认为"易其田畴，薄其税敛，民可使富也"（《孟子·尽心下》）。而晚清

---

① 《清德宗实录》卷316，光绪十八年九月，中华书局1987年版，第94页。
② 张巂、邢定纶、赵以濂纂修：《崖州志·海防志二·土寇》，广东人民出版社2011年版，第235页。
③ 《清德宗实录》卷449，光绪二十五年八月，中华书局1987年版，第925—926页。
④ 《清德宗实录》卷497，光绪二十八年三月，中华书局1987年版，第567页。

的统治者虽然以"崇儒重道"为基本国策，但在施政中关注的重点却是以皇权为核心的统治者与有产者的权益，这就使处于权力结构中的人容易忽视那些被剥夺了物质或其他社会报酬合理份额的人们的贫困与痛苦，导致官员残酷压榨民众的事情屡屡发生。晚清的广东，多有这方面的记载。早在同治二年（1863），郭嵩焘即奏称："广东风俗强犷，趋利背公，习为固然。……平时已号称难治，重以地方殷富、官吏之诛求，皆足遂其所欲，相与利其顽梗，以各厌其贪婪之私。凡在官之办事行为，无一非酿乱者。至于吏治败坏已极，风俗益因之而披靡，自缙绅以至走卒，傲狠嗜利，莫不皆然。"① 以捐输为例，广东的大小官吏皆乘机盘剥百姓。郭嵩焘即曾称："广东向办捐输，压派之意多，而劝导之情少。"② "或岁一派捐，或间岁一派捐，皆预定成数，假手地方官绅，听从逐村科派，按亩摊捐。"③ 这些摊派，"官绅因缘为利，报捐之数，多耗于中饱"，④ 使一般民众苦不堪言。对此，郭嵩焘曾奏称，广东"历年办理捐输，有派捐、包捐等名目，大率按亩派捐，事同加赋，宽于富户而苛于平民，大失朝廷劝捐之本意。小民势微力弱，忍受苛派，敢怒而不敢言，即言之亦非若绅富之声气可以上达。臣等抵任后体案情形，知派捐、包捐之积弊，平昔所饫闻者，实属信而有征……因思派之农民而其情可悯，不如劝之富商而于心犹安。因仿照湖南、江西劝捐章程，添派委员指劝富户，务除包捐冒奖之弊。而历来办理捐输，积习相沿，各州县耳目稍远，申严革除旧弊之条，每苦于此情，难于下究"⑤。"以大致情形言之，粤之

---

① 郭嵩焘：《缕陈广东大概情形疏》（缺具体日期），王先谦编《郭侍郎奏疏》卷1，沈云龙主编《近代中国史料丛刊》第16辑，（台湾）文海出版社1967年影印本，第46页。
② 郭嵩焘：《沥陈广东度支艰窘请缓解协拨各款并见催张运兰一军赴闽疏》（会总督衔）（缺具体日期），王先谦编《郭侍郎奏疏》卷4，沈云龙主编《近代中国史料丛刊》第16辑，第360页。
③ 郭嵩焘：《粤饷可筹约有三端片》（缺具体日期），王先谦编《郭侍郎奏疏》卷9，沈云龙主编《近代中国史料丛刊》第16辑，第1026页。
④ 郭嵩焘：《沥陈广东度支艰窘请缓解协拨各款并见催张运兰一军赴闽疏》（会总督衔）（缺具体日期），王先谦编《郭侍郎奏疏》卷4，沈云龙主编《近代中国史料丛刊》第16辑，第360页。
⑤ 郭嵩焘：《前后办理捐输情形片》（会总督衔）（缺具体日期），王先谦编《郭侍郎奏疏》卷5，沈云龙主编《近代中国史料丛刊》第16辑，第561—562页。

民力困敝极矣"。①

广东官员们的所作所为，显然严重践踏了儒家的民本思想，非但没有"养民""利民"，反而对民众进行残酷的敲诈、勒索，更糟糕的是，清政府没有意识到这点，更没有采取有效措施来予以纠正，这样一来，洪门成员——被剥夺了物质或其他社会报酬合理份额的民众，就只能不惜违法秘密结社以便依靠集体力量夺回本应属于他们的利益，走上了"官逼民反"的传统反抗之路。官府及官员们对儒家民本思想的践踏，成为近代广东洪门相当一部分组织以暴力劫财为其组织宗旨的一个重要潜在因素。

第二节 儒家伦理与近代洪门的互助精神

如前所述，戴魏光曾言："洪门哥弟，首重一义气，结拜金兰，虽属异姓，无殊同胞。故兄弟有难，莫不视如己事，全力以赴。有故意推诿，漠不关心者，甚或落井下石，出卖求荣，则必治以重典。"② 而《申报》也曾刊文认为，洪门会员"在营之日，同心合力，甘苦相共；出营之后，可以到处周流，有人照顾，不至为会外人欺侮"。③ 上述表述，反映出洪门会员之间的互助精神已经得到了社会的公认。那么，近代洪门的互助精神的理论源泉是什么呢？从近代洪门的主要组织规范《三十六誓》《十八章律书》《二十一则》《八德》等来看，其互助精神深受儒家文化的影响，表现为洪门要求会员在进行内外交往和内部交往时，应遵循儒家的仁爱精神，强调以爱亲为中心。

一 儒家"仁亲以为宝"精神与近代洪门组织对内外交往的规定

在礼教看来，仁爱首先体现在对亲人的关爱上，是内外有别的。《礼记》就认为"仁者人也，亲亲为大"（《礼记·中庸》），"仁人之事亲也，

---

① 郭嵩焘：《粤饷可筹约有三端片》（缺具体日期），王先谦编《郭侍郎奏疏》卷9，沈云龙主编《近代中国史料丛刊》第16辑，第1027页。
② 戴魏光：《洪门史》，第8页。
③ 《论近日会匪邪术各事》，《申报》，光绪二年七月十四日，第1页。

如事天"(《礼记·哀公问》)。孟子也称"事孰为大,事亲为大"(《孟子·离娄上》),并认为"仁者无不爱也,急亲贤之为务","尧舜之仁,不遍爱人,急亲贤也"(《孟子·尽心上》)。洪门以虚拟的血缘关系为组织联系纽带,会员之间彼此以兄弟相称,所以儒家提出的"内外有别、以爱亲为中心"的仁爱思想,亦因此能为洪门所借鉴,其有关规定也成为洪门组织规范的最主要的内容之一。

遵照儒家"仁亲以为宝"(《礼记·檀弓》)的说教,从内外交往的角度,洪门要求会员注意内外有别,爱有差等。这方面的规定,洪门《三十六誓》有非常详细、具体的记载。其中,在有序本中,主要体现在第十一誓:"自入洪门之后,但系洪家看守的地方,毋得引贼入境盗窃兄弟所看之处财物。如为不依者,立即睡红凳重责不留情";第十五誓:"自入洪门之后,洪门兄弟与你亲戚打架,火(引者注:该字外形似'火',原件是将'火'字的一捺改为竖弯钩,为洪门自造字,意思是'你')虽要上前相劝相和,毋得私挵走理一边。如有不依者,保佑死在万刀之下";第十八誓:"自入洪门之后,洪家兄弟若遇赌博,毋得同场过子,勾引外人局骗洪家兄弟银两衣物。如有不依者,保佑死在万刀之下";第二十五誓:"自入洪门之后,洪家兄弟在圩场、市镇、戏场、庙地与风仔打架,挂起排号,立即向前相挵。如有不依者,保佑死在万刀之下。"有诗本,其相关的规定主要体现在第十一誓:"自入洪门之后,守己乐业。不得三五成群,引诱外人串同局赌,拐骗岁(引者注:该字实际结构为上'山'下'乃',为洪门自造字,用来表示'会'字)内之兄弟。货财物件各存忠心交友。如有不依者,妻离子散而亡";第十五誓:"自入洪门之后,听知岁内兄弟与风仔外人打架,亦要勇力向前相帮一臂之力。不得助辅风仔,亦不得临阵退缩。如有不依者,被乱箭射死,刀下而亡";第十九誓:"自入洪门之后,修书合约机谋同心合胆,须要一片丹心,不得密约暗害供扳,串赌私局,岁内兄弟银两什物。如有不依者,现世不昌,永不轮转再生";第二十誓:"自入洪门之后,行船遇劫,挂号为先,见牌的确,不得贪心混抢岁内兄弟银两物件,以失结义声名。如有不依者,必受五雷诛灭,雷火烧死而亡";第二十七誓:"自入洪门之后,陆路打鹧鸪,须要先试其来历。未曾入洪门并无牌号,乃是风仔。

然下手,如有不分误打洪英,不可乱为。如有不依者,神明监察即诛灭";第三十三誓:"自入洪门之后,万富豪进过洪门,皆由一体。不得私通盗贼,偷挖抢夺岁内兄弟银两什物。如有不依者,雷火诛灭,死于万刀之下。"有罚规本,类似的规定体现在第三誓:"自入洪门之后,洪家几(兄)弟不得同场赌钱过注,莫得看见兄弟钱多而眼热。如有不法之人通外食内,过注输赢者,死在万刀之下而亡。查出打一百零八棍";第五誓:"入洪门之后,洪家兄弟不可贪图意外银钱,引食花红,透□人来掠兄弟。若有不法之人领食、引官差捉拿洪家兄弟者,死在刀箭之下而亡。查出洗身";第十二誓;"入洪门之后,洪家兄弟与自己同胞亲戚争斗,只可解劝,不可帮助亲戚打兄弟。如有不法之人扶助亲戚打洪门兄弟者,死在五雷打死,沉江钉海而亡。查出打一百零八棍";第十七誓;"入洪门之后,洪家兄弟看守□方田禾对象,不得私下盗窃。如有(不)法相争地方,私下盗窃,以及通外人来抢夺者,死在万刀之下,五路分尸而亡。查出去顺风";第十八誓:"入洪门之后,洪家兄弟未尝结拜之时,即有杀父兄之仇,今既入洪(门)之内,即是同胞手足一般。如有不法之人记念前仇旧怨不改却者,死在江洋大海,身尸不得周全";第二十五誓:"入洪门之后,洪家兄弟若(有)被外人、富强、大族欺负,务要通知众兄弟出力报仇。如有不法之人见兄弟被人欺负,不肯出力相救者,死在妇人之手而亡。查出打十八棍。"① 平山周所记版本,类似的规定则体现在第四誓;"所有洪家兄弟,未相识挂牌号,说起投机,必要相认。如有不相认者,死在万刀之下";第十四誓;"私劫兄弟财物,暗帮外人抢夺兄弟财物者,五雷诛灭";第二十誓;"有兄弟被人打骂,必要向前。有理相帮,无理相劝。若系屡次被人欺他者,即传知众兄弟商议。若其家贫,必要帮助钱财,代他出气。如无钱者出力,不得诈作不知。如有犯此例者,五雷诛灭";第二十二誓;"或赌博场中,不得使假吞骗兄弟钱财。有官府追拿,即时通知他途走为上。如有不知者,死在万刀之下";第三十誓;"不得以外人包押货物,指东话西。庇外人骗吞兄弟

---

① 萧一山:《近代秘密社会史料》,第219—229页。

者，死在万刀之下。"①

内外有别、爱有差等的规定，在洪门其他的规范中也有体现。《十禁》第七禁规定："兄弟与外人争斗而来告知，必当赴援；诈为不知而不赴援，笞一百八。"《十刑》第五刑规定："结识外人以侮辱兄弟者，笞一百八。"第九刑规定："违反兄弟之情而与其亲戚争斗者，笞七十二。"②

综上所述，洪门在关于"内外有别"方面制定了诸多规范，总体而言，重点是强调在会员和外人发生冲突时必须立场鲜明地站在会员一边，归纳起来，主要为以下两个方面：一是要维护会员的物质利益，如规定"自入洪门之后，但系洪家兄弟看守地方，毋得引贼入境盗窃兄弟所看之处财物"；"洪门兄弟若遇赌博，毋得同场过子，勾引外人局骗洪家兄弟银两衣物"等。二是会员的人身安全受到外人威胁时，必须帮助会员，如规定"遇有兄弟被人打骂，必须向前，有理相帮，无理相劝，如屡次被人欺侮者，即代传知众兄弟，商议办法，或各出钱财，代为争气，无钱出力，不得诈作不知"；"洪家兄弟在圩场、市镇、戏场、庙地与风仔打架，挂起排号，立即向前相掷"等。③ 从社会关系的角度看，这些规定显然是要求每个会员在外人面前维护其他会员的利益时，可以不论其是非曲直，尽管这样会带有明显的蛮横性，但也能较好地向会员表明组织对"兄弟情谊"的重视，进而彰显组织"团结互助"的宗旨。

二 儒家"亲属不分财"精神与近代洪门组织对内部交往的规定

从内部成员交往的角度，根据礼教"亲属不分财"等道德伦理规范，洪门组织规范要求每个会员必须为其他会员提供必要的帮助特别是物质方面的帮助。这方面的规定，仍以《三十六誓》的记载最为详细、具体。其中，在有序的《三十六誓》中，类似的规定体现在第三誓："自入洪门之后，洪家兄弟有大祸临身，寄妻托子，火虽要谨慎收留，毋得反目无情，推却不理。如有不依者，晴天五雷诛灭"；第五誓："自入洪门之后，

---

① ［日］平山周：《中国秘密社会史》，第44—48页。
② 李子峰：《海底》，第248—249页。
③ 参见萧一山《近代秘密社会史料》，第217—231页。

洪家兄弟两京十三省由路到来，火虽要收留，一宿两餐，若无藏身，挪些度费。如有不依者，死在万刀之下"；第七誓；"自入洪门之后，洪家兄弟有红白二事，钱银不敷，火虽要通全各兄弟，挪些钱银，以念结义之情。如有不依者，立即要睡红凳"；第十六誓："自入洪门之后，洪家兄弟不论当差食粮，或在衙门走动，若遇兄弟有官非口舌，火虽要通全指引。如不依者，死在万刀之下"；第三十四誓："自入洪门之后，洪家兄弟身故无银殡葬，若是到来科盍（后作合），有多科多，无多科少，以免外人耻笑。如不依者，死在万刀之下。"有诗的《三十六誓》主要表现在第二十六誓："自入洪门之后，十分忠心义气，劳内兄弟父母妻百寿涎（即诞）以及身故，求借无门，不得殡葬，就要通知各兄弟，须科甲银钱，买棺木殡葬。如有不依者，神监察"；第二十八誓："自入洪门之后，誓过每愿，须要铜肝铁胆，手足相顾，患难相扶，疾病相侍。不得在神前社庙香火堂中，私自解愿，越解越深，如有不依者，五雷诛灭而亡。"有罚规的《三十六誓》主要体现在第四誓："入洪门之后，洪家兄弟闯出事来，有官差来捉拿，须当打救兄弟出关，不得阻挡。如有不法之人不肯救兄弟出关，以及阻挡者，五雷打死，拖尸而亡。查出打一百零八棍"；第九誓："入洪门之后，洪家兄弟到来相探，须以礼相待，有粥食粥，有饭食（饭），不可弃嫌无菜，如有不正之人弃嫌兄弟，传说于人，臭自己兄弟名声者，死在万刀之下。查出打十八棍"；第十三誓："入洪门之后，洪家兄弟犯（法）逃走到尔家中，须要打救出关过路。如有不法之人见兄弟犯难不肯相救，不应承兄弟者，死在乱刀分尸而亡。查出打百零八棍"；第十五誓："入洪门之后，洪家兄弟（如）有红白吉凶以及百年送终之事，倘家贫无费，须通知众兄弟相赠。如有不法之人不肯出钱相赠兄弟者，死在吐血而亡。查出打三十六棍。"[1] 平山周所记《三十六誓》版本，类似的规定则体现在第二誓："倘有父母兄弟，百年归寿，无银埋葬，有白燐飞到求兄弟相帮，必要通知各兄弟，有多帮多，无钱出力，以完其事。如有诈作不知者，五雷诛灭"；第三誓："各省外洋兄弟，不论士农工商、江湖之客到来，必要支留一宿两餐。如有不思

---

[1] 萧一山：《近代秘密社会史料》，第218—228页。

亲情，诈作不知，以外人相看者，死在万刀之下"；第六誓："凡我洪家兄弟，不得做线捉拿洪家兄弟。倘有旧仇宿恨，必要传齐众兄弟，判其是非曲直，当众决断，不得记恨在心。倘有不知者，捉错兄弟，需要放他途走。如有不遵此例者，五雷诛灭"；第七誓："兄弟患难之时，无银走路，必要相帮，钱银水脚，无论多少。如有不念亲情者，五雷诛灭"；第十誓："兄弟寄托银钱以及什物，必要尽心交妥，逮到支还。如有私骗者，死在万刀之下"；第十一誓："兄弟寄妻托子，或有要事相托，如不做者，五雷诛灭"；第十九誓："兄弟被捉去或出外日久，不得回家，留下妻儿子女，无人倚靠，必要留心帮助，以得长大成人。如有诈作不知者，五雷诛灭"；第二十一誓："各省以及外洋兄弟，文书以及物件，有官府追拿，即时通知他途走为上。如有不知者，死在万刀之下。"①

除了《三十六誓》，洪门其他的组织规范中也有要求会员必须在物质方面对其他会员提供帮助的规定。《二十一则》第十三则规定："可救兄弟之时不救助，或诈作不知者，刵两耳，并加笞百八。"《十禁》第二禁规定："兄弟之父母死后，无力埋葬，告贷于兄弟者，无论何人，不能抗拒；抗拒者，刵其两耳。再拒者，再加重刑。"第三禁规定："兄弟诉说穷乏而借贷者，不能拒绝。若侮辱之或严拒之，刵其两耳，再拒则再加重。"第九禁规定："兄弟遭遇困厄，必当贷以金钱。"第十禁规定："兄弟危急时，或遭官吏之悬赏而被捕缚，告知后不可不救。不可诈托不知而规避，违者迟一百八。"②

就上述规定的内容来看，除了要求在会员触犯法律时为其提供必要的帮助以助其逃脱法律的惩罚外，还非常强调在某个会员陷入经济困境时，其他会员必须为其提供必要的物质帮助。③ 这些规定，显然是要求在会员之间比照亲属关系，实施博爱措施，以尽可能地满足会员的物质、精神等需求，凸显洪门对"义气"的重视。正因为如此，对会党情况颇为了解的孙中山才会指出："以博爱施之，使彼手足相顾，患难相扶，此

---

① ［日］平山周：《中国秘密社会史》，第44—47页。
② 李子峰：《海底》，第247—248页。
③ 参见萧一山《近代秘密社会史料》，第177—232页。

最合江湖旅客、无家游子之需要也。"① 而其博爱的思想基础正是礼教所宣扬的近亲属之间有义务互相提供物质财利等帮助的教义。

不过需要注意的是，近代洪门对"内外有别、以爱亲为中心"的礼教精神进行了修改。此点可以从《三十六誓》看出来。在《三十六誓》中，洪门有意强化了内外亲疏有别的精神，过分强调了对"内"、对"亲"的支持、帮助，而淡化了对"外"、对"疏"的关爱。从上文可知，在四个不同版本的《三十六誓》中，每一个版本都有不少条文专门规定对会员的帮助。与此相比较，对非会员关照的规定则少得很，在四个版本的《三十六誓》中，总共只有三条相关的规定，即有罚规本的第廿四誓，有序本的第十三誓，平山周所记版本的第三十一誓，其中心意思就是要求"勿恃我洪家人多，倚势欺虐外人，不得横行凶恶"。由此不难看出，天地会只是注重对内部人员的关爱，而对外人则非但不关爱，甚至还允许侵害，如规定对会员的妻女不能欺侮，但并没有规定对非会员的妻女不能欺侮；规定不能抢劫会员的财物，但允许抢劫非会员的财物。如此，就导致天地会成员经常"掳掠乡村，扰害良民，奸邪淫乱，无所不至"，② 以致使他们"最为闾阎之害"。③ 此种事例不胜枚举，兹列举一二。"（道光）三十年夏间，陈庆真因在广东稔知三点会即添弟会歌诀、口号，起意改立小刀会名目结伙敛钱，并图抢劫遇事复得帮助，与王泉商允，遂各分纠。""嗣陈庆真因入会无多，又与王泉扬言，不入会者即纠众抢掳。因之同安、龙溪、海澄三县乡民亦多被（诱）入会，借保身家。"④ 福建漳州、泉州的小刀会声言"入会则上至省城下至广东，皆有资粮相助，免至乏食。不数日间，入会者已近数万人。……千百成群，强派各处殷户，截抢各处贩夫，或入会或助粮，从者平安无事，不从者灾祸立至。其右大姓强宗殷户未易吓索者，该匪声言于起事时即先

---

① 孙中山：《孙中山选集》，第 195 页。
② 《天道情理书》，太平天国历史博物馆编《太平天国印书》（下册），江苏人民出版社 1979 年版，第 524 页。
③ 中国人民大学清史研究所、中国第一历史档案馆合编《天地会》第 6 册，第 523 页。
④ 裕泰、徐继畬：《拿获并审拟漳泉二府陈庆真、王泉等结立小刀会》，咸丰元年五月十六日，《清代秘密结社档案辑印》第 9 册，第 3192—3193 页。

问罪。故始而桀黠者为之,今而谨愿者亦从之;始而无赖者为之,今而殷富者亦从之。蔓延数百乡,横行郡县。"① 在广西"桂林一带,会匪本多,为首之犯大率放票敛钱,纠伙抢劫,洵为法所难宽。其间良懦乡民被逼入会者,亦多迫于不得已"。② 在湖南,"风气强悍,素多伏莽。其初无非军营散勇沾染习气已深,不能复安耕凿,勾结无业游民立会放票,小而索诈,大而劫掠,苟图得财而已。乃自庚子岁,富有票匪蔓延入湘,而后内地匪徒群相效尤,包藏祸心,潜谋不轨,历经严加搜捕,根株尚未尽绝"。③ 在江西,"会匪常出没其间,以卖票为敛钱,以甘言为诱惑,乡愚利其所费无几,买票一张,既可以保身家,又可以到处吃饭,趋之若鹜,深信不疑,虽文告频频,终莫能解其惑"④。在广东,"光绪三十一年(1905),钟金胜、钟增辉先后听从在逃之钟亚仰等,连抢连州童姓、周姓、王姓家妇女幼孩共四口,均各卖钱分用。十二月间,在逃之余绍兴即朝兴,起意纠邀钟金胜、钟增辉、叶定山(三点会头目)并在逃之钟亚奇等二十余人,扮作弁勇,冒充保安局勇,借查匪为名,伙劫广东翁源县桂山勇厂,得赃分用后,闻查拿严紧,该匪等外出逃避。雇用王典勋即老王作火夫,与被拿格毙之三点会头目钟綮元,同住李茂古家内,谭猪仔先在李茂古佣工,曾与王典勋先后各自听从李彬古登伙窃刘金古等家耕牛器物,并拦劫不知名过客银钱油谷等件"⑤。

而礼教虽然要求内外有别,但也重视由爱自己、爱亲人,扩展到爱民、爱万物,即《礼记》所言"故人不独亲其亲,不独子其子,使老有所终,壮有所用,幼有所长,鳏寡孤独废疾者,皆有所养"(《礼记·礼

---

① 陈庆镛:《请旨严饬地方官迅速查办漳泉各处小刀会》,咸丰元年正月二十六日,黎青主编《清代秘密结社档案辑印》第9册,第3189页。
② 《广西巡抚丁振铎奏遵旨复陈剿办桂林等地会党情形折》,光绪二十八年二月二十三日,军录,《辛亥革命前十年间民变档案史料》(下册),第494页。
③ 陆元鼎:《署湖南巡抚陆元鼎奏湖南节次拿办会党汇案具报折》,光绪三十年十二月十七日,军录,《辛亥革命前十年间民变档案史料》(上册),第396—397页。
④ 吴重熹:《江西巡抚吴重熹奏遵旨复剿办抚州会党缘由折》,光绪三十二年九月十六日,军录,《辛亥革命前十年间民变档案史料》(上册),第314页。
⑤ 吴重熹:《江西巡抚吴重熹奏拿获三点会头目分别惩办折》,光绪三十二年十一月二十七日,朱折,《辛亥革命前十年间民变档案史料》(上册),第320页。

运》)。孟子则指出:"君子之于物也,爱之而弗仁。于民也,仁之而弗亲。亲亲而仁民,仁民而爱物。""仁者无不爱也。"(《孟子·尽心上》)董仲舒也认为"人不被其爱,虽厚自爱,不予为仁"(《春秋繁露·仁义法》)。而天地会《三十六誓》等组织规范明显过分强调了对"内"、对"亲"的支持、帮助,而一定程度上漠视甚至侵害其他民众的利益,显然对礼教"内外有别、以爱亲为中心"的思想进行了修改,有悖于该思想原本的精神。

第三节　士绅加入——近代洪门的组织性质受到儒家思想影响的内在因素

一　士绅加入会党概况

近代洪门的组织性质之所以会受到儒家思想的影响,除了社会主流文化的影响外,与近代洪门组织成分的变动有较大关系,突出表现为部分士绅加入了洪门。士绅的加入,成为影响近代广东洪门的组织性质的一个内在因素。

鸦片战争后,近代中国社会结构开始发生根本性转型,反映在社会阶层结构上,"士农工商"的结构出现了裂变,"士农工商"之间严格的等级结构逐渐向"士官商民混一无别"的方向转化,① 知识分子阶层内部的分化加剧,一部分知识分子转化为买办、商人,也有一部分知识分子向社会下层流动,其中不少人加入了会党。对于知识分子加入会党的情况,赵沅英在《红兵纪事》中记载咸丰四年(1854)新会县天地会起义时,有诸多记载:

"匪即□□□□树红旗……然红旗既树,四面土妖皆应。又有张蛟、龙兄弟助逆。张龙家万金,为众匪逼令树旗,恣劫乡里,复有举人秀才助之,打单得赀甚丰。亦有举人秀士甘为贼心腹者,滘江赵泰来古学著名学海堂父与弟皆登黉序,只以吸洋烟丧检,与瑞俊(即新会天地会首

---

① 民国《海宁州志稿》卷24《杂志·风俗》,第4329页。

领吕萃晋——引者注）相昵，遂为之掌书记。"①

"邑之初被围也，四乡拜会之匪甚炽，山谷渔户悉为妖氛。东方潮连诘里举人生员，亦入洪门之会。有举人李式金为会匪师长，诱诸生入议守御事，尽劫之拜会，均哭不欲拜，卒不得免。……西门外沙堤里有文士钟群兴者，党西方匪首黄连。""阿妈相欲拜会于乡中，父老不许，乃拜于皮子村关帝庙前，共党五六百人，中有监生职员十余人，或畏祸从焉，或逐利而趋焉。……后阿妈相虑房分孤弱，不敢为首，让于少鹜烈及咸鱼鳞。烈监生平之子也，咸鱼鳞以贩咸鱼起家，捐监生，族皆强大，二人遂纵横。保证濂入会，助鱼鳞甚力。"②

陈殿兰在《冈城枕戈记》中，对新会知识分子加入天地会起义军的情况也有记载："更可异者，东北方荷塘、石头等乡，以搢绅倡逆。更有明经、诸生为贼说合打单，从中取利，居然穿梨园衣冠，坐竹轿来往招摇，不以为怪。"③

除了新会县外，其他地方的知识分子亦纷纷加入会党。在佛山，"红巾初起，与金陵洪逆应，其伪檄有'遥承节钺，坐拥旌旄'之语，革'举'老某所为"④。而监生黎李大与文生员黎因可，"前曾起旗，今在下溏地方团练壮勇数百，明为乡勇，暗往佛山领取贼匪口粮"⑤。在惠州，"逆'衿'苏养材等煽诱近城九乡，潜与贼应"⑥。在海丰，黄履恭等人"勾结陆邑三点会，在内拜盟结会。逆'衿'黄殿元、洪连馨、吴献芹等多潜与共谋"⑦。在番禺，监生屈广凌、屈应昌，文生员陈昭，均充当广东天地会起义军首领陈显良的参谋；武生员陈骧为陈显良"总管军务事，或

---

① 赵沅英：《红兵纪事》，中国科学院历史研究所第三所编《近代史资料》1955年第3期，第95页。
② 同上书，第98—99页。
③ 陈殿兰辑：《冈城枕戈记》，广东文史馆、中山大学历史系合编《广东洪兵起义史料》中册，第916页。
④ 民国《佛山忠义乡志》卷11《乡事》，第14—15页。
⑤ 《有意起旗各首领姓名》，广东文史馆、中山大学历史系合编《广东洪兵起义史料》（上册），第227页。
⑥ 光绪《惠州府志》卷18《郡事下》，第25页。
⑦ 同治《海丰县志续编·邑事》，第34—35页。

在省打听事情";另一位武生员陈锦芳则担任陈显良的副总管。① "顺德县仕版乡劣绅何元勋,监生,年约三十余岁,在该乡贼营当伪军师,家内聚集百十余人,掳人勒赎,用别拷打,现复包庇匪徒,不肯解办。"② "生员刘梦熊,顺德安教乡人。系会匪头目,曾带匪徒往攻新会县城。"③ 在灵山县,绅士仇汝明主动联系广西会党首领李文彩(李七),并"将女送与李七为妾,纠其到横、灵交界之西凝墟结巢,冀立伊为此方之寨主"④。

诸多知识分子加入会党,往往容易形成榜样效应,从而激励一些尚未加入会党而又境遇不佳的知识分子投身会党。一个典型的例子发生于咸丰五年(1855)的广东鹤山。据载,彼时"突有靖村余章标在龙山教读,见顺德附近数县洪匪竖旗,虽翰林、进士、举贡、附廪亦入其伙中,钱银堆积,供给异常,遽怀逆志,垂涎旋里,诱本都土匪,拟吴三兴为大元帅,梁熙烈、李嘉瑞为元帅,余章标为参谋,竖旗谋逆"。⑤

在广西兴安,"通县'举贡生监'拜台结会为逆"⑥。在宾州,"逆武举谢必魁导黄鼎凤复陷州城"⑦。在玉林,"云岭村土恶生员杨某,自陷该村并下垌黄家庄,胁令转红"⑧。在贵县,咸丰四年(1854)七月"(广东天地会成员)冯二与逆贼黄全义、王兴福、逆衿黄焱琨、汤聘三等,在城外棉花街德声店密议……十六日,逆衿黄庆蕃、李棣榜设立团局,请官招黄全义、王兴福、梁超、李二胡等二十余名贼首为勇目,看守各街,贼亦伪从官谕,实已盘踞县城……并在各街开设赌场,红带红辫,

---

① 《新造大营主要头目名单》,广东文史馆、中山大学历史系合编《广东洪兵起义史料》(上册),第235页—236页。
② 《顺德县仕版乡劣绅何元勋》,广东文史馆、中山大学历史系合编《广东洪兵起义史料》(上册),第253页。
③ 《顺德安教乡起事头目刘梦熊》,广东文史馆、中山大学历史系合编《广东洪兵起义史料》(上册),第254页。
④ 太平天国革命时期广西农民起义资料编辑组:《太平天国革命时期广西农民起义资料》(下册),第310页。
⑤ 麦秉钧:《鹤山麦氏族谱及舆图记事论略》,广东文史馆、中山大学历史系合编《广东洪兵起义史料》(中册),第1018页。
⑥ 严正基:《论粤西贼情兵事始末》,《皇朝经世文续编》卷94《兵政·剿匪二》,第3903页。
⑦ 光绪《宾州志》卷13《纪事》,第128页。
⑧ 光绪《玉林州志》卷18《纪事编》,第32—33页。

填塞街巷"。① 咸丰四年（1854）十月，"安义堂许英、公义堂朱盛洪（朱洪英）踞秧家村，招广匪刘赞成、刘贵秀，潜结武生余觐文、廪生常振乾，会合顺义、广义各堂匪，窜踞西岭，约万余人，皆著红巾"。② 咸丰八年（1858）"冬十一月初五日，逆武举谢必魁导黄鼎凤复陷（宾）州城，署知州任秉钰死之"。③ 举人黄庆蕃则充任大成国怀城县令，生员袁镜为大成国平南县知县，举人杨朝枢为大成国铜州府知府。此外，广西天地会著名首领周永年、广西天地会政权延陵国的创建者吴凌云亦为知识分子出身。而湖南会党，除了著名首领焦亮出身于知识分子外，"富人及士绅亦有加入者。成分虽较前复杂，势力则较前厚矣"④。在四川，"绅衿与哥老会多合为一气"。⑤ 在浙江，"获（金钱会）匪首多名，内多殷富绅衿、读书有名之人"。⑥ 及至取消科举，"前闻举员生监，以考试既停无所希冀，诗书废弃，失业者多，大半流入会党"⑦。

二 士绅为何加入会党

何以会有如此多的士绅与天地会合作呢？这主要是士绅阶层当时面临着来自社会的巨大推力和拉力。

就推力而言，主要来自社会所赋予士绅们的结构性压力，正是这一压力，把部分士绅推向了天地会起义军。从社会结构看，咸同之际的中国社会仍然属于传统社会，社会对士绅的要求也仍然是"学而优则仕"，以士绅是否实现了功名、学品、学衔的提升特别是能否入仕，作为判断其是否成功的标准。但对绝大多数士绅而言，功名、学品、学衔特别是

---

① 光绪《贵县志》卷6《纪事》，第8—9页。
② 光绪《股匪总录》卷2，光绪十五年刻本，第25页。
③ 光绪《宾州志》卷13《纪事》，第127—128页。
④ 全国政协文史资料委员会编：《辛亥革命回忆录》第3册，文史资料出版社1962年版，第241页。
⑤ 范爱众：《辛亥四川首难记》，邱权政、杜春和选编《辛亥革命史料选辑》（下册），湖南人民出版社1981年版，第188页。
⑥ 高南英：《记匪患》，马允伦编《太平天国时期温州史料汇编》，上海社会科学院出版社2002年版，第259页。
⑦ 《给事中李灼华奏学堂难恃拟请兼行科举折》（光绪三十二年八月十一日），故宫博物院明清档案部编《清末筹备立宪档案史料》（下册），中华书局1979年版，第995页。

官职，乃是稀缺资源，获得的机会非常有限。从科举来看，每次考试，朝廷录取的进士和举人人数都极其有限。就举人而言，"平均起来，逢乡试年太平天国前可有约 1400 人中举，太平天国后有 1500 人中举"。① 就进士而言，每次会试所授予的进士人数，少则 100 余人，多则不过 300 余人。② 如此少的录取名额，分配给各省的名额自然就更少了。以光绪年间广西省为例，光绪七年（1881），广西全省的中举名额仅为 45 名。光绪十五年（1889），当年全国共录取进士 318 名，其中广西仅为 13 名。其他一些会党比较活跃的省份，所录取的人数也比较少。仍以光绪十五年（1889）录取进士为例，当年，陕西录取 14 名，湖南录取 14 名，广东录取 16 名，四川录取 14 名，云南录取 12 名，贵州录取 11 名。③ 考虑到太平天国后中举和中进士的名额略高于太平天国前，④ 那么咸同之际以及此前的广西等省份，被录取为举人和进士的人数只会更少而不会更多。从入仕来看，进士一般都能授予实职，举人有大约三分之一能授职，而生员能授职的则只有百分之几。⑤ 如此少的科举录取人数和入仕人数，使绝大多数士绅很难在功名、学品、学衔以及仕途上获得提升。这意味着，咸同之际的绝大多数中国士绅都不得不面临着成功目标难以实现的巨大压力。为了实现成功的目标，有些士绅便不惜加入天地会起义军，即是咸同之际一种可供选择的非法手段。

就拉力而言，主要来源于天地会起义军积极招揽知识分子并加以重用的策略。咸同之际的广西天地会起义军，特别是那些建立了政权的起义军，为了谋得更好发展，都积极招揽知识分子并切实加以重用。如咸丰七年（1857）二月，天地会范亚音部攻占北流城，"于北流城置铜州府，以举人杨朝枢为知府。又设陵城县，以平南革生袁镜为知县"。⑥

---

① 张仲礼：《中国绅士——关于其在 19 世纪中国社会中作用的研究》，上海社会科学院出版社 1991 年版，第 124 页。
② 同上书，第 161 页。
③ 《清德宗实录》卷 268，光绪十五年三月，中华书局 1987 年版，第 591—592 页。
④ 张仲礼：《中国绅士——关于其在 19 世纪中国社会中作用的研究》，第 120—123 页。
⑤ 同上书，第 116—117 页。
⑥ 光绪《容县志》卷 27《旧闻志·前事下》，第 13 页。

咸丰七年（1857），黄鼎凤率部攻占宾州城，"是冬，鼎凤改宾州为临浦州，以逆绅谢秉彝为伪州牧"。① 而举人黄庆蕃先是充任了"大成国"怀城县令，后又任临浦州知州。除了将那些投靠起义军的士绅授以知县、知府等要职外，起义军还将一些士绅任命为了职责更重的军师之职，如容县天地会首领范亚音"竖红旗，招'文士'为幕客"。② 在思恩，天地会"以'附生'覃卓类为军师"。③ 而陈开亦以生员陈鼎勋为军师。④ 在玉林，天地会"有劣'生'为谋主"。⑤ 天地会起义军重用知识分子的策略，对那些难以入仕的士绅而言，无疑具有较大的吸引力，因为这有助于他们实现入仕的梦想。尽管加入起义军会有极大的政治与人身风险，但这一吸引力还是将不少士绅从统治者的阵营拉到了起义军的阵营。

当然，也有部分知识分子是被迫加入会党起义军的。如咸丰年间，在广东德庆，天地会起义后，"贼遍刮富室，劫绅士为之助"。⑥ 而信宜绅士甘文鉴亦"被贼胁降两年"。⑦ 这部分知识分子加入会党后，因情非所愿，所以极易背叛会党。如甘文鉴后来就与清军建立了联系，"欲为内应。适前肇罗道幕友陷贼之陈瑞焘同志，遂函商密订谋于郑金，枭陈逆（即陈金钉——引者注）首，投诚薙发，解散贼党"⑧。而郑金作为陈金钉的主要将领，最终杀害了陈金钉，投降了清军，与甘文鉴、陈瑞焘的鼓动不无关系。

总之，正是因为咸同之际的中国社会存在上述两种推力和拉力，再加上其他一些因素如贫困、暴力威逼等的作用，使不少士绅背离了自己原来的阶层。虽然背离者只占整个中国士绅阶层的少数，但已造成了咸同之际中国士绅阶层的深刻分化。这一分化从一个侧面表明，19世纪末

---

① 光绪《宾州志》卷13《纪事》，第127—128页。
② 光绪《容县志》卷27《旧闻志·前事下》，第8页。
③ 民国《思恩县志·政治·寇警》，第25页。
④ 光绪《玉林州志》卷18《纪事编》，第60页。
⑤ 同上书，第26页。
⑥ 光绪《德庆州志》卷15《旧闻志·纪事》，第769页。
⑦ 光绪《茂名县志》卷8《纪述·兵事》，第40页。
⑧ 同上。

的中国社会的阶层结构已经开始发生某种变化，并昭示着在未来的社会变革中，士绅阶层结构有可能发生进一步的分化。

三 士绅在会党组织中的地位及影响

需要注意的是，知识分子虽然在会党中人数不多，不足以彻底改变会党的组织性质，但通常都在会党中扮演着"军师""参谋""参赞"之类的主谋角色。

在广东德庆，"咸丰甲寅土寇之变，往往以'庠序生'为贼谋主"①。在揭阳，生员林春华为揭阳天地会首领林元凯的军师。② 在广西玉林，天地会"有劣'生'为谋主"③。容县天地会首领范亚音则"竖红旗，招'文士'为幕客"④。在思恩，天地会"以'附生'覃卓类为军师"⑤。而陈开亦曾以生员陈鼎勋为军师。⑥ 必须指出的是，军师的职责除了出谋划策外，还要参与有关文件的起草与书写，如黄鼎凤的军师邹竹歧即能造"尧天五典"。不仅如此，有的知识分子（如生员吴凌云、生员刘梦熊、举人老介幅等）甚至直接就担任了起义军的首领。较高的组织地位，使这些加入会党的知识分子很容易在会党组织中传播儒家思想，如此，近代洪门的组织性质受到儒家思想的一定影响，就很自然了。

表5—2 咸丰年间广东天地会起义军中部分知识分子任职情况统计

姓名	身份	所属起义军	所任起义军职务
潘鸿光	武举	佛山	元帅
黎李大	监生	佛山	不详
黎因可	文生员	佛山	不详

---

① 光绪《德庆州志》卷11人《物志·列传》，第26—27页。
② 民国《潮州志·大事志二》，第38页
③ 光绪《玉林州志》卷18《纪事编》，第26页。
④ 光绪《容县志》卷27《旧闻志·前事下》，第8页。
⑤ 民国《思恩县志·政治·寇警》，第25页。
⑥ 光绪《玉林州志》卷18《纪事编》，第60页。

续表

姓名	身份	所属起义军	所任起义军职务
屈广凌	监生	番禺	参谋
屈应昌	监生	番禺	参谋
陈昭	文生员	番禺	参谋
陈骧	武生员	番禺	军务总管
陈锦芳	武生员	番禺	副总管
何元勋	监生	顺德	军师
刘梦熊	生员	顺德	首领
胡泳三	武生	顺德	都督
胡凝光	监生	顺德	司马
余葆光	监生	顺德	师爷
梁鹏	监生	顺德	参赞
辛公纪	监生	顺德	参赞
刘建勋	武举	广州	元帅
骆东昌	监生	广州	军师
老介幅	举人	南海	元帅
关鸾飞	举人	南海	军师
吕萃晋	监生	新会	首领
伍百吉	武生	高要	首领
黄贤芳	武生	四会	不详
周干	廪生	花县	军师
毕亦杨	武生	花县	军师
何耀垣	监生	香山	军师
麦殿鳌	武监生	香山	副帅
梁光槐	贡生	三水	副帅
崔国梁	武生	清远	都督
李阿云	武生	河源	首领
何澍霖	生员	鹤山	军师
黎锦芳	生员	封川	不详
何经	生员	罗定	军师
招大席箍	庠生	罗定	头目
何灿恭	监生	开平	头目

续表

姓名	身份	所属起义军	所任起义军职务
李可钟	生员	信宜	不详
余章标	不详	鹤山	参谋
杨臣尧	生员	潮州	参谋
刘财宝	武生	潮州	不详
林春华	生员	揭阳	军师

资料来源：广东文史馆、中山大学历史系合编《广东洪兵起义史料》、广东地方志。

综上所述，从组织宗旨、组织规范、组织成分等几个方面来考察，近代洪门的组织性质的确定，不仅与洪门成员解决生计问题的迫切需要有直接关系，也与儒家文化的影响有密切关系。而儒家文化之所以会对近代广东洪门的组织性质发生影响，又与晚清社会变迁有密切关系，尤其是晚清所实施的强制性捐输制度、不合理的科举制度等制度性因素，使儒家思想得以直接或间接对近代洪门性质的确定造成影响。但必须注意的是，近代洪门的组织性质虽然受到了儒家思想的影响，并不意味着其对社会变迁有着更多的积极功能，在本质上，它仍然属于民间秘密结社，其他会党亦然。

参考文献

一 档案资料

中国人民大学清史研究所、中国第一历史档案馆合编《天地会》。

中国第一历史档案馆编：《清政府镇压太平天国档案史料》。

中国第一历史档案馆、北京师范大学历史系合编《辛亥革命前十年间民变档案史料》。

中国第二历史档案馆编：《中华民国档案资料汇编》。

黎青：《清代秘密结社档案辑印》，言实出版社1999年版。

故宫博物院明清档案部编：《清末筹备立宪档案史料》，中华书局1979年版。

《林则徐使粤督粤未刊奏稿》，《中山大学学报》1988年第1期。

中国第一历史档案馆编：《道光三十年四至九月两广会党反清斗争史料》，《历史档案》1995年第1期。

中国第一历史档案馆编：《道光三十年清政府镇压广东等地会众反清斗争史料》，《历史档案》1996年第2期。

中国第一历史档案馆编：《同治年间哥老会史料》，《历史档案》1998年第4期。

中国第一历史档案馆郭美兰编选：《光绪三十三年徐锡麟刺杀安徽巡抚恩铭档案》，《历史档案》2011年第4期。

中国第一历史档案馆王征编选：《光绪三十三年浙江办理秋瑾案档案》，《历史档案》2011年第4期。

二 史料集

中国人民政治协商会议广东委员会文史资料研究委员会编：《广东辛亥革命史料》，广东人民出版社1981年版。

［日］佐佐木正哉：《清末的秘密结社（资料编）》，日本近代中国研究委员会1967年版。

《河北文史资料》编辑部编：《近代中国帮会内幕》，群众出版社1991年版。

《清实录》，中华书局1986年影印本。

《太平天国》资料丛刊，上海人民出版社1957年版。

《太平天国文献史料集》，中国社会科学出版社1982年版。

《太平天国印书》，江苏人民出版社1979年版。

《中共中央抗日民族统一战线文件选编》，档案出版社1986年版。

戴魏光：《洪门史》，河北人民出版社1990年影印本。

邓之诚、谢兴尧等编：《太平天国资料》，沈云龙主编《近代中国史料丛刊续编》第36辑，（台湾）文海出版社1976年版。

第二历史档案馆编：《民国帮会要录》，档案出版社1993年版。

冯自由：《革命逸史》，新星出版社2009年版。

复办大洪山主熊社曦编：《金不换》（帮会史资料丛刊），民国三十六年仲夏印行。

葛士濬：《皇朝经世文续编》，沈云龙主编《近代中国史料丛刊》第75辑，（台湾）文海出版社1972年影印本。

广东文史馆、中山大学历史系合编《广东洪兵起义史料》，广东人民出版社1996年版。

郭廷以编：《近代中国史事日志》，中华书局1987年版。

洪卜仁主编：《闽南小刀会起义史料选编》，鹭江出版社1994年版。

金毓黻、田余庆等编：《太平天国史料》，中华书局1955年版。

李印：《大洪山金不换》，古亭书屋1975年版。

李子峰：《海底》，江西教育出版社2010年版。

刘师亮：《汉留全史》，中外印刷公司1935年版。

濮文起、刘燕远编：《中国会党史料集成》，北京图书馆出版社 1999 年版。

丘权政、杜春和编：《辛亥革命史料选辑续编》，湖南人民出版社 1983 年版。

上海师范大学历史系中国近代史研究室、中国第一历史档案馆编辑部编：《福建上海小刀会档案史料汇编》，福建人民出版社 1993 年版。

上海通社辑：《太平军、小刀会乱沪史料》，沈云龙主编《近代中国史料丛刊》第 24 辑，（台湾）文海出版社 1985 年版。

盛康辑：《皇朝经世文续编》，沈云龙主编《近代中国史料丛刊》第 85 辑，（台湾）文海出版社 1980 年影印本。

苏凤文：《股匪总录》，光绪十五年刻本。

太平天国革命时期广西农民起义资料编辑组：《太平天国革命时期广西农民起义资料》（上、下册），中华书局 1978 年版。

田桐续编：《辛亥革命史料选辑》，湖南人民出版社 1983 年版。

卫大法师：《帮》，重庆说文社 1947 年版。

吴继荣：《近三百年来的清帮》，（台湾）大方文化事业公司出版（无出版时间）。

萧一山：《近代秘密社会史料》，岳麓书社 1986 年版。

徐珂：《清稗类钞》，中华书局 1986 年版。

杨松：《中国近代史资料选辑》，生活·读书·新知三联书店 1954 年版。

庾裕良、陈仁华：《广西会党资料汇编》，广西人民出版社 1989 年版。

张枬、王忍之编：《辛亥革命前十年间时论选集》（1—3 卷），生活·读书·新知三联书店 1963 年版。

中共中央书记处编：《六大以来》，人民出版社 1981 年版。

中国科学院上海历史研究所筹备委员会编：《上海小刀会起义史料汇编》，上海人民出版社 1958 年版。

中国人民政治协商会议广东委员会文史资料研究委员会编：《孙中山与辛亥革命史料专辑》，广东人民出版社 1981 年版。

中国史学会编：《辛亥革命》资料丛刊，上海人民出版社、上海书店出版社 2000 年版。

朱琳:《洪门志》,江西教育出版社2010年版。

朱寿朋编:《光绪东华录》,中华书局1958年版。

三　论文

[美]伊罗生:《流氓帮会与工人阶级》,李谦编译,章克生校,《史林》1990年第2期。

《东莞县响应太平天国革命的何六起义》,《中山大学学报》1959年第1、2期合刊。

蔡少卿:《略述晚清时期中国的秘密社会》,《清史研究通讯》1988年第1期。

潮龙起:《湘赣边界的哥老会与邓海山起义》,《南昌大学学报》(社会科学版)1997年第1期。

陈剑安:《广东会党与辛亥革命》,《纪念辛亥革命七十周年青年学术讨论会论文选》,中华书局1983年版。

陈剑安:《民国时期孙中山与会党关系研究》,《历史研究》1990年第2期。

陈列、钟珍维:《孙中山与会党》,《华南师范大学学报》(哲社版)1987年第4期。

陈卫民:《解放前的帮会与上海工人运动》,《史林》1993年第2期。

刁光全:《论苏元春爱国为民思想与张高友义军的影响》,《苏元春与壮族边疆开发建设学术研讨会论文汇编》,2007年。

丁身尊:《论辛亥革命时期的广东民军》,《近代史研究》1990年第2期。

丁旭光:《资产阶级革命派与广东会党》,《广东社会科学》1988年第1期。

杜德凤:《怎样看待李烈钧镇压江西会党》,《江西社会科学》1985年第2期。

杜德凤:《太平天国时期的凌十八起义》,《江西师范大学学报》1987年第4期。

方之光、崔之清:《张钊等叛降与金田起义史事考释》,《广西师范学院学报》1982年第4期。

古研氏：《中国秘密会党记》，《东方杂志》1911年第8卷第10号。

郭绪印：《洪门文化特点述评》，《上海师范大学学报》1990年第3期。

何玮：《中国近代家庭观的建构与女子教育——以〈妇女杂志〉征文活动为中心》，《华东师范大学学报》（哲学社会科学版）2012年第3期。

胡绳武：《民初会党问题》，《民国档案》1985年第1期。

华中师范学院历史系中国近代史教研组调查小组：《辛亥革命时期的鄂北江湖会》，《江汉学报》1961年第1期。

黄清根：《帮会与中国文化》，《江汉论坛》1994年第1期。

黄廷柱：《十九世纪中叶的广东天地会》，《学术研究》1962年第1期。

姜国钧：《"义气"词义演变探析》，《邵阳师范高等专科学校学报》2000年第6期。

鞠方安：《王韬的社会伦理思想探析》，《北京社会科学》1999年第2期。

雷冬文：《太平天国起义与广东天地会起义之差异》，《河南师范大学学报》2003年第2期。

梁岵庐：《关于〈陈开自述〉》，《光明日报》1962年3月28日。

林增平：《会党与辛亥革命》，《文史知识》1984年第9期。

林增平：《辛亥革命时期天地会的性质问题》，《学术月刊》1962年第2期。

林志杰《太平天国时期大成国起义述论》，《广西社会科学》1999年第5期。

刘平：《民间文化、江湖义气与会党的关系》，《清史研究》2002年第1期。

刘晔原：《关公信仰与传统心态》，《文史知识》1987年第1期。

罗尔纲：《太平天国与天地会关系考实》，《太平天国史论文选》（下册），生活·读书·新知三联书店1981年版。

骆宝善：《太平天国时期的广东天地会起义述略》，《中山大学学报》1982年第1期。

马冠武：《论雷再浩李沅发起义》，《广西民族学院学报》（哲学社会科学版）2002年第2期。

马西沙、程啸：《从罗教到青帮》，《南开史学》1984年第1期。

毛泽东：《中国社会各阶级的分析》，《毛泽东选集》（第 1 卷），人民出版社 1991 年版。

蒙培元：《略谈儒家的正义观》，《孔子研究》2011 年第 1 期。

欧阳恩良：《民俗文化与秘密社会》，《中国文化研究》2009 年秋之卷。

欧阳恩良：《清代民间文艺的繁荣与秘密会党伦理价值取向》，《江苏社会科学》2002 年第 5 期。

彭定光：《论清代婚姻道德生活》，《伦理学研究》2010 年第 6 期。

饶怀民：《金钱会性质新论》，《益阳师专学报》2000 年第 4 期。

饶怀民、周新国：《辛亥革命时期会党运动的特征和作用》，《求索》1990 年第 3 期。

饶任坤《大成国隆国公黄鼎凤》，《广西民族学院学报》（哲学社会科学版）1979 年第 4 期。

邵雍：《哥老会与辛亥革命》，《上海师范大学学报》1991 年第 3 期。

邵雍：《林俊起义述略》，《近代史研究》1988 年第 2 期。

邵雍：《论太平天国时期会党运动的特点》，《社会科学家》1991 年第 5 期。

邵雍：《日本侵略者利用中国帮会破坏抗战述略》，《上海师范大学学报》1997 年第 4 期。

邵雍：《中法战争期间的会党动向》，《学术论坛》1991 年第 3 期。

沈渭滨：《论辛亥革命时期的会党》，《复旦学报》（社科版）1987 年第 5 期。

沈晓敏：《清末广东会党、绿林活动述略》，《政法学刊》2003 年第 2 期。

汤承业：《略论清代乡治》，（台湾）《大陆杂志》第 61 卷（1980 年）。

陶金：《关帝信仰与老北京的关帝庙》，《中国道教》2003 年第 3 期。

王尔敏：《秘密宗教与秘密会社之生态环境与社会功能》，（台湾）《近代史研究所集刊》（1981 年）第 10 期。

王国良：《从忠君到天下为公——儒家君臣关系论的演变》，《孔子研究》2000 年第 5 期。

王天奖：《十九世纪下半叶中国的秘密社会》，《历史研究》1962 年第 2 期。

魏建猷:《论李文炳》,《上海师范大学学报》1980 年第 4 期。

魏建猷:《辛亥革命时期会党运动的新发展》,《上海师范学院学报》1981 年第 3 期。

吴伦霓霞:《兴中会前期(1894—1900)孙中山革命运动与香港的关系》,(台湾)《近代史研究所集刊》1990 年第 19 期。

徐和雍:《太平天国时期浙南金钱会起义》,《杭州大学学报》1978 年第 4 期。

徐永志:《晚清婚姻与家庭观念的演变》,《河北师范大学学报》1999 年第 2 期。

曾广开:《先秦儒家忠君思想的形成与解读》,《中国文化研究》2009 年第 4 期。

张刚:《儒家民族理论几个基本问题的探索》,《玉溪师范学院学报》2012 年第 7 期。

张继良:《传统义利观的嬗变与拜金主义的泛滥》,《河北师范大学学报》(社会科学版)1997 年第 1 期。

张景贤:《略论孔子和孟子的义利观》,《历史教学》2003 年第 3 期。

张莉:《论帮会产生的历史条件》,《历史档案》1999 年第 4 期。

张其光《大明顺天国起义初探》,《学术研究》1981 年第 6 期。

张奇伟:《儒家"义利之辨"的实质和现实意义》,《求索》1996 年第 3 期。

张珊:《安徽近代的哥老会运动》,《安徽大学学报》(哲学社会科学版)1980 年第 3 期。

张晓粉:《关帝信仰形成原因探究》,《宗教学研究》2006 年第 4 期。

郑佩鑫:《大成国的反清起义》,《史学月刊》1958 年第 12 期。

郑永华:《辛亥时期会党社会心态之变化》,《清史研究》2000 年第 1 期。

钟文典:《太平天国与天地会在思想制度上的关系》,《太平天国史论文选》(下册),生活·读书·新知三联书店 1981 年版。

周建超:《大革命时期中共关于农村秘密社会工作的理论与实践》,《江苏社会科学》2000 年第 3 期。

周建超:《论辛亥革命时期资产阶级革命派与秘密会党的联合》,《社会科学研究》2001年第2期。

周俊武：《孝悌为上：曾国藩家庭伦理思想的根本取向》，《伦理学研究》2007年第6期。

周梦江：《金钱会的性质及其与太平天国的关系》，《杭州师范学院学报》（社会科学版）1979年第1期。

周全德、海文卫：《儒家家庭伦理的文化特征和当代价值》，《文化学刊》2009年第2期。

周天庆：《论儒家知识分子在民间信仰中的角色》，《世界宗教文化》2011年第4期。

周育民：《太平天国时期秘密会党研究的几个问题》，《历史教学》1988年第10期。

朱金甫：《清代档案中有关哥老会源流的史料》，《故宫博物院院刊》1979年第2期。

庄平：《社会规范系统的结构与机制》，《社会学研究》1988年第4期。

庄严：《雍正驳华夷之辨》，《宁波师院学报》（社会科学版）1994年第3期。

庄政：《国父创导革命与洪门的渊源》，（台湾）《近代中国》1980年第20期。

邹睿：《清前期秘密会党空间分布研究》，《华中师范大学学报》（人文社会科学版）2013年第3期。

四 专著

陈国屏：《清门考原》，上海文艺出版社1990年影印本。

[德] 马克斯·韦伯：《儒教与道教》，王容芬译，商务印书馆1995年版。

[荷] 施列格：《天地会》，薛澄清译，上海文艺出版社1991年版。

[加] 王大为：《兄弟结拜与秘密会党》，刘平译，商务印书馆2009年版。

[美] 孔飞力：《中华帝国晚期的叛乱及其敌人》，谢亮生等译，中国社会科学出版社1990年版。

[美] 乔纳森·特纳：《社会学理论的结构》（第6版），邱泽奇等译，华夏出版社2001年版。

［日］三谷孝：《秘密结社与中国革命》，李恩民、王红艳等译，中国社会科学出版社 2002 年版。

Peter Burke, *Sociology and History*, London, 1981。

［英］呤唎：《太平天国革命亲历记》，王维周译，中华书局 1961 年版。

Jean Chesneaux, *Secret societies in China in the Nineteeth and Twentieth Century*, The Unirersity of Michigan Press 1971。

《曾国藩治家全书》，岳麓书社 1997 年版。

蔡尚思：《中国礼教思想史》，上海古籍出版社 2006 年版。

蔡少卿：《中国近代会党史研究》，中华书局 1987 年版。

蔡少卿：《中国秘密社会》，浙江人民出版社 1989 年版。

陈东原：《中国妇女生活史》，商务印书馆 1937 年版。

陈独秀：《独秀文存》，安徽人民出版社 1987 年版。

陈顾远：《中国婚姻史》，上海文艺出版社 1987 年影印本。

陈继聪：《忠义见闻录》，沈云龙主编《近代中国史料丛刊三编》第 23 辑，（台湾）文海出版社 1987 年版。

陈善同：《陈御史奏稿》，沈云龙主编《近代中国史料丛刊》第 28 辑，（台湾）文海出版社 1968 年影印本。

程德全：《程将军（雪楼）望江奏稿》，沈云龙主编《近代中国史料丛刊》第 17 辑，（台湾）文海出版社 1968 年影印本。

戴魏光：《洪门史》，上海人民出版社 1996 年版。

丁凤麟、王欣之编：《薛福成选集》，上海人民出版社 1987 年版。

［美］杜赞奇：《文化、权力与国家——1900—1942 年华北农村》，王福明译，江苏人民出版社 1996 年版。

端方：《端忠敏公奏稿》，沈云龙主编《近代中国史料丛刊》第 10 辑，（台湾）文海出版社 1967 年影印本。

方苞：《方苞集》，上海古籍出版社 1983 年版。

冯自由：《中华民国开国前革命史》，（台湾）世界书局 1954 年版。

顾炎武：《日知录》，岳麓书社 1994 年版。

郭绪印：《洪帮秘史》，上海人民出版社 1996 年版。

郭绪印：《清帮秘史》，上海人民出版社 2002 年版。

赫治清：《天地会起源研究》，社会科学文献出版社1996年版。

胡适：《胡适学术文集·中国哲学史》，中华书局1991年版。

胡珠生：《清代洪门史》，辽宁人民出版社1996年版。

黄宗羲：《黄宗羲全集》，浙江古籍出版社1993年版。

瞿铢菴：《杶庐所闻录》，沈云龙主编《近代中国史料丛刊》第12辑，（台湾）文海出版社1967年影印本。

雷冬文：《近代广东会党——关于其在近代广东社会变迁中的作用》，暨南大学出版社2004年版。

李瀚章编撰，李鸿章校刊：《曾文正公全集》，中国书店2011年版。

李健儿：《刘永福传》，（台湾）文海出版社1976年版。

梁漱溟：《中国文化要义》，学林出版社1987年版。

刘平：《文化与叛乱：以清代秘密社会为视角》，商务印书馆2002年版。

柳恩铭：《思想政治教育的文化传承与创新研究》，广东人民出版社2009年版。

陆宝千：《论晚清两广的天地会政权》，（台湾）"中研院"近代史研究所1985年版。

罗安宪主编：《中国孔学史》，人民出版社2008年版。

罗尔纲：《困学丛书》，广西人民出版社1989年版。

欧阳恩良：《形异神通——中国秘密社会两大系统比较研究》，贵州人民出版社2004年版。

欧阳辅之编：《刘忠诚公遗集》，沈云龙主编《近代中国史料丛刊》第26辑，（台湾）文海出版社1968年影印本。

[日]平山周：《中国秘密社会史》，河北人民出版社1990年影印本。

戚其章：《中日战争》，中华书局1996年版。

秦宝琦：《洪门真史》（修订本），福建人民出版社2000年版。

秦宝琦：《清前期天地会研究》，中国人民大学出版社1988年版。

秦宝琦：《中国地下社会》，学苑出版社1996年版。

饶怀民：《刘揆一集》，湖南人民出版社2008年版。

史凤仪：《中国古代婚姻与家庭》，湖北人民出版社1987年版。

宋林飞：《西方社会学理论》，南京大学出版社1997年版。

苏凤文撰：《平桂纪略》卷3，光绪十五年刻本。

苏智良、陈丽菲：《近代上海黑社会研究》，浙江人民出版社1991年版。

孙中山：《孙中山全集》，中华书局1985年版。

谭松林主编：《中国秘密社会》（1—7卷），福建人民出版社2002年版。

汤志钧编：《陶成章集》，中华书局1986年版。

唐浩明：《唐浩明点评曾国藩家书》（上、下卷），（香港）天地图书有限公司2004年版。

唐景崧：《请缨日记》，上海古籍书店1979年版。

王纯五：《袍哥探秘》，巴蜀书社1993年版。

王夫之：《船山全书》，岳麓书社1988年版。

王栻主编：《严复集》，中华书局1986年版。

王韬：《弢园文录外编》，中华书局1959年版。

王韬：《瓮牖余谈》，《笔记小说大观》第27册，广陵古籍刻印社1983年版。

王先谦编：《郭侍郎奏疏》卷一，沈云龙主编《近代中国史料丛刊》第16辑，（台湾）文海出版社1967年影印本。

吴乃恭：《儒家思想研究》，东北师范大学出版社1992年版。

吴雁南、何正清：《农民战争与会党》，西南师范大学出版社1989年版。

锡良：《锡清弼制军奏稿》卷五，沈云龙主编《近代中国史料丛刊续编》第11辑，（台湾）文海出版社1974年影印本。

夏东元：《郑观应集》，上海人民出版社1982年版。

肖群忠：《孝与中国文化》，人民出版社2001年版。

徐舸：《清末广西天地会风云录》，广西师范大学出版社1990年版。

曾国藩：《曾国藩全集》，岳麓书社1985年版。

张大军：《新疆风暴七十年》，（台湾）兰溪出版社1980年版。

张怀承：《中国的家庭与伦理》，中国人民大学出版社1993年版。

赵尔巽等：《清史稿》，中华书局1977年版。

赵吉惠：《中国儒学史》，中州古籍出版社1991年版。

中国会党史研究会编：《会党史研究》，学林出版社1987年版。

周馥：《秋浦周尚书（玉山）全集》，沈云龙主编《近代中国史料丛刊》

第 9 辑，（台湾）文海出版社 1967 年影印本。

周育民、邵雍：《中国帮会史》，上海人民出版社 1993 年版。

朱贻庭主编：《中国传统伦理思想史》（增订本），华东师范大学出版社 2003 年版。

朱义禄：《儒家理想人格与中国文化》，复旦大学出版社 2006 年版。

庄吉发：《清代秘密会党史研究》，（台湾）文史哲出版社 1994 年版。

五　地方志

张巂、邢定纶、赵以濂纂修：《崖州志》，广东人民出版社 2011 年版。

儋县文史办公室、儋县档案馆编：《儋县志》（据民国二十三年本校点），儋县文史办公室、儋县档案馆，1982 年。

冯德才、全文炳、文德馨、危懋圻纂：《郁林州志》，光绪二十年刻本。

耿省修、张鹏展、杨椿、陆生兰纂：《宾州志》，光绪十二年刻本。

古济勋、吕浚塈、范晋藩纂：《陆川县志》，民国十三年刻本。

顾英明纂：《荔浦县志》，民国三年刻本。

桂坫等修：《续修南海县志》，宣统三年刻本。

姜玉笙续纂：《三江县志》，民国三十五年铅印本。

蒯光焕、李丽龄、罗勋、严寅恭、黄玉柱、王栋纂：《苍梧县志》，同治十一年刻本。

李圭始修：《海宁州志稿》，民国十一年排印本。

李世椿修，郑献甫纂：《象州志》，同治九年刊本。

梁杓修，吴瑜等纂：《思恩县志》，民国二十二年铅印本。

梁崇鼎等纂：《贵县志》，民国二十三年铅印本。

梁吉祥纂：《贵县志》，光绪二十年刻本。

刘湘年修，邓抡斌纂：《惠州府志》，光绪七年刻本。

莫炳奎纂：《邕宁县志》，民国二十六年刻本。

潘宝椠纂：《罗城县志》，民国二十六年铅印本。

平乐县地方志编纂委员会：《平乐县志》，方志出版社 1995 年版。

裘彬、江有灿、周寿琪纂：《平南县志》卷十八，光绪九年刻本。

饶宗颐：《潮州志》，潮州修志馆民国三十八年印行。

上林县志编纂委员会编:《上林县志》,广西人民出版社1989年版。
王俊臣纂:《浔州府志》,同治十三年刻本。
冼宝干等修:《佛山忠义乡志》,民国十二年刻本。
杨文骏纂:《德庆州志》,光绪二十五年刻本。
易绍德修,封祝唐纂:《容县志》,光绪二十三年刻本。
于卜熊纂:《海丰县志续编》,同治十二年刻本。
翟富文纂修:《来宾县志》,民国二十六年铅印本。
周世德纂:《上林县志》,光绪二年刻本。

后　　记

　　本书经四易寒暑，今日终付剞劂，内心固然有一丝喜悦，但更多的乃是诚惶诚恐。若本书能起抛砖引玉之作用，已是深感欣慰。

　　本人对儒家文化与会党之关系问题的关注，始于20世纪90年代拜蔡少卿先生门下攻读硕士学位之际，此后一直保持对该问题的研究兴趣，为深入研究该问题，甚至还一度和湖南师范大学唐凯麟先生有过联系，希望能在他门下继续攻读伦理学博士，并得到了唐先生的热情回复，后因多种原因作罢。虽如此，本人仍然自学了伦理学方面的知识，并阅读了大量儒家文化方面的论著，以期能较为准确地把握儒家文化的真实意涵。不过，一直未敢具体从事儒家文化与会党之关系问题的研究，直至本人从繁忙的行政事务中解脱出来后，才得以静下心来，细细思考这一问题，并申报了相关的省级课题，获批后，努力写了几篇小文章，本书就是在这几篇文章的基础上完成的。

　　2016年，本人基本完成了初稿的写作，该年10月小儿出生，无暇再顾及书稿，一搁就是两年，直至去年才得以继续书稿的修改补充，今年2月最终定稿。本书得以出版，要感谢妻子白素屏在各方面对我的细心照顾，让我没有后顾之忧。同时还要感谢湖南师范大学周秋光教授的热情帮助与指导。中国社会科学出版社孔继萍老师为本书的最终出版付出了辛勤劳动，师妹武云博士也为本书的出版提供了无私帮助，在此谨致谢忱！

雷冬文　　　　　　　　　　
2019年3月8日于岭南师范学院燕岭区